改訂版
刑事訴訟法 基本判例解説

河上和雄 著

東京法令出版

改訂版 3 刷はしがき

　前回の改訂版を再発行するに際し、その後の法令の改正や極めて重要な最高裁判決を考慮して最小限の改訂を加えた。基本的には従来のものと変化が無い。

　平成19年6月

　　　　　　　　　　　　　　　　　　　　　　　　　　　河上　和雄

改訂版はしがき

　平成4年に本書の初版を発表して以来、早くも13年の歳月が過ぎた。その間刑事訴訟法自体の改正は、本年1月から施行された公訴時効についての改正のように、ごく一部の改正にとどまっているが、実務に強い影響を持つ最高裁を始め幾多の判例が集積されて、条文の解釈も想像以上に発展し、最新の判例を知らないでは正しい条文の解釈も、法の運用も不可能になっている。そこで、今回、初版では抜けていた平成4年以前の判例のうち重要なものを補正し、重要性のなくなったものを削除した上、最高裁判例を中心にして最新の重要判例を取り上げ、総計97の判例について解説を加えることとした。

　本書は、基本的にはある程度の法知識を持つ人を対象にしており、その意味で実務家、とりわけ現場の警察官のみならず、司法試験を目指す者、さらには法科大学院で学ぶ者にも裨益するところがあると考えている。特に法曹を目指す者は、少なくとも、ここに収録された判例については当然知悉すべきであり、解説をも十分理解することが望まれる。

　本書の改訂に当たっては、東京法令出版の松宇正一氏にお世話になったことを付言する。

　　平成17年3月

　　　　　　　　　　　　　　　　　　　　　　　　　　　河上　和雄

はしがき

　我が国は、成文法国ではあるが、近代法の継受をして以来すでに100年の歴史があり、その間独自の判例法が形成されてきているばかりか、法文の解釈に当っても、法文の字句からは必ずしも読み取り難い判例法が発展している関係もあって、法律解釈に際して、判例を抜きにして論ずることはできないと言っても過言でない。

　現行刑事訴訟法は、昭和23年の制定、24年1月1日の施行以来約43年余を経るに過ぎないとはいうものの、大陸法系の刑法を英米法系の刑事訴訟法で裁判するという宿命をその誕生の時から負わされていた関係から、独得の判例による法解釈が発展形成され、判例の研究と理解なくしては、刑事訴訟法学を修得し得ない状況にある。

　本書は、そういった事実を念頭に置きながら、刑事訴訟法に関する74の基本的判例を選び出し、それぞれについて簡単な問題点や関連問題を解説したものであり、学生に対する教材として利用し得るばかりでなく、実務家の座右の書ともなり得るものと考えている。大方の利用を期待したい。

　平成4年4月

河上　和雄

目　　次

第1編　総　　則

第1章　刑事訴訟法の目的
- 1　囮捜査と訴訟手続の違法性 …………………………………………2
- 2　職権証拠調べの義務 …………………………………………………3
- 3　迅速な裁判を受ける被告人の権利 …………………………………6
- 4　検察官の訴追裁量権の逸脱と公訴提起の効力 ……………………12
- 5　押収等の手続に違法がある証拠物の証拠能力 ……………………15

第2章　裁判所の管轄
- 6　土地管轄についての瑕疵が治癒される場合 ………………………22
- 7　刑訴法2条1項にいう現在地の意義 ………………………………25

第3章　裁判所職員の除斥及び忌避
- 8　共犯者に対して有罪の判決をした裁判官と忌避の原因 …………26
- 9　略式命令をした裁判官と除斥原因 …………………………………27
- 10　審理の方法、態度と裁判官の忌避 …………………………………29

第4章　弁護及び補佐
- 11　刑訴法39条3項本文の合憲性 ………………………………………32
- 12　利害の相反する被告人らが選任した同一弁護人の出頭の
もとでなされた審判の適法性 ………………………………………34
- 13　署名のない弁護人選任届の効力 ……………………………………36
- 14　被疑者に対する特別弁護人 …………………………………………38
- 15　国選弁護人の解任 ……………………………………………………40
- 16　弁護人の接見交通権の制限の限界 …………………………………45
- 17　起訴後の余罪捜査と接見指定 ………………………………………51

第5章 裁　　判
- 18　無罪判決において、証拠を排斥する理由を説明することの要否 ……………………………………………………………………52

第6章 書　　類
- 19　公判調書の誤記 ……………………………………………………55

第7章 被告人の勾留
- 20　起訴前の勾留の裁判に対する準抗告と起訴後におけるその利益 ………………………………………………………………56
- 21　違法な別件逮捕中の自白を資料として発付された逮捕状による逮捕中の被疑者に対する勾留質問調書の証拠能力 …………58

第8章 保　　釈
- 22　選択刑として罰金刑がある罪を地方裁判所に起訴している場合の必要的保釈除外事由適用の有無 …………………………60
- 23　複数の公訴事実の一部にのみ勾留状が出されている場合の裁量保釈の判断が他の事実について及ぶか ……………………62

第9章 押収及び捜索
- 24　令状の呈示前の入室 ………………………………………………63
- 25　報道機関の取材フィルムに対する裁判所の提出命令 …………65
- 26　警察署における捜索差押状の夜間執行 …………………………69
- 27　押収証拠物に対する必要な処分 …………………………………70

第2編　第　一　審

第1章 捜　　査
- 28　任意捜査における有形力の行使 …………………………………74
- 29　歩行中の集団を犯人検挙のため停止させることができるか ……………………………………………………………………78
- 30　所持品検査 …………………………………………………………82
- 31　警察官による写真撮影 ……………………………………………87
- 32　宿泊を伴う任意取調べの可否 ……………………………………90
- 33　長時間の取調べ ……………………………………………………96
- 34　被告人の取調べ ……………………………………………………101

35	逮捕の必要性	103
36	甲事実について逮捕勾留中乙事実についても取り調べることができるか	105
37	逮捕の違法と勾留	110
38	一罪一勾留の原則	115
39	現行犯逮捕と実力の行使	121
40	現行犯逮捕と捜索・差押え	124
41	通常人の現行犯逮捕	128
42	強制採尿	130
43	緊急逮捕の合憲性	134
44	捜索差押時の写真撮影	136
45	押収の必要性に関する裁判所の審査権	138
46	捜索・差押えの犯罪の嫌疑の程度	140
47	違法な採尿と鑑定書の証拠能力	142
48	強制採尿のための連行と留め置き	144
49	捜索現場での警察官による暴行と証拠物の証拠能力	146
50	捜索差押令状の記載事項	148
51	緊急逮捕前の捜索・差押え	150
52	フロッピーディスクの差押え	153
53	被疑者の留置と国家賠償	155

第2章 公訴の提起

54	共同正犯中の1人のみの起訴と憲法14条	157
55	公訴権の濫用	159
56	公訴時効の起算点	160
57	訴因の特定	164
58	訴因変更の要否	166
59	公訴事実の同一性	167
60	付審判請求事件以外の犯罪に対する有罪認定	169

第3章 公　　判

| 61 | 被告人の確定 | 171 |
| 62 | 国選弁護 | 173 |

63	裁判の公開	173
64	迅速な裁判	181
65	証拠開示	182

第4章 証　　拠

66	厳格な証明と自由な証明	184
67	違法収集証拠の証拠能力	185
68	嘱託証人尋問調書の証拠能力　内閣総理大臣の職務権限	189
69	外国で取り調べた供述調書の証拠能力	197
70	いわゆるＤＮＡ型鑑定の証拠としての許容性	199
71	指紋照合書の証拠能力	200
72	ポリグラフ検査結果の証拠能力	201
73	警察犬による臭気選別結果の証拠能力	203
74	約束による自白の証拠能力	204
75	自白の補強証拠	206
76	共犯者の自白	209
77	再伝聞の証拠能力	210
78	現場写真の証拠能力	213
79	治療目的で救急患者から採取して薬物検査をした医師から通報を受けて押収した尿の証拠能力	215
80	犯行再現調書の証拠能力	217
81	伝聞証言につき異議申立のない場合の証拠能力	219

第5章　一審の裁判

82	有罪判決の事実判示の程度	220
83	余罪と量刑	221
84	形式裁判の内容的確定力	224

第3編　上　　訴

第1章　上訴の通則

| 85 | 公訴棄却決定に対する上訴 | 230 |

- 86 検察官の上訴と二重の危険 …………………………………231
- 87 不利益変更の禁止 ……………………………………………232

第2章 控　　訴
- 88 控訴審の審理の範囲 …………………………………………235
- 89 控訴審の破棄自判と事実の取調べ …………………………238
- 90 新たな証拠の取調べ …………………………………………240

第3章 上　　告
- 91 上告審の職権調査 ……………………………………………242
- 92 事実誤認の疑い ………………………………………………246

第4章 抗　　告
- 93 裁定合議決定の取消決定に対する不服申立 ………………256
- 94 刑訴法179条の押収請求を却下する裁判は「押収に関する裁判」か …………………………………………………………257
- 95 起訴前の勾留の裁判に対する準抗告と起訴後におけるその利益 ……………………………………………………………259
- 96 証拠物の還付と準抗告 ………………………………………259
- 97 死刑確定者に対する信書の発信禁止 ………………………261

第4編　再　　審

- 98 「疑わしきは被告人の利益に」の原則と再審 ……………266
- 99 証拠の新規性 …………………………………………………269

判例索引……………………………………………………………272

【出典略語】

刑　　　録………大審院刑事判決録
刑　　　集………最高裁判所刑事判例集
民　　　集………最高裁判所民事判例集
裁判集刑事………最高裁判所裁判集（刑事）
裁判集民事………最高裁判所裁判集（民事）
高　刑　集………高等裁判所刑事判例集
東　高　刑………東京高等裁判所判決時報（刑事）
下　刑　集………下級裁判所刑事裁判例集
刑　　　月………刑事裁判月報
判　　　時………判例時報
判　　　タ………判例タイムズ

第1編

総　則

第1章　刑事訴訟法の目的

1　囮捜査と訴訟手続の違法性

(最決昭28.3.5第一小法廷　刑集7・3・482)
麻薬取締法違反被告事件

● 決定要旨 ●

いわゆる囮捜査は、これによって犯意を誘発された者の犯罪構成要件該当性、有責性若しくは違法性を阻却するものではなく、また公訴提起の手続に違反し若しくは公訴権を消滅せしめるものでもない。

決定理由　他人の誘惑により犯意を生じ又はこれを強化された者が犯罪を実行した場合に、わが刑事法上その誘惑者が場合によっては麻薬取締法53条のごとき規定の有無にかかわらず教唆犯又は従犯として責を負うことのあるのは格別、その他人である誘惑者が一私人でなく、捜査機関であるとの一事を以てその犯罪実行者の犯罪構成要件該当性又は責任性若しくは違法性を阻却し又は公訴提起の手続規定に違反し若しくは公訴権を消滅せしめるものとすることのできないこと多言を要しない。それ故、本件では刑訴411条を適用すべきものとも思われない。

解説

1　刑訴法1条は、法律の目的として、「刑事事件につき、公共の福祉の維持と個人の基本的人権の保障とを全うしつつ、事案の真相を明らかにし、刑罰法令を適正且つ迅速に適用実現することを目的とする。」としているが、捜査機関が人を誘惑して犯罪を実行させた場合に、個人の基本的人権を侵害したことになるとする考えがあるが、本決定はこれを否定している。

2　公訴提起の手続規定自体に違反しないとしても、禁反言ないしクリーンハ

ンドの原則から、公訴権を消滅させるとする考えである。しかし、本決定はこれを否定している。
3　囮捜査については、大陸法系では、誘惑者の刑事責任を主に問題とし（agent propagateur 挑発する警官の理論）英米法系では、捜査、公判請求の適法性が主に問題とされている（entrapment ワナの理論）。
4　本決定は、刑訴法1条がその目的とする基本的人権の保障を全うしつつとする点について、比較的軽く考えていると言ってよい。現時点において、この判例にもかかわらず、下級審では、法律上囮捜査の認められている場合（麻薬及び向精神薬取締法58条、銃砲刀剣類所持等取締法27条の3）を除いて、囮捜査によって犯意を新たに相手に生じさせたような場合については、英米法系のワナの理論によって、公訴の提起を違法とするか、証拠について違法収集証拠として証拠能力がないとするか、挑発する警官の理論で、そもそも犯罪が成立しないからとして有罪としない場合が考えられる。
5　もっとも、最高裁は、この判例の後にも同旨の判断をしている（最判昭29.8.20第二小法廷　刑集8・8・1239、最決昭29.9.24第二小法廷　裁判集刑事98・757、最判昭33.10.3第二小法廷　刑集12・14・3205、最決昭36.8.1第三小法廷　裁判集刑事139・7）。

　とはいえ、その後すでに30年余を経過しており、最近の最高裁の人権保障傾向（4、5、67、74等）を考えると、このような人権保障的な考え方を認める可能性がある。

【参考判例】
　最判昭29.8.20第二小法廷　刑集8・8・1239　最判昭29.9.24第二小法廷　裁判集刑事98・757　最判昭29.11.5第二小法廷　刑集8・11・1715

2　職権証拠調べの義務

（最判昭33.2.13第一小法廷　刑集12・2・218
自転車競技法違反被告事件）

●判決要旨●

要旨1

わが現行刑訴法上、裁判所は、原則として、職権で証拠調をしたり、または検察官に対して立証を促がしたりする義務はない。

[要旨2]
　しかし、共犯または必要的共犯の関係に立つ者が多数あって、これらの被告事件がしばしば併合または分離されつつ同一裁判所で審理されているうち、甲を除くその余の被告人等に対する関係では、同人等の検察官に対する供述調書が証拠として提出され、同被告人等に対しては有罪の判決を言い渡したが、残る被告人甲に対する関係では、検察官が不注意によって右供述調書を証拠として提出することを遺脱していることの明らかなような場合には、裁判所は、少くとも、検察官に対し同供述調書の提出を促がす義務があるものと解するのが相当である。

[要旨3]
　したがって、右甲に対する被告事件につき、かかる立証を促がすことなく、直ちに公訴事実を認めるに足る証拠がないとして無罪を言い渡したときは、該判決は審理不尽に基く理由の不備または事実の誤認があって、その不備または誤認は判決に影響を及ぼすことが明らかであるといわなければならない。
（2、3につき少数意見がある。）

判決理由　【要旨1】　わが刑事訴訟法上裁判所は、原則として、職権で証拠調をしなければならない義務又は検察官に対して立証を促がさなければならない義務があるものということはできない。
【要旨2】　しかし、原判決の説示するがごとく、本件のように被告事件と被告人の共犯者又は必要的共犯の関係に立つ他の共同被告人に対する事件とがしばしば併合又は分離されながら同一裁判所の審理を受けた上、他の事件につき有罪の判決を言い渡され、その有罪判決の証拠となった判示多数の供述調書が他の被告事件の証拠として提出されたが、検察官の不注意によって被告事件に対してはこれを証拠として提出することを遺脱したことが明白なような場合には、裁判所は少くとも検察官に対しその提出を促がす義務あるものと解するを相当とする。

【要旨3】　従って、被告事件につきかかる立証を促がすことなく、直ちに公訴事実を認めるに足る十分な証拠がないとして無罪を言い渡したときは、審理不尽に基く理由の不備又は事実の誤認があって、その不備又は誤認が判決に影響を及ぼすことが明らかであるとしなければならない。されば、原判決は、結局正当であって、所論違憲の主張はその前提を欠き、その余の主張はその理由がなく、すべて、採ることができない。

解　説

1　刑事訴訟法は、当事者主義を原則とする。検察官対被告人・弁護人という対立当事者がそれぞれ、自分の責任において、攻撃、防禦を尽くし、裁判所が公平な第三者として、審判をすることが基本であり、検察官が、被告人の有罪について完全に証明をしない限り、被告人は無罪とされる（検察官の立証責任）。裁判官が完全に有罪の確信を持ち得ない程度にしか、検察官の立証がなされなければ、「疑わしきは被告人の利益に」という法諺どおり、被告人は無罪となるわけである。

2　だが、前記の原則を完全に貫き通すと、検察官の立証活動が不適切なために、本来有罪となるべき者が罪を免れることとなり、刑事司法に対する国民の不信を招くことになりかねない。とりわけ、裁判官の一挙手、一投足で、簡単に事件の真相を把握でき、被告人を有罪にできるような場合には、これを無罪とすることは、裁判官が当事者主義の上にあぐらをかいて世の中の不正を見逃すことになりかねない。そのような場合には、当事者主義の背後に潜んでいた職権主義が表面に出てくることになる。

　どのような場合に、職権主義が要請されるのか問題の多いところであるが、刑訴法は条文の中で、職権主義を認めているものがあり（例えば、298条2項）、参考となる。

3　もっとも判例の考えでは、訴因変更を検察官に促す義務を認めたものの命令するまでの義務はないとするもの（最判昭58.9.6第三小法廷　刑集37・7・930）や訴因変更命令を認めながら、その命令によって訴因が変更するものでないとして、命令に形成力を認めないもの（最判昭40.4.28大法廷刑集19・3・270）があり、また、当事者主義をとる訴訟構造から、当事者が攻防の対象から外した事実については、いかにそれが誤りであっても、上

級審としては関与できないとする判例（⑧、㋛）もあって、職権主義に限界のあることを示している。

③ 迅速な裁判を受ける被告人の権利

（最判昭47.12.20大法廷　刑集26・10・631
住居侵入等被告事件）

● 判決要旨 ●

要旨1
　憲法37条1項は、単に迅速な裁判を一般的に保障するために必要な立法上および司法行政上の措置をとるべきことを要請するにとどまらず、さらに個々の刑事事件について、現実に右の保障に明らかに反し、審理の著しい遅延の結果、迅速な裁判をうける被告人の権利が害せられたと認められる異常な事態が生じた場合には、その審理を打ち切るという非常救済手段がとられるべきことをも認めている趣旨の規定である。

要旨2
　具体的刑事事件における審理の遅延が迅速な裁判の保障条項に反する事態に至っているか否かは、遅延の期間のみによって一律に判断されるべきではなく、遅延の原因と理由などを勘案して、その遅延がやむをえないものと認められないかどうか、これにより右の保障条項がまもろうとしている諸利益がどの程度実際に害せられているかなど諸般の情況を総合的に判断して決せられなければならず、事件が複雑なために、結果として審理に長年月を要した場合はもちろん、被告人の逃亡、出廷拒否または審理引延しなど遅延の主たる原因が被告人側にあった場合には、たとえその審理に長年月を要したとしても、迅速な裁判をうける被告人の権利が侵害されたということはできない。

要旨3
　刑事事件が裁判所に係属している間に、迅速な裁判の保障条項に反する事態が生じた場合においては、判決で免訴の言渡をするのが相当である。

判決理由 【要旨1】 当裁判所は、憲法37条1項の保障する迅速な裁判をうける権利は、憲法の保障する基本的な人権の一つであり、右条項は、単に迅速な裁判を一般的に保障するために必要な立法上および司法行政上の措置をとるべきことを要請するにとどまらず、さらに個々の刑事事件について、現実に右の保障に明らかに反し、審理の著しい遅延の結果、迅速な裁判をうける被告人の権利が害せられたと認められる異常な事態が生じた場合には、これに対処すべき具体的規定がなくても、もはや当該被告人に対する手続の続行を許さず、その審理を打ち切るという非常救済手段がとられるべきことをも認めている趣旨の規定であると解する。

刑事事件について審理が著しく遅延するときは、被告人としては長期間罪責の有無未定のまま放置されることにより、ひとり有形無形の社会的不利益を受けるばかりでなく、当該手続においても、被告人または証人の記憶の減退・喪失、関係人の死亡、証拠物の滅失などをきたし、ために被告人の防禦権の行使に種々の障害を生ずることをまぬがれず、ひいては、刑事司法の理念である、事案の真相を明らかにし、罪なき者を罰せず罪ある者を逸せず、刑罰法令を適正かつ迅速に適用実現するという目的を達することができないこととともなるのである。上記憲法の迅速な裁判の保障条項は、かかる弊害発生の防止をその趣旨とするものにほかならない。

もっとも、「迅速な裁判」とは、具体的な事件ごとに諸々の条件との関連において決定されるべき相対的な観念であるから、憲法の右保障条項の趣旨を十分に活かすためには、具体的な補充立法の措置を講じて問題の解決をはかることが望ましいのであるが、かかる立法措置を欠く場合においても、あらゆる点からみて明らかに右保障条項に反すると認められる異常な事態が生じたときに、単に、これに対処すべき補充立法の措置がないことを理由として、救済の途がないとするがごときは、右保障条項の趣旨を全うするゆえんではないのである。

それであるから、審理の著しい遅延の結果、迅速な裁判の保障条項によって憲法がまもろうとしている被告人の諸利益が著しく害せられると認められる異常な事態が生ずるに至った場合には、さらに審理をすすめても真実の発見ははなはだしく困難で、もはや公正な裁判を期待することはできず、いたずらに被告人らの個人的および社会的不利益を増大させる結果となるばかりであって、これ以上実体的審理を進めることは適当でないから、その手続をこの段階にお

いて打ち切るという非常の救済手段を用いることが憲法上要請されるものと解すべきである。

翻って本件をみるに、原判決は、「たとえ当初弁護人側から本件審理中断の要請があり、その後訴訟関係人から審理促進の申出がなかったにせよ、15年余の間全く本件の審理を行なわないで放置し、これがため本件の裁判を著しく遅延させる事態を招いたのは、まさにこの憲法によって保障された本件被告人らの迅速な裁判を受ける権利を侵害したものといわざるを得ない。」という前提に立ちながら、「刑事被告人の迅速な裁判を受ける憲法上の権利を現実に保障するためには、いわゆる補充立法により、裁判の遅延から被告人を救済する方法が具体的に定められていることが先決である。ところが、現行法制のもとにおいては、未だかような補充立法がされているものとは認められないから、裁判所としては救済の仕様がないのである。」との見解のもとに、公訴時効が完成した場合に準じ刑訴法337条4号により被告人らを免訴すべきものとした第一審判決を破棄し、本件を第一審裁判所に差し戻すこととしたものであり、原判決の判断は、この点において憲法37条1項の迅速な裁判の保障条項の解釈を誤ったものといわなければならない。

そこで、本件において、審理の著しい遅延により憲法の定める迅速な裁判の保障条項に反する異常な事態が生じているかどうかを、次に審案する。

【要旨2】 そもそも、具体的刑事事件における審理の遅延が右の保障条項に反する事態に至っているか否かは、遅延の期間のみによって一律に判断されるべきではなく、遅延の原因と理由などを勘案して、それ遅延がやむをえないものと認められないかどうか、これにより右の保障条項がまもろうとしている諸利益がどの程度実際に害せられているかなど諸般の情況を総合的に判断して決められなければならないのであって、たとえば、事件の複雑なために、結果として審理に長年月を要した場合などはこれに該当しないこともちろんであり、さらに被告人の逃亡、出廷拒否または審理引延しなど遅延の主たる原因が被告人側にあった場合には、被告人が迅速な裁判をうける権利を自ら放棄したものと認めるべきであって、たとえその審理に長年月を要したとしても、迅速な裁判をうける被告人の権利が侵害されたということはできない。

ところで、公訴提起により訴訟係属が生じた以上は、裁判所として、これを放置しておくことが許されないことはいうまでもないが、当事者主義を高度に

とりいれた現行刑事訴訟法の訴訟構造のもとにおいては、検察官および被告人側にも積極的な訴訟活動が要請されるのである。しかし、少なくとも検察官の立証がおわるまでの間に訴訟進行の措置が採られなかった場合において、被告人側が積極的に期日指定の申立をするなど審理を促す挙に出なかったとしても、その一事をもって、被告人が迅速な裁判をうける権利を放棄したと推定することは許されないのである。

　本件の具体的事情を記録によってみるに、

(一) 本件は、第一審裁判所である名古屋地裁刑事第三部で、検察官の立証段階において、被告人朴鐘哲ほか25名については昭和28年6月18日の第23回公判期日、被告人趙顕好ほか3名については昭和29年3月4日の第4回公判期日を最後として、審理が事実上中断され、その後昭和44年6月10日ないし同年9月25日公判審理が再び開かれるまでの間、15年余の長年月にわたり、全く審理が行なわれないで経過したこと、

(二) 当初本件審理が中断されるようになったのは、被告人ら総数31名中20名が本件とほぼ同じころに発生したいわゆる大須事件についても起訴され、事件が名古屋地裁刑事第一部に係属していたため、弁護人側から大須事件との併合を希望し、同事件を優先して審理し、その審理の終了を待って本件の審理を進めてもらいたい旨の要望があり、裁判所がこの要望をいれた結果であること、

(三) 大須事件が結審したのは、昭和44年5月28日であったが、本件について審理が中断された段階では、裁判所も訴訟関係人も、大須事件の審理がかくも異常に長期間かかるとは予想していなかったこと、

(四) 昭和39年頃被告人団長および弁護人から、大須事件の進行とは別に、本件の審理を再び開くことに異議がない旨の意思表明が裁判所側に対してなされたこと、

(五) 本件被告人中大須事件の被告人となっていたもののうち5名が被告人として含まれていた、いわゆる中村県税事件、ＰＸ事件および東郊通事件が名古屋地裁刑事第二部に係属しており、本件と同様大須事件との併合を希望する旨の申立が昭和27年頃弁護人からなされたが、右刑事第二部においてはこの点についての決定を留保して手続を進め、昭和31年頃、全証拠の取調を完了したうえ、論告弁論の段階で大須事件と併合することとして、次回期日を追っ

て指定する措置をとったこと、
(六) 本件審理の中断が長期に及んだにもかかわらず、検察官から積極的に審理促進の申出がなされた形跡が見あたらないこと、
(七) その間、被告人側としても、審理促進に関する申出をした形跡はなく消極的態度であったとは認められるが、被告人らが逃亡し、または、審理の引延しをはかったことは窺われないこと、
(八) その他、第一審裁判所が本件について、かくも長年月にわたり審理を再び開く措置をとり得なかった合理的理由を見いだしえないこと、
の各事実を認めることができる。

これら事実関係のもとにおいては、検察官の立証段階でなされた本件審理の事実上の中断が、当初被告人側の要望をいれて行なわれたということだけを根拠として、15年余の長きにわたる審理の中断につき、被告人側が主たる原因を与えたものとただちに推認することは相当ではない。

次に、本件審理の遅延により、迅速な裁判の保障条項がまもろうとしている前述の被告人の諸利益がどの程度実際に害せられたかをみるに、記録によれば、
(一) 本件のうち、いわゆる高田事件、民団事件については、第22回公判期日に行なわれた最後の証拠調までの間には、関係被告人らの具体的行動等についての証拠調はなされておらず、また同じくいわゆる大杉事件、米軍宿舎事件については未だ何らの証拠調もなされていなかったこと、
(二) 検察官がかねてより申請していた高田事件の共謀場所であるとする旧朝連瑞穂支部事務所や民団事件の犯行現場である大韓民国居留民団愛知県本部事務所の検証について、その後右両事務所消滅のゆえをもってその申請が撤回されており、その他地理的状況の変化、証拠物の滅失などにより、被告人側に有利な証拠で利用できなくなったものもあるのではないかと危惧されること、
(三) 長年月の経過によって、目撃証人やアリバイ証人はもとより被告人自身の記憶すら曖昧不確実なものとなり、かりに証人尋問や被告人質問をしたとしても、正確な供述を得ることが非常に困難になるおそれがあること、
(四) 各被告人の検察官に対する各供述調書につき、被告人らは当初よりすべてその任意性を争い、ことに多数の被告人らにおいて、右任意性の有無の判断の一資料として取調警察官による暴行脅迫の事実があったと主張しているの

であるが、取調当時から長年月を経過した時点において警察官の証人尋問を行なっても果してどの程度真実を発見し得るかは甚だ疑わしく、その争点についての判断が著しく困難になるおそれがあること、
などの事実が認められる。

　したがって、もし、本件について、第一審裁判所である名古屋地裁刑事第三部が、前記刑事第二部と同じ審理方式をとり、全証拠を取り調べた後、論告弁論の段階で大須事件との併合を予定し、次回期日を追って指定することとしていたならば、右の被告人側の不利益も大部分防止できたものと思われるが、かかる措置がとられることなく放置されたまま長年月を経過したことにより、被告人らは、訴訟上はもちろん社会的にも多大の不利益を蒙ったものといわざるをえない。

　以上の次第で、被告人らが迅速な裁判をうける権利を自ら放棄したとは認めがたいこと、および迅速な裁判の保障条項によってまもられるべき被告人の諸利益が実質的に侵害されたと認められることは、前述したとおりであるから、本件は、昭和44年第一審裁判所が公判手続を更新した段階においてすでに、憲法37条1項の迅速な裁判の保障条項に明らかに違反した異常な事態に立ち至っていたものと断ぜざるを得ない。したがって、本件は、冒頭説示の趣旨に照らしても、被告人らに対して審理を打ち切るという非常救済手段を用いることが是認されるべき場合にあたるものといわなければならない。

【要旨3】　刑事事件が裁判所に係属している間に迅速な裁判の保障条項に反する事態が生じた場合において、その審理を打ち切る方法については現行法上よるべき具体的な明文の規定はないのであるが、前記のような審理経過をたどった本件においては、これ以上実体的審理を進めることは適当でないから、判決で免訴の言渡をするのが相当である。

解　説

1　憲法37条1項は、「すべて刑事事件においては、被告人は、公平な裁判所の迅速な公開裁判を受ける権利を有する。」と規定している。しかし、現実の我が国の裁判は、必ずしも迅速に行われているとは限らず、起訴以来長年月がかかって第一審の判決があり、更に、第二審、第三審と審理されて、第三審である最高裁の判断が示されるまでに十数年かかる場合もある。その多

くは、被告人側が徹底的に争うためであるが、事件によっては、被告人側のし烈な法廷闘争を嫌う裁判所が、審理を進めなかった結果ということもある。
2 　起訴された被告人は、有罪判決があるまで無罪を推定されているが、被告人という立場にあるだけで、社会生活上様々の制約を受けており、このことが、迅速な裁判の要請とも関係してくる。とは言え、有罪が見込まれる場合に、迅速な裁判がなされると、それだけ早く刑を受けることになり、できる限りそれを先に伸ばしたいという被告人の気持ちも一方にあって、迅速な裁判が常に被告人から歓迎されるわけではない。
3 　恩赦が見込まれる場合に、否認していた被告人が俄に罪を認めて直ちに判決されるよう望むことが多い。
4 　本判決は、憲法37条1項を、実定法規がないにかかわらず、直接適用した点で大きな意味を持っている。

【参考判例】
　　最判昭48．7．20第二小法廷　刑集27・7・1322　最判昭49．5．31第二小法廷　裁判集刑事192・585、判時745・104　最判昭50．8．6第一小法廷　刑集29・7・393　最決昭53．9．4第二小法廷　刑集32・6・1077

4　検察官の訴追裁量権の逸脱と公訴提起の効力

(最決昭55.12.17第一小法廷　刑集34・7・672)
(傷害被告事件)

● 決定要旨 ●

要旨1
　　検察官の訴追裁量権の逸脱が公訴の提起を無効ならしめる場合がありうるが、それはたとえば公訴の提起自体が職務犯罪を構成するような極限的な場合に限られる。

要旨2
　　本件公訴提起が著しく不当であったとする原審の認定判断（原判文参照）はただちに肯認することができず、まして、本件の事態が公訴提起の無効を結果するような極限的な場合にあたるとはいえない。

> 要旨3
> 　原判決が本件公訴を棄却したのは判決に影響を及ぼすべき法令違反であるが、本件事案のもとでは（判文参照）、原判決を破棄しなければ著しく正義に反するものとは認められない。
> 　（1、3につき反対意見がある。）

決定理由　（職権による判断）
　所論にかんがみ、刑訴法411条を適用すべきかどうかについて判断する。

一　検察官は、現行法制の下では、公訴の提起をするかしないかについて広範な裁量権を認められているのであって、公訴の提起が検察官の裁量権の逸脱によるものであったからといって直ちに無効となるものでないことは明らかである。たしかに、右裁量権の行使については種々の考慮事項が刑訴法に列挙されていること（刑訴法248条）、検察官は公益の代表者として公訴権を行使すべきものとされていること（検察庁法4条）、さらに、刑訴法上の権限は公共の福祉の維持と個人の基本的人権の保障とを全うしつつ誠実にこれを行使すべく濫用にわたってはならないものとされていること（刑訴法1条、刑訴規則1条2項）などを総合して考えると、

【要旨1】　検察官の裁量権の逸脱が公訴の提起を無効ならしめる場合のありうることを否定することはできないが、それはたとえば公訴の提起自体が職務犯罪を構成するような極限的な場合に限られるものというべきである。

【要旨2】　二　いま本件についてみるのに、原判決の認定によれば、本件犯罪事実の違法性及び有責性の評価については被告人に有利に参酌されるべき幾多の事情が存在することが認められるが、犯行そのものの態様はかならずしも軽微なものとはいえないのであって、当然に検察官の本件公訴提起を不当とすることはできない。本件公訴提起の相当性について疑いをさしはさましめるのは、むしろ、水俣病公害を惹起したとされるチッソ株式会社の側と被告人を含む患者側との相互のあいだに発生した種々の違法行為につき、警察・検察当局による捜査権ないし公訴権の発動の状況に不公平があったとされる点にあるであろう。原判決も、また、この点を重視しているものと考えられ

る。しかし、すくなくとも公訴権の発動については、犯罪の軽重のみならず、犯人の一身上の事情、犯罪の情状及び犯罪後の情況等をも考慮しなければならないことは刑訴法248条の規定の示すとおりであって、起訴又は不起訴処分の当不当は、犯罪事実の外面だけによっては断定することができないのである。このような見地からするとき、審判の対象とされていない他の被疑事件についての公訴権の発動の当否を軽々に論定することは許されないのであり、他の被疑事件についての公訴権の発動の状況との対比などを理由にして本件公訴提起が著しく不当であったとする原審の認定判断は、ただちに肯認することができない。まして、本件の事態が公訴提起の無効を結果するような極限的な場合にあたるものとは、原審の認定及び記録に照らしても、とうてい考えられないのである。したがって、本件公訴を棄却すべきものとした原審の判断は失当であって、その違法が判決に影響を及ぼすことは明らかである。

三　しかしながら、本件については第一審が罰金5万円、1年間刑の執行猶予の判決を言い渡し、これに対して検察官からの控訴の申立はなく、

【要旨3】被告人からの控訴に基づき原判決が公訴を棄却したものであるところ、記録に現われた本件のきわめて特異な背景事情に加えて、犯行から今日まですでに長期間が経過し、その間、被告人を含む患者らとチッソ株式会社との間に水俣病被害の補償について全面的な協定が成立して双方の間の紛争は終了し、本件の被害者らにおいても今なお処罰を求める意思を有しているとは思われないこと、また、被告人が右公害によって父親を失い自らも健康を損なう結果を被っていることなどをかれこれ考え合わせると、原判決を破棄して第一審判決の執行猶予付きの罰金刑を復活させなければ著しく正義に反することになるとは考えられず、いまだ刑訴法411条を適用すべきものとは認められない。

解　説

1　刑事訴訟手続は、憲法31条以下の定める刑罰関係条文に従わなければならないのは当然として、その他にも、憲法14条1項の定める法の下の平等等一般的な基本的人権規定にも反してはならない。

2　刑事訴訟法が第1条で明記するように、個人の基本的人権の保障を全うす

ることが事案の真相の解明の前提要件となっている。そのため、個々の刑事訴訟法の条文では、可能と思われる手続であっても、憲法を頂点とする社会通念に相反したり、憲法秩序に相反する場合には、違法無効とされる場合がある。
3 　本判決は、いわゆる公訴権濫用論のうちの第2類型、すなわち、検察官の訴追裁量権の逸脱による公訴提起が、憲法14条1項に違反する場合のあり得ることを明らかにしたものであり、理論上公訴権濫用論を認めたものとして有名である。

　なお、公訴権濫用論については、本判決を55で再び取り上げているので、そこの「解説」を参考のこと。
【参考判例】
　　最判昭53.10.20第二小法廷　民集32・7・1367

5　押収等の手続に違法がある証拠物の証拠能力

最判昭53.9.7第一小法廷　刑集32・6・1672
覚せい剤取締法違反、有印公文書偽造、同行使、道路交通法違反被告事件

● 判決要旨 ●

要旨1
　職務質問に附随して行う所持品検査は所持人の承諾を得てその限度でこれを行うのが原則であるが、捜索に至らない程度の行為は、強制にわたらない限り、たとえ所持人の承諾がなくても、所持品検査の必要性、緊急性、これによって侵害される個人の法益と保護されるべき公共の利益との権衡などを考慮し、具体的状況のもとで相当と認められる限度において許容される場合がある。

要旨2
　警察官が、覚せい剤の使用ないし所持の容疑がかなり濃厚に認められる者に対して職務質問中、その者の承諾がないのに、その上衣左側内ポケットに手を差し入れて所持品を取り出したうえ検査した行為（判文参照）は、職務質問に附随する所持品検査において許容される限度を超え

> 要旨3
> 　証拠物の押収等の手続に憲法35条及びこれを受けた刑訴法218条1項等の所期する令状主義の精神を没却するような重大な違法があり、これを証拠として許容することが将来における違法な捜査の抑制の見地からして相当でないと認められる場合においては、その証拠能力は否定されるべきである。

> 要旨4
> 　職務質問の要件が存在し、かつ、所持品検査の必要性と緊急性が認められる状況のもとで、必ずしも諾否の態度が明白ではなかった者に対し、令状主義に関する諸規定を潜脱する意図なく、また、他に強制等を加えることなく行われた本件所持品検査（判文参照）において、警察官が所持品検査として許容される限度をわずかに超え、その者の承諾なくその上衣左側内ポケットに手を差し入れて取り出し押収した点に違法があるに過ぎない本件証拠物の証拠能力は、これを肯定すべきである。

判決理由

（検察官の上告趣意第1点について）

一　所論は、要するに、本件証拠物の差押を違法であるとした前記原判決の判断は、警職法2条1項の解釈を誤り、最高裁判所及び高等裁判所の判例と相反する判断をしている、というのである。しかし、所論引用の判例は、いずれも本件とは事案を異にし適切でないから、所論判例違反の主張は前提を欠き、その余の所論は、単なる法令違反の主張であって、いずれも適法な上告理由にあたらない。

二　そこで、所論にかんがみ職権をもって調査するに、本件証拠物の差押を違法であるとした原判決の判断は、次の理由により、その結論において、正当である。
　㈠　原判決の認定した本件証拠物の差押の経過は、次のとおりである。⑴昭和49年10月30日午前零時35分ころ、パトカーで警ら中の垣田巡査、椎原巡査長の両名は、原判示ホテルオータニ附近路上に被告人運転の自動車が停車しており、運転席の右横に遊び人風の3、4人の男がいて被告人と話

しているのを認めた。(2) パトカーが後方から近付くと、被告人の車はすぐ発進右折してホテルオータニの駐車場に入りかけ、遊び人風の男達もこれについて右折して行った。(3) 垣田巡査らは、被告人の右不審な挙動に加え、同所は連込みホテルの密集地帯で、覚せい剤事犯や売春事犯の検挙例が多く、被告人に売春の客引きの疑いもあったので、職務質問することにし、パトカーを下車して被告人の車を駐車場入口附近で停止させ、窓ごしに運転免許証の提示を求めたところ、被告人は正木良太郎名義の免許証を提示した（免許証が偽造であることは後に警察署において判明）。(4) 続いて、垣田巡査が車内を見ると、ヤクザの組の名前と紋のはいったふくさ様のものがあり、中に賭博道具の札が10枚位入っているのが見えたので、他にも違法な物を持っているのではないかと思い、かつまた、被告人の落ち着きのない態度、青白い顔色などからして覚せい剤中毒者の疑いもあったので、職務質問を続行するため降車を求めると、被告人は素直に降車した。(5) 降車した被告人に所持品の提示を求めると、被告人は、「見せる必要はない」と言って拒否し、前記遊び人風の男が近付いてきて、「お前らそんなことする権利あるんか」などと罵声を浴びせ、挑戦的態度に出てきたので、垣田巡査らは他のパトカーの応援を要請したが、応援が来るまでの2、3分の間、垣田巡査と応対していた被告人は何となく落ち着かない態度で所持品の提示を拒んでいた。(6) 応援の警官4名くらいが来て後、垣田巡査の所持品提示要求に対して、被告人はぶつぶつ言いながらも右側内ポケットから「目薬とちり紙（覚せい剤でない白色粉末が在中）」を取り出して同巡査に渡した。(7) 垣田巡査は、さらに他のポケットを触らせてもらうと言って、これに対して何も言わなかった被告人の上衣とズボンのポケットを外から触ったところ、上衣左側内ポケットに「刃物ではないが何か堅い物」が入っている感じでふくらんでいたので、その提示を要求した。(8) 右提示要求に対し、被告人は黙ったままであったので、垣田巡査は、「いいかげんに出してくれ」と強く言ったが、それにも答えないので、「それなら出してみるぞ」と言ったところ、被告人は何かぶつぶつ言って不服らしい態度を示していたが、同巡査が被告人の上衣左側内ポケット内に手を入れて取り出してみると、それは「ちり紙の包、プラスチックケース入りの注射針1本」であり、「ちり紙の包」を被告人の面前で開披して

みると、本件証拠物である「ビニール袋入りの覚せい剤ようの粉末」がはいっていた。さらに応援の中島巡査が、被告人の上衣の内側の脇の下に挟んであった万年筆型ケース入り注射器を発見して取り出した。(9) そこで、垣田巡査は、被告人をパトカーに乗せ、その面前でマルキース試薬を用いて右「覚せい剤ようの粉末」を検査した結果、覚せい剤であることが判明したので、パトカーの中で被告人を覚せい剤不法所持の現行犯人として逮捕し、本件証拠物を差し押えた。

【要旨1】 (二) ところで、警職法2条1項に基づく職務質問に附随して行う所持品検査は、任意手段として許容させるものであるから、所持人の承諾を得てその限度でこれを行うのが原則であるが、職務質問ないし所持品検査の目的、性格及びその作用等にかんがみると、所持人の承諾のない限り所持品検査は一切許容されないと解するのは相当でなく、捜索に至らない程度の行為は、強制にわたらない限り、たとえ所持人の承諾がなくても、所持品検査の必要性、緊急性、これによって侵害される個人の法益と保護されるべき公共の利益との権衡などを考慮し、具体的状況のもとで相当と認められる限度において許容される場合があると解すべきである（最高裁判所昭和52年(あ)第1435号同53年6月20日第三小法廷判決参照）。

【要旨2】 (三) これを本件についてみると、原判決の認定した事実によれば、垣田巡査が被告人に対し、被告人の上衣左側内ポケットの所持品の提示を要求した段階においては、被告人に覚せい剤の使用ないし所持の容疑がかなり濃厚に認められ、また、同巡査らの職務質問に妨害が入りかねない状況もあったから、右所持品を検査する必要性ないし緊急性はこれを肯認しうるところであるが、被告人の承諾がないのに、その上衣左側内ポケットに手を差し入れて所持品を取り出したうえ検査した同巡査の行為は、一般にプライバシイ侵害の程度の高い行為であり、かつ、その態様において捜索に類するものであるから、上記のような本件の具体的な状況のもとにおいては、相当な行為とは認めがたいところであって、職務質問に附随する所持品検査の許容限度を逸脱したものと解するのが相当である。してみると、右違法な所持品検査及びこれに続いて行われた試薬検査によってはじめて覚せい剤所持の事実が明らかとなった結果、被告人を覚せい剤取締法違反被疑事実で現行犯逮捕する要件が整った本件事案においては、右逮捕

に伴い行われた本件証拠物の差押手続は違法といわざるをえないものである。

これと同旨の原判決の判断は、その限りにおいて相当であり、所論は採ることができない。

（検察官の上告趣意第3点について）

一　所論は、要するに、本件証拠物の証拠能力を否定した原判決の判断は、憲法35条の解釈を誤り、かつ、最高裁判所及び高等裁判所の判例と相反する判断をしている、というのである。しかし、所論のうち憲法違反をいう点は、その実質において、証拠物の証拠能力に関する原判決の判断を論難する単なる法令違反の主張に帰するものであって、適法な上告理由にあたらない。また、最高裁判所の判例の違反をいう点は、所論引用の当裁判所昭和24年(れ)第2366号同年12月13日第三小法廷判決（刑事裁判集15号349頁）は、証拠物の押収手続に極めて重大な違法がある場合にまで証拠能力を認める趣旨のものであるとまでは解しがたいから、本件証拠物の収集手続に極めて重大な瑕疵があるとして証拠能力を否定した原判決の判断は、当裁判所の右判例と相反するものではないというべきであって、所論は理由がなく、高等裁判所の判例の違反をいう点は、最高裁判所の判例がある場合であるから、所論は適法な上告理由にあたらない。

二　そこで、所論にかんがみ職権をもって調査するに、本件証拠物の証拠能力を否定した原判決の判断は、次の理由により、法令に違反したものというべきである。

㈠　違法に収集された証拠物の証拠能力については、憲法及び刑訴法になんらの規定もおかれていないので、この問題は、刑訴法の解釈に委ねられているものと解するのが相当であるところ、刑訴法は、「刑事事件につき、公共の福祉の維持と個人の基本的人権の保障とを全うしつつ、事案の真相を明らかにし、刑罰法令を適正且つ迅速に適用実現することを目的とする。」（同法1条）ものであるから、違法に収集された証拠物の証拠能力に関しても、かかる見地からの検討を要するものと考えられる。ところで、刑罰法令を適正に適用実現し、公の秩序を維持することは、刑事訴訟の重要な任務であり、そのためには事案の真相をできる限り明らかにすることが必要であることはいうまでもないところ、証拠物は押収手続が違法であって

も、物それ自体の性質・形状に変異をきたすことはなく、その存在・形状等に関する価値に変りのないことなど証拠物の証拠としての性格にかんがみると、その押収手続に違法があるとして直ちにその証拠能力を否定することは、事案の真相の究明に資するゆえんではなく、相当でないというべきである。しかし、他面において、事案の真相の究明も、個人の基本的人権の保障を全うしつつ、適正な手続のもとでされなければならないものであり、ことに憲法35条が、憲法33条の場合及び令状による場合を除き、住居の不可侵、捜索及び押収を受けることのない権利を保障し、これを受けて刑訴法が捜索及び押収等につき厳格な規定を設けていること、また、憲法31条が法の適正な手続を保障していること等にかんがみると、

【要旨3】　証拠物の押収等の手続に、憲法35条及びこれを受けた刑訴法218条1項等の所期する令状主義の精神を没却するような重大な違法があり、これを証拠として許容することが、将来における違法な捜査の抑制の見地からして相当でないと認められる場合においては、その証拠能力は否定されるものと解すべきである。

【要旨4】　㈡　これを本件についてみると、原判決の認定した前記事実によれば、被告人の承諾なくその上衣左側内ポケットから本件証拠物を取り出した垣田巡査の行為は、職務質問の要件が存在し、かつ、所持品検査の必要性と緊急性が認められる状況のもとで、必ずしも諾否の態度が明白ではなかった被告人に対し、所持品検査として許容される限度をわずかに超えて行われたに過ぎないのであって、もとより同巡査において令状主義に関する諸規定を潜脱しようとの意図があったものではなく、また、他に右所持品検査に際し強制等のされた事跡も認められないので、本件証拠物の押収手続の違法は必ずしも重大であるとはいえないのであり、これを被告人の罪証に供することが、違法な捜査の抑制の見地に立ってみても相当でないとは認めがたいから、本件証拠物の証拠能力はこれを肯定すべきである。

㈢　してみると、本件証拠物の収集手続に重大な違法があることを理由としてその証拠能力を否定し、また、その鑑定結果等を立証趣旨とする証人もその取調をする必要がないとして、これら証拠申請を却下した第一審裁判所の措置及びこれを是認した原判決の判断は法令に違反するものであって、その誤りは判決に影響を及ぼしており、原判決中検察官の控訴を棄却した

部分及び第一審判決中無罪部分はこれを破棄しなければ著しく正義に反するものと認める。

（結　論）

よって、検察官の上告趣意中のその余の所論及び弁護人の上告趣意に対する判断を省略し、なお、本件覚せい剤所持の事実とその余の第一審判決及び原判決が有罪とした事実とは併合罪の関係にあるものとして公訴を提起されたものであるから、刑訴法411条1号により原判決及び第一審判決の各全部を破棄し、同法413条本文により本件を第一審裁判所である大阪地方裁判所に差し戻すこととし、裁判官全員一致の意見により、主文のとおり判決する。

解　説

1　警察官職務執行法2条1項は、同項に規定する者を停止させて質問をすることができると規定するだけで、所持品を検査できるかどうかについて明文を置いていない。しかし、所持品検査は質問と密接に関連するし、質問の効果をあげる上で必要性、有効性が認められるので、職務質問に附随して行うことができる場合があるとするのが判例である（最判昭53.6.20第三小法廷　刑集32・4・670）。

2　本判決は、前記判決の認めた所持品検査の要件を更に再確認したものであるが、現実には、所持品検査を違法としながら、その結果得られた証拠物の証拠能力は認めている。

3　手続を違法としながら、証拠能力があるとする結論では、現実に違法であったという裁判所の判断以外に、被告人には何のメリットもないが、元来、証拠物は、違法な手続で押収されても、証拠としての価値には変わりがないというのが、本件以前の最高裁の考え方（最判昭24.12.13第三小法廷　裁判集刑事15・329）であったから、最高裁が、理論として、違法な手続により押収された証拠物は、証拠能力がないことがあり得ることを認めたこと（違法排除説）は大きな意義を有する。

4　最高裁が認める所持品検査の条件は、利益の比較衡量論であるが、具体的状況で比較すべき内容は、判例によって集積されてきている。

5　この判決が判示する違法排除説の根拠は、令状主義を没却するような重大な違法、将来における違法な捜査の抑制の2点であるが、司法の廉潔性、つ

まり、裁判は適法な手続によって得られた証拠によるべきであるとする考え方が、アメリカ法上では有力な根拠として主張されている。我が国でも、刑訴法1条の趣旨からこの点を考慮すべきであろう。判例①にもそのような考え方からの批判があり得る。

6　刑訴法1条の基本的人権の保障を全うする目的と事案の真相を明らかにする目的との調和が、このような形でとられたと言える。

【参考判例】

67の判例（185頁参照）

第2章　裁判所の管轄

6　土地管轄についての瑕疵が治癒される場合

最判昭58.10.13第一小法廷 刑集37・8・1139
兇器準備集合、火炎びんの使用等の処罰に関する法律違反、公務執行妨害、傷害被告事件

判決要旨

刑訴法19条により移送を受けた被告事件について、その当時土地管轄があることが明らかでなかったとしても、その後管轄違の申立がされるまでの間に土地管轄が具備されるに至った場合には（判文参照）、土地管轄についての右瑕疵は治癒される。

判決理由　所論にかんがみ、第一審東京地方裁判所が本件各被告事件について土地管轄があるものとして審理判決した点の適否につき、職権で判断する。

一　記録によれば、次のような事実を認めることができる。

1　被告人らは、いずれも昭和53年4月16日本件各被告事件について犯罪地及び被告人らの現在地として土地管轄を有する千葉地方裁判所に勾留中起訴されたものであるが、検察官は、同年6月19日同裁判所に対し、右各被

告事件を、同じく同裁判所に起訴されており、東京都内に住所を有する伊藤みどりらに対する兇器準備集合等被告事件に関連するとして、刑訴法9条1項3号、6条、8条1項を根拠として、同法19条1項により、右伊藤みどりらに対する前記各被告事件につき土地管轄を有する東京地方裁判所に移送すべき旨の請求をした。これを受けた右千葉地方裁判所は、同月30日、本件各被告事件については、右検察官指摘のとおり、東京地方裁判所も管轄権を有するものとして、いずれも同法19条1項により、同裁判所へ移送する旨の決定（以下「本件各移送決定」という。）をした（なお、右伊藤みどりらに対する各被告事件についても、そのころ東京地方裁判所に移送する旨の決定がされていることがうかがわれる。）。本件各移送決定に対し、弁護人らは、東京地方裁判所には本件各被告事件についての土地管轄があるとはいえないなどとして、右各移送決定の違法不当を理由に同条3項により即時抗告を申し立てたが、東京高等裁判所は、同年8月15日右各移送決定に違法不当はないとして各即時抗告棄却の決定をし、右各決定については、特別抗告の申立もなく、いずれも確定した。

2 　本件各被告事件について審理を担当することとなった東京地方裁判所刑事第2部は、その後被告人谷川朋彦については、東京都内に住所があること及び少年であることが判明したため、同年9月12日公訴棄却の判決を言い渡したが、同被告人が少年法所定の手続を経て改めて同年10月6日本件被告事件につき東京地方裁判所に起訴されたので、同年12月22日被告人らに対する本件各被告事件を併合して審判する旨の決定をし、同54年1月11日に第1回公判を開いたところ、弁護人及び被告人らから、同裁判所には土地管轄がない旨の管轄違の申立がされたが、本件各移送決定が確定していること等を理由に審理を進め、同55年3月31日被告人らに対し、有罪判決を言い渡し、その理由中で管轄違の申立を排斥する旨の判示をし、原判決も、右第一審裁判所の措置を是認した。

二　然るところ、本件記録による限り、第一審判決及び原判決の判示するとおり、本件各被告事件と前記伊藤みどりらに対する被告事件とが刑訴法9条1項3号に該当する関連事件であるかどうか明らかではなく、かつ、本件各移送決定当時、被告人らのいずれについても東京都内に住居を有することが明らかな者はいなかったのであるから、右時点においては東京地方裁判所が本

件各被告事件について土地管轄を有するものとはいえず、その段階でこれを理由に管轄違の申立がされたならば、同裁判所としては同法329条により管轄違の判決をせざるをえなかったものと考えられる。

三　しかしながら、本件においては、前示のとおり、本件各移送決定が確定し、東京地方裁判所に本件各被告事件の訴訟係属が生じた後、被告人谷川朋彦について、東京都内に住所を有することが判明し、前示の経過で、一たんは公訴棄却の判決がされたものの、同53年10月6日に改めて右住所地を管轄する東京地方裁判所に本件被告事件につき公訴が提起されたのであるから、同被告人に関しては土地管轄の存否を問題とする余地はなく、また、同被告人に対する本件被告事件とその余の被告人らに対する本件各被告事件とが同法9条1項2号該当の関連事件であることには争いがなく、したがって、同裁判所は被告人谷川朋彦以外の被告人らに対する本件各被告事件についても同法6条により土地管轄を有することが明らかになったものであって、このように、本件各被告事件について、本件各移送決定が確定し東京地方裁判所に訴訟係属が生じた時点以後、仮に一時期同裁判所に土地管轄があることが明らかでなかったとしても、刑訴法の定める土地管轄制度及び刑訴法331条の規定の趣旨に照らせば、その後土地管轄が具備されるに至った場合には、土地管轄についての右瑕疵は治癒されたものというべきである。

　　第一審東京地方裁判所が本件各被告事件について管轄違の言渡しをすることなく実体について審理し判決したことを是認した原判決は、結論において相当である。

〔解　説〕

1　刑事事件については、土地管轄と事物管轄があるが、本判決は、刑訴法2条に規定する土地管轄に関するものである。土地管轄は前記条文1項によると、犯罪地又は被告人の住所、居所若しくは現在地とされている。もともと、被告人の出頭の便宜、被害者その他の証人の便宜、捜査を担当した警察、検察庁の関係から、前記のように規定されているが、どこの土地の裁判所で裁判をするのかは必ずしも裁判にとって本質的な問題ではないので、事件が関連する場合（刑訴法6条、9条）には、その事件を管轄している同一の事物管轄に属する裁判所に移送できることとしている。

また、土地管轄については、被告人の申立が証拠調べの前になされなければ管轄違の言渡しができないとされている（刑訴法331条）。
2　本判決は、土地管轄の前記のような性格から、瑕疵の治癒を認めたものである。
3　事物管轄とは、裁判所法で、裁判し得る犯罪の種類を裁判所ごとに決めているものである。

【参考判例】
　　最判昭59.11.30第二小法廷　裁判集刑事238・247、判時1153・233、判タ553・152

7　刑訴法2条1項にいう現在地の意義

（最決昭30.5.17第三小法廷　刑集9・6・1065
詐欺私文書偽造同行使有価証券偽造同行使被告事件）

●決定要旨●
　刑訴第2条第1項にいわゆる現在地とは、公訴提起の当時被告人が現在する地を指称し、これに現在する事由の如何を問わないものと解すべきである。

決定理由　弁護人土屋豊の上告趣意1は、違憲をいうが、その実質は、訴訟法違反の主張に帰し（刑訴2条1項にいわゆる「現在地」とは、公訴提起の当時被告人が現在する地域を指称し、これに現在する事由の如何を問わないものと解するを相当とする。）……。

解　説

　土地管轄は、刑訴法2条1項で、「犯罪地又は被告人の住所、居所若しくは現在地」とされているが、このうちの「現在地」については、現に被告人が居ればよいのであって、逮捕されてその土地に来ている場合も含まれる。
　その意味で、管轄区域外で被疑者を逮捕し、管轄区域内に連行してくれば、

土地管轄が生ずることになる。

【参考判例】
　　最判昭33．5．24第一小法廷　刑集12・8・1535

第3章　裁判所職員の除斥及び忌避

8　共犯者に対して有罪の判決をした裁判官と忌避の原因

最決昭36．6．14第一小法廷　刑集15・6・974
裁判官忌避申立却下決定に対する異議棄却決定に対する特別抗告事件

● 決定要旨 ●

　裁判官が共犯者に対して被告人との共謀にかかる公訴事実につき有罪の判決をしたことだけでは、被告人に対する右公訴事実につき審判をするにあたって忌避の原因とはならない。

決定理由　　申立人の特別抗告の理由は別紙のとおりであって、原決定が憲法37条1項に違反するというのである。

　しかし、その趣旨は、被告人大桐宇一は同被告人が田畑良幸と共謀して3回に亘り投票買収をしたという事実を認定した第一審判決に対し控訴したのであるが、その控訴審裁判所たる名古屋高等裁判所金沢支部第2部裁判長裁判官山田義盛および裁判官辻三雄は、さきに田畑良幸に対し被告人大桐宇一と共謀して3回に亘り投票買収をしたという同一事実につき有罪の判決をしており、刑訴20条7号の前審関与裁判官の除斥を認めた理由の趣旨に則り右裁判官両名の裁判には不公平な裁判となる虞があるとし、原決定が所論の如き事由は同20条各号所定のいずれの場合にも当らないとしたことを非難するのであって、要するに、右裁判官両名につき同21条1項の忌避の原因の有無を争うに帰し、同433条1項の特別抗告の理由に当らない。しかして、所論の如き事由が忌避の原因とならないことは原決定の説明のとおりである。

解説

1 　裁判は、公平に行われなければならない（憲法37条1項）。これは、現実に公平であるとともに、客観的にも、公平に対する世人の疑念をもたらすものであってはならない。

　その観点から、刑訴法は、裁判所職員が事件に関与していた場合等について、除斥、忌避、回避の制度を設けている。

2 　いかなる場合に裁判官が職務の執行から除斥されなければならないかは、刑訴法20条が定め、そのような理由があるときか又は不公平な裁判をするおそれがあるときは、当事者（検察官又は被告人）は、忌避することができる（刑訴法21条）としている。

3 　不公平な裁判をするおそれが具体的にどのような場合かは、必ずしも明確ではないが、本決定が判示するように、単に共犯者に有罪判決をしたというだけでは、不公平な裁判をするおそれがあるとはいえないことは明らかである。これは、共犯者を同時に審判するときを考えれば明らかであろう。

4 　回避というのは、裁判官や裁判所職員が自ら除斥の理由があると考えるか、不公平な裁判をするおそれがあると邪推される理由があると考えて、事件の審判に関与することを避けることをいう。

5 　不公平な裁判をするおそれがあるかないかの具体的規準は、9、10等の判例の集積によって明らかとなってくる。

【参考判例】

　最判昭30.10.14第二小法廷　刑集9・11・2213

9　略式命令をした裁判官と除斥原因

（最判昭36.2.23第一小法廷　刑集15・2・396）
（公職選挙法違反被告事件）

● 判決要旨 ●

要旨1

　略式命令をした裁判官が、同命令に対して正式裁判の請求があった場

合に、その事件を別件と併合した上、刑訴第332条により地方裁判所に移送しても、除斥さるべき職務の執行をしたものといえない。

> 要旨2
> 共同被疑者に対しても、他の共同被疑者の被疑事件につき、刑訴第227条による証人尋問の請求が許される。

判決理由 論旨は、原判決が、略式命令を発した裁判官のした事件併合及び移送の各決定は、刑訴20条にいう除斥せらるべき職務の執行に包含されないとしたのは、刑訴法に違反し、憲法31条に違反するというのである。

武雄簡易裁判所の裁判官植村武雄が、被告人伊勢馬場治美に対する本件公職選挙法違反事件につき略式命令を発し、正式裁判の申立があるや、これを被告人元山逸馬に対する本件公職選挙法違反被告事件に併合し、さらにこれを刑訴332条により佐賀地方裁判所武雄支部に移送する決定をしたことは所論のとおりである。

【要旨1】 しかし右の如き併合及び移送の決定は、ただ単に形式的裁判であるにとどまり、審判の実質的内容に影響を及ぼすものでないことが明らかであるから、刑訴20条にいう除斥せらるべき職務の執行に包含されないものと解するのが相当である。

さればこれと同趣旨の原判決には所論法令の違反はなく、所論違憲の主張は前提を欠くものである。

同第2点㈡について。

論旨は、刑訴227条に引用されている同223条の被疑者以外の者とは、必要的共犯の関係にある共同被疑者を含まないとして、原判決の刑訴法違反及び憲法31条違反を主張する。

【要旨2】 しかし、刑訴223条1項にいわゆる被疑者とは、当該被疑者を指称し、これと必要的共犯関係にある他の者を含まないと解すべきであるから、所論のような共同被疑者であっても、当該被疑者以外の者は、すべて被疑者以外の者として、当該被疑者に対する関係において刑訴223条による取調べができ、同227条の証人尋問を許すべきである。

されば原判決には、所論法令違反はなく、所論違憲の主張は前提を欠くから

採るを得ない。

解　説

1　刑訴法20条7号は、略式命令を発した原裁判官について正式裁判移行後は除斥されると規定しているが、除斥は、実質的に不公平な裁判をするおそれがある場合ないしあると思われる場合であるから、形式的な裁判で、不公平とは無関係な場合には、考えなくてもよいといえる。

2　略式命令は、簡易裁判所の裁判官が発する（刑訴法461条）ものであり、正式裁判（刑訴法465条）になった場合、通常であれば、当該簡易裁判所の他の裁判官が審判することになるが、地方裁判所で審判するのを相当と認めて決定で管轄地方裁判所に移送する場合（刑訴法332条）には、形式的な裁判であり、不公平な裁判のおそれがないので、命令を発した原裁判官が、このような移送決定をしても除斥理由はないわけである。

3　刑訴法227条の公判前の証人尋問の証人として、共同被疑者も含まれるのは、共同被疑者といえども、証人適格がある以上当然のことである。

10　審理の方法、態度と裁判官の忌避

（最決昭48.10.8 第一小法廷 刑集27・9・1415
裁判官忌避申立却下決定に対する即時抗告決定に対する特別抗告事件）

● 決定要旨 ●

要旨1
　訴訟手続内における審理の方法、態度などは、それ自体としては裁判官を忌避する理由となしえない。

要旨2
　公判期日前の打合せから第1回公判期日終了までの裁判長の訴訟指揮権、法廷警察権の行使の不当を理由とする忌避申立は、本件のような事情（判文参照）のもとにおいては、訴訟遅延のみを目的とするものとして、刑訴法24条により却下すべきものである。

決定理由 所論にかんがみ、職権をもって調査すると、本件は、東京地方裁判所刑事第26部に係属する被告人川本輝夫に対する傷害被告事件における昭和48年6月6日の第2回公判期日において、弁護人後藤孝典、同鈴木一郎、同錦織淳、同山口紀洋、同浅野憲一から、裁判長裁判官船田三雄に対する忌避申立があったところ、右第26部は、右忌避申立を、訴訟遅延のみを目的とするものであるとして、刑訴法24条により却下したので、右弁護人らから即時抗告がなされ、次いで同年7月31日東京高等裁判所が、前記被告事件の第1回公判期日における裁判長の措置には妥当を欠くものがあるとも考えられるとし、本件事案の特殊性および本件審理の経過にかんがみると、少くとも、被告人および弁護人の立場からすれば、不当な訴訟指揮であると判断される余地なしとせず、また、弁護人に訴訟遅延を意図したと思われるものはないとし、これらの事情を総合すると、被告人および弁護人らが、その立場で、本件裁判長の右のような訴訟指揮などから推し量って、不公平な裁判をするおそれがあると判断することもありえないわけではなく、本件忌避申立をもって、単に本件裁判長の訴訟指揮権あるいは法廷警察権の行使に対する不服をいうにすぎないもので、訴訟遅延の目的のみによるものであることが明らかであるとはいえない旨判示して、前記第26部の決定を取り消し、本件忌避申立事件を東京地方裁判所に差し戻したものであることは、記録によって明らかである。

ところで、元来、裁判官の忌避の制度は、裁判官がその担当する事件の当事者と特別な関係にあるとか、訴訟手続外においてすでに事件につき一定の判断を形成しているとかの、当該事件の手続外の要因により、当該裁判官によっては、その事件について公平で客観性のある審判を期待することができない場合に、

【要旨1】当該裁判官をその事件の審判から排除し、裁判の公正および信頼を確保することを目的とするものであって、その手続内における審理の方法、態度などは、それだけでは直ちに忌避の理由となしえないものであり、これらに対しては異議、上訴などの不服申立方法によって救済を求めるべきであるといわなければならない。したがって、訴訟手続内における審理の方法、態度に対する不服を理由とする忌避申立は、しょせん受け容れられる可能性は全くないものであって、それによってもたらされる結果は、訴訟の遅延と裁判の権威の失墜以外にはありえず、これらのことは法曹一般に周知のことがらである。

【要旨2】 本件忌避申立の理由は、本件被告事件についての、公判期日前の打合せから第1回公判期日終了までの本件裁判長による訴訟指揮権、法廷警察権の行使の不当、なかんづく、第1回公判期日において、被告人および弁護人が、裁判長の在廷命令をあえて無視して退廷したのち、入廷しようとしたのを許可しなかったことおよび必要的弁護事件である本件被告事件について弁護人が在廷しないまま審理を進めたことをとらえて、同裁判長は、予断と偏見にみち不公平な裁判をするおそれがあるとするものであるところ、これらはまさに、同裁判長の訴訟指揮権、法廷警察権の行使に対する不服を理由とするものにほかならず、かかる理由による忌避申立の許されないことは前記のとおりであり、それによってもたらされるものが訴訟の遅延と裁判の権威の失墜以外にはない本件においては、右のごとき忌避申立は、訴訟遅延のみを目的とするものとして、同法24条により却下すべきものである。

しかるに、原決定が、本来忌避理由となしえない本件裁判長の訴訟指揮権の、法廷警察権の行使の当否について判断を加えて、本件簡易却下を不相当としたのは、忌避理由についての法律の解釈適用を誤り、ひいては事実誤認をきたしたものであって、これを取り消さなければ著しく正義に反するものと認める。

解　説

1　いかなる場合に刑訴法21条1項にいう「不公平な裁判をする虞がある」のかは、判例の集積によって明らかとなるものと言えるが、本決定は、その一例を提供するものである。

裁判官の審理の方法、態度が自分に不公平ではないかと感ずることは、被告人の立場としてあり得ることではあるが、客観性に乏しい思い込みにしかすぎないと言ってよい。その意味で本決定は当然のことを判示したものと言える。

2　忌避申立があった場合、公平な裁判ができるか否かは、裁判にとって本質的な問題であるから、合議体で決定することが要求されている（刑訴法23条）。しかし、明らかに訴訟を遅らせることを目的としている忌避申立の場合に、合議体で決定をするとすれば訴訟経済に反するので、忌避された裁判官も特に除外される必要はなく、そのまま決定で却下することができるとされている（刑訴法24条）。この簡易却下手続をし得る場合として、訴訟指揮権、法

廷警察権の行使の不当を理由とした場合を本決定が認めたわけであり、当然のことといえる。

第4章　弁護及び補佐

11　刑訴法39条3項本文の合憲性

(最判平11.3.24大法廷　民集53・3・514、判時1680・72)
損害賠償請求事件

- **判決要旨** -
　刑訴法39条3項本文は、憲法34条前段、37条3項、38条1項に違反しない。

判決理由　　刑訴法は、身体の拘束を受けている被疑者を取り調べることを認めているが、被疑者の身体の拘束を最大でも23日間（又は28日間）に制限しているのであり、被疑者の取調べ等の捜査の必要と接見交通権の行使との調整を図る必要があるところ、㈠　刑訴法39条3項本文の予定している接見等の制限は、弁護人等からされた接見等の申出を全面的に拒むことを許すものではなく、単に接見等の日時を弁護人等の申出とは別の日時とするか、接見等の時間を申出より短縮させることができるものにすぎず、同項が接見交通権を制約する程度は低いというべきである。また、前記のとおり、㈡　捜査機関において接見等の指定ができるのは、弁護人等から接見等の申出を受けた時に現に捜査機関において被疑者を取調べ中である場合などのように、接見等を認めると取調べの中断等により捜査に顕著な支障が生ずる場合に限られ、しかも、㈢　右要件を具備する場合には、捜査機関は、弁護人等と協議してできる限り速やかな接見等のための日時等を指定し、被疑者が弁護人等と防御の準備をすることができるような措置を採らなければならないのである。このような点からみれば、刑訴法39条3項本文の規定は、憲法34条前段の弁護人

依頼権の保障の趣旨を実質的に損なうものではないというべきである。

なお、刑訴法39条3項本文が被疑者側と対立する関係にある捜査機関に接見等の指定の権限を付与している点も、刑訴法430条1項及び2項が、捜査機関のした39条3項の処分に不服がある者は、裁判所にその処分の取消し又は変更を請求することができる旨を定め、捜査機関のする接見等の制限に対し、簡易迅速な司法審査の道を開いていることを考慮すると、そのことによって39条3項本文が違憲であるということはできない。

憲法37条3項は「刑事被告人」という言葉を用いていること、同条1項及び2項は公訴提起後の被告人の権利について定めていることが明らかであり、憲法37条は全体として公訴提起後の被告人の権利について規定していると解されることなどからみて、同条3項も公訴提起後の被告人に関する規定であって、これが公訴提起前の被疑者についても適用されるものと解する余地はない。論旨は、独自の見解を前提として違憲をいうものであって、採用することができない。

憲法38条1項の不利益供述の強要の禁止を実効的に保障するためどのような措置が採られるべきかは、基本的には捜査の実状等を踏まえた上での立法政策の問題に帰するものというべきであり、憲法38条1項の不利益供述の強要の禁止の定めから身体の拘束を受けている被疑者と弁護人等との接見交通権の保障が当然に導き出されるとはいえない。論旨は、独自の見解を前提として違憲をいうものであって、採用することができない。

以上のとおりであるから、刑訴法39条3項本文の規定は、憲法34条前段、37条3項、38条1項に違反するものではないとした原審の判断は正当であり、原判決に所論の違法はなく、本件上告理由第2点の論旨はいずれも理由がない。

解　説

1　弁護人と被疑者の接見交通については、16判例（浅井事件判決）、最判平3．5．31第二小法廷　裁判集民事163・47、判時1390・33（若松事件判決）、最判昭53．7．10第一小法廷　民集32・5・820（杉山事件判決）によって、刑訴法39条3項本文の「被告のため必要があるとき」に関して、最高裁の判断が示されてきているが、39条3項の合憲性については、それを当然の前提とはしていたものの、真っ向から判断したものはなかった。

2　本件は、前記違憲の主張と接見指定について、文書を発行するので、弁護人にそれを受領に来るように要求した検察官の行為の違法性を主張して、接見妨害に対する国家賠償を求めた事案に対するものであるが、最高裁は違憲判断についてのみ第三小法廷から大法廷に回付され（最高裁事務処理規則9条3項後段、論点回付）、この点について大法廷としてなされた判決である。

3　本判決は、主として憲法34条前段違反とする主張に対して、刑訴法39条1項は、前記憲法条項の趣旨にのっとり弁護人の援助を受ける機会を確保する目的で設けられたもので、憲法の保障に由来するとする一方で、接見交通権が憲法の保障に由来するからといって、刑罰権ないし捜査権に絶対的に優先するようなものではなく、憲法は、被疑者の身体を拘束して取調べることを否定するものではないから、接見交通権と捜査権との合理的調和が図られなければならないとして、3点を掲げる。

　この判決は、従来の3判決のいわば集大成とでもいうべきものである。論点回付がなされなかった第三小法廷の判決については、平12．2．22 判時1721・70が出されていて、弁護人と被疑者との面接について、検察官が接見日時を書面により指定していた当時の実務について違憲とはいえないと判示している。この点については、16判決の解説を参照のこと。

12　利害の相反する被告人らが選任した同一弁護人の出頭のもとでなされた審判の適法性

（最判昭43．4．18第一小法廷 刑集22・4・290）
有印公文書偽造被告事件

● 判決要旨 ●

　刑訴規則第29条第2項〔筆者注：現第29条第5項〕は、国選弁護人についての規定であって、私選弁護人について規定するものではなく、利害の相反する被告人らが選任した同一の弁護人の出頭のもとで審判がなされたとしても、訴訟法上、これを違法とすべき理由はない。

> **判決理由** 弁護人渡辺隆の上告趣意のうち、憲法37条3項違反をいう点は、同条項前段所定の弁護人を依頼する権利は、被告人がみずから行使すべきもので、裁判所は被告人にこの権利を行使する機会を与え、その行使を妨げなければよいものである（昭和24年11月30日大法廷判決・刑集3巻11号1857頁）ところ、記録によると、被告人は、本件について公訴を提起される以前の昭和41年3月27日に、みずから弁護士中村嘉七を弁護人に選任し、第一審公判の終結するまで同弁護人の弁護を受け、その間なんら異議不服を述べた形跡もないのであるから、所論は採ることができない。
>
> 同判例違反をいう点は、引用の判例は、同一の弁護士を国選弁護人に選任した事案についてのもので、事案を異にする本件には適切でなく、上告適法の理由に当たらない。
>
> その余の論旨は、憲法31条違反をいう点もあるが、実質は単なる法令違反の主張であって、上告適法の理由に当たらない。（なお、刑訴規則29条2項〔筆者注：現29条5項〕は、国選弁護人についての規定であって、私選弁護人について規定するものではなく、利害の相反する被告人らが選任した同一の弁護人の出頭のもとで、審判がなされたとしても、訴訟法上、これを違法とすべき理由はない。）

解説

1　憲法77条は、その1項で、「最高裁判所は、訴訟に関する手続、弁護士、裁判所の内部規律及び司法事務処理に関する事項について、規則を定める権限を有する。」と規定し、これに基づいて、刑事訴訟に関して、刑事訴訟規則（昭和23年12月1日最高裁判所規則32号）が制定施行されている。

2　刑訴規則29条（新法による。以下同じ。）は、その1項で、「法の規定に基づいて裁判所又は裁判長が付すべき弁護人は、……」として裁判所の所在地の弁護人から選任すべきこと等を規定し、その5項で、「被告人又は被疑者の利害が相反しないときは、同一の弁護人に数人の弁護をさせることができる。」と規定する。すなわち、5項だけからは、この弁護人が、1項にいう法の規定に基づいて選任される国選弁護人だけを意味するのか、私選弁護人をも含むのか必ずしも明らかとは言えない。しかし、5項は1項を前提としているから、国選弁護人を意味することは、本条全体を見る限り文理上明ら

3　私選弁護人（刑訴法30条）の場合、利害の相反する共犯者が同一の弁護人を選任することがあり得るが、その場合には、刑訴規則29条5項の適用がない。したがって、同条項違反を主張することはできないわけである。
4　利害の相反する被告人らに同一の弁護人が選任されて承諾することは、弁護士法25条3号の趣旨から、本来は許されないところであろう。

13 署名のない弁護人選任届の効力

（最決昭40.7.20第三小法廷　刑集19・5・591
軽犯罪法違反被告事件）

決定要旨

要旨1
　氏名を記載することができない合理的な理由がないのに、署名のない申立書によってした被告人の上告申立は、無効である。

要旨2
　氏名を記載することができない合理的な理由がないのに、署名のない弁護人選任届によってした被告人の弁護人選任は、無効である。

決定理由

被告人氏名不詳者の上告申立について。
　上告の申立をするには、申立書を第二審裁判所に差し出さなければならないことは、刑訴法414条、374条に明定するところであり、被告人がする上告の申立書には、被告人がこれに署名押印しなければならないことは、刑訴規則60条に規定するところであって、ここにいう署名が自己の氏名を自書することであることはいうまでもないところである。
　ところが、本件について差し出された氏名不詳者作成の上告申立書には、「氏名不詳年令20才位の男、昭和39年2月15日当時名古屋拘置所において183番と呼称され昭和39年8月19日名古屋高等裁判所において森下東治として判決をうけた男」という記載があるだけで、被告人の署名は存在しない。

しかるところ、被告人の氏名について黙秘権がないことは当裁判所大法廷の判例（昭和27年(あ)第838号同32年2月20日判決、刑集11巻2号802頁）とするところであり、法が上告の申立を前記のように要式行為としている理由は、手続を厳格丁重にして過誤のないようにしようとするためであり、被告人が訴訟の主体として誠実に訴訟上の権利を行使しなければならないものであることは、同規則1条2項の明定するところであるから、

【要旨1】　氏名を記載することができない合理的な理由もないのに、これに違反して、申立人の署名のない申立書によってした右上告は、無効なものと解するのが相当である。

弁護士大矢和徳の上告申立について。

弁護士大矢和徳は、本件について、原審における弁護人として上告の申立をしている。ところで、弁護士が原審における弁護人として上告の申立をするについては、その弁護士が原審において弁護人に選任されたものであることを必要とすることはいうまでもないところである。そして、公訴提起後における私選弁護人の選任は、弁護人になろうとする者と被告人とが連署した書面を差し出してしなければならないことは、刑訴法30条1項、刑訴規則18条の明定するところであり、ここに連署とは、弁護人になろうとする者と被告人とがそれぞれ自己の氏名を自書し押印することであることは、同規則60条によって明らかである。

ところが、原審に提出された同弁護士の弁護人選任届の被告人の署名欄には、「氏名不詳」という記載があるだけで、被告人の署名は存在しない。

しかして、被告人の氏名について黙秘権がないこと、および被告人に氏名を記載することができない合理的な理由がないことは、被告人氏名不詳者の上告申立について説示したとおりであり、法が弁護人の選任を前記のように要式行為としている理由および訴訟法上の権利を誠実に行使しなければならないことは、前記被告人氏名不詳者の上告申立について説示したところと同様であるから、

【要旨2】　被告人の署名のない前記弁護人選任届によってした弁護人の選任は無効であり、同弁護士は原審における弁護人ではないものといわなければならない（なお、この点に関する原審の判断には賛成できない。）。

解　説

1　被疑者の弁護人選任は、弁護人と連署した書面を検察庁又は警察署に差し

出さなければならず（刑訴規則17条）、被告人の場合も弁護人と連署した書面を提出することが要請されている（刑訴規則18条）。

　ところが、被疑者や被告人の中には、自分の氏名等を全く黙秘する者も多く、そのような場合には、留置されている警察署の留置番号を記載して署名の代用とし、弁護人と連署して書面（弁護人選任届）を提出する場合が時としてある。

2　このような弁護人選任届が有効か無効か議論の分かれるところであるが、本決定は、被告人の氏名に黙秘権がないこと、訴訟手続は誠実に行使すべきことを理由にして無効とした。

3　本決定は、同一の理由により、被告人自身が、氏名を記載せずにした上告申立書を違法無効と判示しているが、本件は、一審の有罪判決に対して被告人が控訴した事件であり、原審は、このような控訴申立書を有効と考えて、弁護人選任届、控訴申立書等について被告人の表示は必ずしも被告人の氏名を記載することを要せず、記録上被告人が特定され、指印があれば足りると判示していた（名古屋高判昭39．8．19　高刑集17・5・534）。本決定は、この考えを否定したわけである。

【参考判例】

　　最決昭44．6．11第一小法廷　刑集23・7・941

14　被疑者に対する特別弁護人

最決平5．10.19第三小法廷　刑集47・8・67、判時1478・160
特別弁護人の選任を許可しない旨の措置に対する抗告棄却決定に対する特別抗告事件

●決定要旨●

　被疑事件につき刑訴法31条2項によりいわゆる特別弁護人を選任することはできない。

決定理由　　同法（刑訴法）31条1項は、弁護人は弁護士の中から選任しなければならないと規定し、弁護士でない者を弁護人に選任

することを一般的に禁止しており、同条2項は、同条1項の一般的禁止の例外として、弁護士でない者を弁護人に選任するいわゆる特別弁護人を選任することができる場合を認めている。同条2項が例外規定であって同項が「簡易裁判所、家庭裁判所又は地方裁判所においては、裁判所の許可を得たときは」と規定している趣旨、そして、同項ただし書が、地方裁判所において特別弁護人の選任が許可されるのは他に弁護士の中から選任された弁護人がある場合に限るとし、地方裁判所と簡易裁判所及び家庭裁判所との間で選任の要件に区別を設けているところ、捜査中の事件については、右いずれの裁判所に公訴が提起されるかいまだ確定しているとはいえないから、簡易裁判所又は家庭裁判所が特別弁護人の選任を許可した後、地方裁判所に公訴が提起された場合を考えると、他に弁護士の中から選任された弁護人がいない限り、同項ただし書に抵触する事態を招く結果となることなどにかんがみると、特別弁護人の選任が許可されるのは、右各裁判所に公訴が提起された後に限られるものとするのが相当である。

解説

1 　弁護士以外の者が弁護人として活躍できる可能性は否定できない。そのため、特別弁護人という名で旧刑訴法でも、上告審を除いて公訴提起後この特別弁護人を認めていた（旧刑訴法39条、40条、430条）。現行法においては、第一審で裁判所の許可があれば弁護士でない者を弁護人とし得る（刑訴法31条2項）と規定するが、これが公訴提起後のみを意味するのかについては、明文上明らかとする通説に対し、捜査段階では、弁護士よりむしろ特別弁護人の方が働く余地があるとする少数説が対立していた。

　確かに、刑訴法の編別をみると、第2編第一審の中に第1章として捜査が規定されていて、公訴提起前の捜査も第一審と観念されているやに見受けられ、消極説必ずしも法文上の根拠がないとはいい難い。

2 　本決定は、通説に従い、また、条文を素直に読む限り、簡裁、家裁、地裁における公訴提起後の場合に限るとしている。その理由は、地裁の場合、他に弁護士である弁護人を必要とするという条文を根拠に、簡裁、家裁で許可を受けた後、地裁に起訴されれば、不都合が生ずることをあげている。もともと、裁判所の許可が必要な条件であり、起訴前は、どこのどの裁判所に起訴されるか分からないのだから、本決定の結論は相当であろう。

15 国選弁護人の解任

(最判昭54.7.24第三小法廷 刑集33・5・416)
(兇器準備集合、威力業務妨害、公務執行妨害被告事件)

● 判決要旨 ●

要旨1

　被告人が国選弁護人を通じて正当な防禦活動を行う意思がないことを自らの行動によって表明したものと評価すべき判示の事情のもとにおいては、裁判所が国選弁護人の辞意を容れてこれを解任してもやむをえない。

要旨2

　被告人が国選弁護人を通じて正当な防禦活動を行う意思がないことを自らの行動によって表明したため、裁判所が国選弁護人の辞意を容れてやむなくこれを解任した場合、被告人が再度国選弁護人の選任を請求しても、被告人においてその後も判示のような状況を維持存続させたとみるべき本件においては、裁判所が右再選任請求を却下した措置は相当であり、このように解しても憲法37条3項に違反しない。

要旨3

　国選弁護人は、辞任の申出をした場合であっても、裁判所が辞任の申出について正当な理由があると認めて解任しない限り、その地位を失うものではない。

要旨4

　国選弁護人から辞任の申出を受けた裁判所は、解任すべき事由の有無を判断するに必要な限度において、相当と認める方法により、事実の取調をすることができる。

判決理由　被告人小川志郎ほか5名連名の上告趣意書による上告趣意について

　第1点は、憲法37条3項違反をいう。

一　第一審判決及び原判決によれば、所論の点に関する経過は、おおむね次のとおりである。
　1　本件は、昭和44年4月28日のいわゆる4・28沖縄デーの闘争に関連して発生した事件の一部であるところ、右闘争に関連しては約240名が東京地方裁判所に起訴されたが、そのうち約150名は分離公判を希望し、起訴後比較的短期間のうちに主として単独部において審理を受け終わった。他方、本件被告人らを含む約90名は、10名の私選弁護人を選任したうえ、いわゆる統合方式すなわち1つの合議部が全事件を担当して弁論の併合・分離をくり返す方式をあくまでも主張し、数か部にグループ別に配点するという東京地方裁判所裁定合議委員会の案に対しては、一切具体的な意見を述べようとはしなかった。そのため、同裁判所裁判官会議は、近い将来に合理的で具体的な結論が得られる見通しがたたないものと判断し、グループ別の配点をすることを決議した。右決議に基づき、被告人伊與田ら10名の広島大学学生を被告人とするグループ（以下「Aグループ」という。）と、被告人安藤（旧姓林）ら10名を被告人とするその他のグループ（以下「Bグループ」という。）が同地裁刑事第6部（以下「第一審」という。）に配点された。
　2　第一審は、A・B両グループについて、昭和45年3月27日を第1回公判期日と指定したところ、その期日の直前である同月18日に私選弁護人は全員辞任し、被告人らは、第1回公判期日の当日に国選弁護人の選任を請求したので、第一審は、同期日には人定質問を行うにとどめ、以後の手続は続行することにした。
　3　第一審は、Aグループについては、同年4月23日に辻村精一郎弁護士ら3名の弁護士を国選弁護人に選任し、弁護人の請求を容れ第2回公判を同年7月15日に開き、以後審理を続行し、同年11月4日の第5回公判までの間にAグループのみに関連する検察側の立証を終わらせた。他方、Bグループについては、同年4月23日に山本実弁護士ら3名の弁護士を国選弁護人に選任し、弁護人の請求を容れ第2回公判を同年7月22日に開き、以後審理を続行し、同年11月6日の第5回公判までの間にBグループのみに関連する検察側の立証を終わらせた。そして、弁護人及び被告人らの希望を考慮し、同年12月16日の第6回公判においてA・B両グループを併合して審

理する旨の決定をし、以後審理を続けた。
4 　ところが、6名の国選弁護人は、昭和46年5月26日の第10回公判の開廷前に突如書面により辞意を表明してきたので、第一審は、辞意を表明するに至った事情に関し事実の取調をしたところ、次の事実が明らかになった。
　被告人らは、当初からいわゆる統一公判の実現を要求するのみで、国選弁護人から弁護のために必要であるとしてされた具体的要求には一切応じなかったものであるところ、昭和46年5月18日第一東京弁護士会における代表者打合せ会の席上では、「はっきりいって弁護団を信用していない。従って我々は弁護団の冒陳は期待していない。」などと暴言をはき、さらに同月25日第一東京弁護士会における代表者打合せ会においても、「弁護人の心構えもできていないのではないか。」「先生達は審理を早く終らして逃げる気か。そうとしかとれない。」などと弁護人の弁護活動を誹ぼう罵倒する発言をしたほか、定刻をはるかに超えたため退席しようとした山本実弁護人に対し、「一寸待て、このまま帰るのか、これで明日の弁論ができるか、我々を監獄に入れる気か」などと口々にののしりながら、同人の服をつかんで引き戻す暴行に及んだうえ、弁護人らを罵倒し続けるなど、著しい非礼をかさねた。そのため国選弁護人6名は、もはや被告人らには誠実に弁護人の弁護を受ける気持がないものと考えるに至った。
5 　右の事実が認められたため、第一審は、同年6月4日国選弁護人の辞意を容れ全員を解任した。これに対し、被告人らは、国選弁護人の再選任を請求したので、第一審は、同月9日の第11回公判において、被告人の1人1人に対し、右のような事実につき弁明を求めるとともに、以後このような行為をしないことを確約することができるかどうかを尋ね、ひき続き判事室に被告人らを個別に呼んで右の2点につき調査を行おうとしたが、被告人らは全員これを拒否した。そこで、第一審は、翌6月10日の第12回公判において国選弁護人の再選任請求を却下した。
6 　その後、被告人らから3回にわたり国選弁護人の再選任請求がされた。第一審は、同年7月1日の第14回公判において、被告人らが前記のような行為をくり返さないことを確約できるかどうかを確かめたところ、被告人らは「無条件で弁護人を選任するのが裁判所の義務である。」などといってこれに答えることを拒否した。第一審は、さらに慎重を期し、右の点に

つきさらに確めたいので7月19日までに裁判所に出頭するよう書面によって被告人に連絡したが、被告人らは連署した書面でこれを拒否した。同年8月23日の第15回公判においても、被告人らは同様の主張をくり返すだけであった。第一審は、国選弁護人再選任請求をすべて却下した。

7 　被告人らは、第一審においては、法廷闘争という名のもとに権利行使に藉口してそれまでの主張を固執し、裁判長の訴訟指揮に服さず、そのため裁判所は、退廷命令ないし拘束命令を再三再四発することを余儀なくされている状況であった。

【要旨1】　二　右事実によれば、被告人らは国選弁護人を通じて権利擁護のため正当な防禦活動を行う意思がないことを自らの行動によって表明したものと評価すべきであり、そのため裁判所は、国選弁護人を解任せざるを得なかったものであり、しかも、被告人らは、その後も一体となって右のような状況を維持存続させたものであるというべきであるから、被告人らの本件各国選弁護人の再選任請求は、誠実な権利の行使とはほど遠いものというべきであり、このような場合には、形式的な国選弁護人選任請求があっても、裁判所としてはこれに応ずる義務を負わないものと、解するのが相当である。

【要旨2】　ところで、訴訟法上の権利は誠実にこれを行使し濫用してはならないものであることは刑事訴訟規則1条2項の明定するところであり、被告人がその権利を濫用するときは、それが憲法に規定されている権利を行使する形をとるものであっても、その効力を認めないことができるものであることは、当裁判所の判例の趣旨とするところであるから（最高裁昭和28年(オ)第1241号同31年7月4日大法廷判決・民集10巻7号785頁、同31年(あ)第3359号同33年4月10日第一小法廷判決・刑集12巻5号830頁、同23年(つ)第20号同25年4月7日大法廷判決・刑集4巻4号512頁、同27年(あ)第838号同32年2月20日大法廷判決・刑集11巻2号802頁、同24年(れ)第238号同年11月30日大法廷判決・刑集3巻11号1857頁、同44年(し)第25号同年6月11日第一小法廷判決・刑集23巻7号941頁参照）、第一審が被告人らの国選弁護人の再選任請求を却下したのは相当である。このように解釈しても、被告人が改めて誠実に国選弁護人の選任を請求すれば裁判所はその選任をすることになるのであり、なんら被告人の国選弁護人選任請求権の正当な行使を実質的に制限するものではない。したがって、第一審の右措置が憲法37条3項に違反するものでないこ

とは右判例の趣旨に照らして明らかである。論旨は、理由がない。

【要旨3】 国選弁護人は、裁判所が解任しない限りその地位を失うものではなく、したがって、国選弁護人が辞任の申出をした場合であっても、裁判所が辞任の申出について正当な理由があると認めて解任しない限り、弁護人の地位を失うものではないというべきであるから、

【要旨4】 辞任の申出を受けた裁判所は、国選弁護人を解任すべき事由の有無を判断するに必要な限度において、相当と認める方法により、事実の取調をすることができるもの、と解するので相当である。

解　説

1　憲法37条3項は、「刑事被告人は、いかなる場合にも、資格を有する弁護人を依頼することができる。被告人が自らこれを依頼することができないときは、国でこれを附する。」と規定し、刑訴法36条は、この後段を受けて、「被告人が貧困その他の事由により弁護人を選任することができないときは、裁判所は、その請求により、被告人のため弁護人を附しなければならない。但し、被告人以外の者が選任した弁護人がある場合は、この限りでない。」と規定する。いわゆる国選弁護人である。

2　被告人の中には、私選弁護人を依頼しないで、国選弁護人をつけてもらい、その弁護人に対して本件のような暴言を吐いて辞任に追い込む者もいる。この場合、本判決が判示するように、弁護人の辞意だけで弁護人でなくなるのではなく、裁判所が解任することによって初めて効果が生ずる。その場合に必要限度で裁判所は、事実の取調べができることが本判決で明らかにされた。

3　いったん弁護人を解任に追いやった被告人が国選弁護人の再選任要求をしても、被告人の態度が変わらない限り、同じことの繰り返しになるわけであるから、権利の濫用論によって請求を却下し得ることが本判決で明らかにされた。

4　本件は、いわゆる必要的弁護事件（刑訴法289条）のように弁護人がなければ事件の審理ができない場合ではない（兇器準備集合、威力業務妨害、公務執行妨害）。本判決の判旨が、必要的弁護事件に直ちに適用されて弁護人なしに審理ができるかどうかは別の問題であり、高裁判例では、弁護人が裁判所の在廷命令に応ぜず退廷した場合でも、弁護人なしに審理を進めること

はできないとされている（大阪高判昭50.5.15 判時791・126）が、最高裁は、裁判所が公判期日への弁護人の出頭確保のための方策を尽くしたにもかかわらず、被告人が弁護人の公判期日への出頭を防げるなど、弁護人が在廷しての公判審理ができない事態を生じさせ、かつ、その事態を解消することが極めて困難な場合には、当該公判期日については弁護人の立会いのないまま公判審理を行うことができる（最決平7.3.27 刑集49・3・525）とする。けだし、被告人が権利を濫用する以上、当然の結論であろう。

16 弁護人の接見交通権の制限の限界

（最判平3．5.10第三小法廷 民集45・5・919）
（損害賠償請求事件）

● 判決要旨 ●

要旨1

刑訴法39条3項の規定にいう「捜査のため必要があるとき」には、捜査機関が弁護人から被疑者との接見の申出を受けた時に、間近い時に被疑者を取り調べたり、実況見分、検証等に立ち会わせたりするなどの確実な予定があって、弁護人の必要とする接見を認めたのでは右取調べ等が予定どおり開始できなくなるおそれがある場合が含まれる。

要旨2

捜査機関が弁護人と被疑者との接見の日時等を指定する方法は、その合理的裁量にゆだねられているが、それが著しく合理性を欠き、弁護人と被疑者との迅速かつ円滑な接見交通が害される結果になるようなときは、違法なものとして許されない。

要旨3

検察官が、弁護人から被疑者との接見等の申出を受けた警察官から電話によりその措置について指示を求められた際に、弁護人と協議する姿勢を示すことなく、一方的に往復約2時間を要するほど離れている勤務庁に接見指定書を取りに来させてほしい旨を伝言したのみで接見の日時等を指定しようとせず、かつ、被疑者に対する物の授受につき裁判所の

接見禁止決定の解除決定を得ない限り認められないとした措置は、その指定の方法等において著しく合理性を欠き、違法である。
（1につき補足意見がある。）

判決理由　一　弁護人又は弁護人を選任することができる者の依頼により弁護人となろうとする者（以下「弁護人等」という。）と被疑者との接見交通権が憲法上の保障に由来するものであることにかんがみれば、刑訴法39条3項の規定による捜査機関のする接見又は書類若しくは物の授受の日時、場所及び時間の指定は、あくまで必要やむを得ない例外的措置であって、これにより被疑者が防御の準備をする権利を不当に制限することが許されないことはいうまでもない。したがって、捜査機関は、弁護人等から被疑者との接見等の申出があったときは、原則としていつでも接見等の機会を与えなければならないのであり、これを認めると捜査の中断による支障が顕著な場合には、弁護人等と協議してできる限り速やかな接見等のための日時等を指定し、被疑者が弁護人等と防御の準備をすることができるような措置を採るべきである（最高裁昭和49年(オ)第1088号同53年7月10日第一小法廷判決・民集32巻5号820頁）。

【要旨1】　そして、右にいう捜査の中断による支障が顕著な場合には、捜査機関が、弁護人等の接見等の申出を受けた時に、現に被疑者を取調べ中であるとか、実況見分、検証等に立ち会わせているというような場合だけでなく、間近い時に右取調べ等をする確実な予定があって、弁護人等の必要とする接見等を認めたのでは、右取調べ等が予定どおり開始できなくなるおそれがある場合も含むものと解すべきである。

右のように、弁護人等の必要とする接見等を認めたのでは捜査機関の現在の取調べ等の進行に支障が生じたり又は間近い時に確実に予定している取調べ等の開始が妨げられるおそれがあることが判明した場合には、捜査機関は、直ちに接見等を認めることなく、弁護人等と協議の上、右取調べ等の終了予定後における接見等の日時等を指定することができるのであるが、その場合でも、弁護人等ができるだけ速やかに接見等を開始することができ、かつ、その目的に応じた合理的な範囲内の時間を確保することができるように配慮

すべきである。そのため、弁護人等から接見等の申出を受けた捜査機関は、直ちに、当該被疑者について申出時において現に実施している取調べ等の状況又はそれに間近い時における取調べ等の予定の有無を確認して具体的指定要件の存否を判断し、右合理的な接見等の時間との関連で、弁護人等の申出の日時等を認めることができないときは、改めて接見等の日時等を指定してこれを弁護人等に告知する義務があるというべきである。

【要旨2】　そして、捜査機関が右日時等を指定する際いかなる方法を採るかは、その合理的裁量にゆだねられているものと解すべきであるから、電話などの口頭による指定をすることはもちろん、弁護人等に対する書面（いわゆる接見指定書）の交付による方法も許されるものというべきであるが、その方法が著しく合理性を欠き、弁護人等と被疑者との迅速かつ円滑な接見交通が害される結果になるようなときには、それは違法なものとして許されないことはいうまでもない。

二　これを本件についてみるのに、原審の適法に確定した事実関係は次のとおりである。

1　被上告人は名古屋市内に事務所を有する弁護士であるが、昭和48年10月4日早朝魚津市に向かい、午後零時40分ころ魚津警察署に赴き、勾留中の被疑者との接見及び物（小六法、週刊誌各1冊）の授受の申出をしたところ、これを受けた担当警察官は、接見指定書の有無を尋ねて被上告人がそれを持参していないことを確認した後、富山地方検察庁の検察官書上由紀夫に電話をしてその措置につき指示を求めた。

2　右の電話を受けた同検察官は、同警察官に対し、「接見の指定は指定書を交付してすることになっているから、指定書を取りに来るように伝えてほしい。物の差入れについては、今受け取る必要がないが、弁護人が納得しない場合には、裁判所の接見禁止決定の取消決定が必要である。ともかく指定書を取りに来るように伝えてほしい。」旨を指示したため、同警察官は、被上告人に対し、同検察官の指示として、「富山地方検察庁の書上検事から指定書の交付を受け、これを持参しない限り接見させるわけにはいかない。物の差入れについては、裁判所の接見禁止決定の解除決定を受けない限り受領できない。」旨を伝えた。

3　これに対して、被上告人は、同警察官に対し、物の授受不許については

法の誤解であって不当である旨、接見指定書の持参要求については、魚津警察署から富山地方検察庁までは往復２時間以上もかかるのであるから、現に取調べを行っていないのであれば指定書なしで会わせるべきである旨再度申し入れたが、同警察官は検察官の指示であるとして、これに応じなかった。その後、同警察官との間に押し問答があったが、結局、被上告人は、同日午後１時すぎころ、同警察署を退去した。

4　被上告人が被疑者との接見等の申出をした際、同警察署においては、同日昼すぎころ（前後の事実関係等から、午後１時すぎであることは明らかである。）から当該被疑者の取調べが予定されていたが、現に取調中ではなかった。取調担当官は、被上告人がやがて指定書を持参して再び接見に来署することを予想して、取調べの中断は好ましくないとの判断の下に、被疑者の取調べを見合わせて待機し、結局、当日は終日取調べを行うことはなかった。

右事実によると、被上告人が午後零時40分ころ接見等の申出をした際、既に午後１時すぎころから当該被疑者の取調べが予定されていたところ、結果的に当日は終日右取調べが行われなかったが、その主な理由は被上告人の接見に伴う取調べの中断を避けることにあったというのであるから、右接見等の申出時において、それから間近い時に取調べが確実に予定されていたものと評価することができ、したがって、被上告人の接見等を認めると右の取調べに影響し、捜査の中断による支障が顕著な場合に当たるといえないわけでなく、書上検察官が接見等の日時等を指定する要件が存在するものとして被上告人に対し右の日時等を指定しようとした点はそれ自体違法と断定することはできない。

【要旨3】　しかしながら、書上検察官は、魚津警察署の警察官から電話による指示を求められた際、同警察官に被上告人側の希望する接見等の日時等を聴取させるなどして同人との時間調整の必要を判断し、また必要と判断したときでも弁護人等の迅速かつ円滑な接見交通を害しないような方法により接見等の日時等を指定する義務があるところ、こうした点で被上告人と協議する姿勢を示すことなく、ただ一方的に、当時往復に約２時間を要するほど離れている富山地方検察庁に接見指定書を取りに来させてほしい旨を伝言して右接見等の日時等を指定しようとせず、かつ、刑訴法39条１項により弁護人等

に認められている被疑者に対する物の授受について裁判所の接見禁止決定の解除決定を得ない限り認められないとしたものであるから、同検察官の措置は、その指定の方法等において著しく合理性を欠く違法なものであり、これが捜査機関として遵守すべき注意義務に違反するものとして、同検察官に過失があることは明らかである。もっとも、原審の確定した事実によれば、被上告人は、本件接見等の申出前に担当検察官に連絡をとったわけではなく、同検察官の勤務場所から遠く離れた警察署に直接出向いて接見等を申し出たものであり、しかも同警察署において、警察電話による担当検察官との折衝の機会を与えられながらこれに応じなかった等の事情があるというのであるから、こうした諸事情をも考慮すると、被上告人にも弁護人としての対応にいささか欠けるところがあったのではないかと考えられるので、そのことが弁護人の接見等を求める権利の実現を遅れさせる一因であったことも否定し得ないのであるが、これが被上告人の被侵害利益に対する慰謝料算定の際の一事情になり得るのは格別、右の検察官の過失責任を免ずる事由にはなり得ないというべきである。

　そうすると、書上検察官の被上告人に対する被疑者との接見等申出拒否の処分はその職務を行うについてされた違法行為であるとして、上告人が国家賠償法1条1項により被上告人の被った損害を賠償すべき責任があるとした原審の判断は、結論において是認することができる。論旨は、独自の見解に立って原判決を論難するものにすぎず、採用することができない。

解　説

1　刑訴法39条1項は、身体の拘束を受けている被告人又は被疑者は、弁護人らと立会人なしに接見したり物を授受したりすることができると規定し、自由に弁護人と面会できることを原則として明らかにしている。だが、同条3項では、検察官等は、「捜査のため必要があるときは、公訴の提起前に限り、第1項の接見又は授受に関し、その日時、場所及び時間を指定することができる。但し、その指定は、被疑者が防禦の準備をする権利を不当に制限するようなものであつてはならない。」として、捜査の必要上、接見等を制限できることを認めている。

2　この「捜査のため必要があるとき」の解釈をめぐって、捜査全般の進行状

況から指定可能とする説、現に取調べ中だったり、実況見分等のために被疑者が不在の場合等物理的に接見が不可能なときに限るとする説、このような物理的不可能の場合のほか、取調べをしようとしていたり、実況見分に赴こうとしていた場合のように捜査のスケジュールが確定してそれを予定どおりにできない場合に限るとする説の3説が対立していた。

3　本判決は、民事の損害賠償請求事件であるが、前記の第3説、スケジュール捜査必要説をとったものである。

　本判決は、「捜査の中断による支障が顕著な場合」には指定できるとし、その内容として、「現に被疑者を取調べ中であるとか、実況見分、検証等に立ち会わせているというような場合だけでなく、間近い時に右取調べをする確実な予定があって……接見等を認めたのでは、右取調べ等が予定どおり開始できなくなるおそれがある場合」も含むとして、先に同じ民事判決が判示していた（最判昭53.7.10第一小法廷　民集32・5・820）点を更に明確にし、スケジュール化されている捜査を含むことを明らかにした。

4　接見指定については、事実の明確化のためにも文書（接見指定書）によることを原則としているが、本判決が判示するように文書を取りに行くために大変な労力を要する場合があり、最近では、ファックス、電話による口頭の指定等が行われている。

　この点について、最判平12.2.22第三小法廷　判時1721・70は、検察官が接見指定書の受取りを弁護人に要求し、口頭による指定をしなかった措置の違法を主張して国家賠償を求めた請求に対して、本件判決が判示した指定方法の適否の判断基準に従い、弁護人事務所、警察署、検察庁間が自動車で10分内外であることなどから、指定書の受取りを求め、口頭で指定しなかった検察官の措置を違法とはいえないとした。

　上記の平成12年判決後、法務省と弁護士会との間で接見指定の運用について協議が整い、現在では適宜口頭やファクシミリによる接見指定の運用が行われている。

【参考判例】

　最判昭53.7.10第一小法廷　民集32・5・820　最判平3.5.31第二小法廷　判時1390・33

17 起訴後の余罪捜査と接見指定

(最決昭55.4.28第一小法廷 刑集34・3・178
検察官の接見指定に関する準抗告棄却決定に対する特別抗告事件)

● 決定要旨 ●

同一人につき被告事件の勾留とその余罪である被疑事件の逮捕、勾留とが競合している場合、検察官等は、被告事件について防禦権の不当な制限にわたらない限り、刑訴法39条3項の接見等の指定権を行使することができる。

決定理由 本件抗告の趣意のうち、判例違反をいう点は、所論引用の判例（最高裁昭和41年(し)第39号同年7月26日第三小法廷決定・刑集20巻6号728頁）は、被告人が余罪である被疑事件について逮捕、勾留されていなかった場合に関するもので、余罪である被疑事件について現に勾留されている本件とは事案を異にし適切でなく、その余は、憲法34条、37条3項違反をいう点を含め、実質は刑訴法39条3項の解釈の誤りを主張するものであって、いずれも同法433条の抗告理由にあたらない。

なお、同一人につき被告事件の勾留とその余罪である被疑事件の逮捕、勾留とが競合している場合、検察官等は、被告事件について防禦権の不当な制限にわたらない限り、刑訴法39条3項の接見等の指定権を行使することができるものと解すべきであって、これと同旨の原判断は相当である。

解　説

1　同じ人間がいくつもの犯罪を犯すことが屢々ある。その場合、まず最初の逮捕、勾留事実で公訴を提起し、その後に更に別の事実で逮捕、勾留をして取調べをすることになる。

この場合、刑訴法39条3項に基づく検察官らの接見指定が可能なのか問題となる。前記の指定は、被疑者に対して接見しようとする場合にだけ許されるからである。

すでに一部の事実について起訴されている場合には被告人であり、捜査中の事件については被疑者であるという二面性を有する者に対し、被疑者についてだけ認められる指定が可能なのかということである。
2　本決定は、すでに起訴されている被告事件について防禦権の不当な制限にわたらない限り、指定できるとした。ただ、現実には、弁護人が、被告事件の打合せのためと称した場合には、仮に被疑事件の打合せのためであっても、立会人がいない接見であるから、指定をすることはできないことになる。弁護人の誠実な権限の行使が期待されるわけである。

第5章　裁　　判

18　無罪判決において、証拠を排斥する理由を説明することの要否

最判昭35.12.16第二小法廷　刑集14・14・1947
爆発物取締罰則違反等被告事件

●判決要旨●

要旨1
　犯罪の証明なしとの理由によって無罪の言渡しをするには、判決において個々の証拠につき、その採るをえない理由を逐一説明する必要はない。

要旨2
　刑訴第227条、第228条により被告人、被疑者または弁護人に審問の機会を与えずに作成された証人尋問調書を、その証人が公判廷において尋問され、被告人側の反対尋問にさらされ、その証人尋問調書につき尋問を受けている場合に、証拠とすることは憲法第37条2項に違反しない。

判決理由　所論は判例違反を主張するけれども、引用にかかる判例は、いずれも第一審の無罪判決の理由の説示に関するものであっ

て、第一審の有罪判決に対する控訴につき、控訴審裁判所が事実誤認の控訴趣意を容れ、その理由を説明の上第一審判決を破棄自判し、無罪を言渡した本件には適切でない。

【要旨1】 のみならず犯罪の証明なしとの理由によって無罪の言渡しをする場合に、判決において個々の証拠につき、その採るをえない理由を逐一説明する必要はないと解すべきである。ところで、原判決は記録および証拠物ならびに原審における事実の取調べの結果のすべてを検討した上、第一審判決中所論第6および第7の判示事実につき、有罪の認定を支持するに足る証拠がない旨を判示しているものと認められるのであって、個々の証拠についてその採るをえないゆえんの説示を、第一審判決が有罪認定の証拠として掲げたものについてのみに止め、その他の証拠におよぼさなかったからといって何ら理由不備の違法があるものとはいえない。

所論は被告人後藤秀生の爆発物等不法所持の事実に対する証拠とされた裁判官吉田誠吾の証人菅忠愛に対する尋問調書は、刑訴227条、228条により、被告人および弁護人に審問の機会を与えずに作成されたもので、憲法37条2項に違反し、無効であり、これを証拠とした原判決は憲法37条2項に違反するというのである。

【要旨2】 しかし、憲法37条2項の規定が反対尋問の機会を与えない証人その他の者の供述を録取した書類は絶対に証拠とすることは許されないという意味を含むものでないことおよび刑訴228条2項において、同条の証人尋問に被告人、被疑者又は弁護人の立会を任意にしたことが右憲法の条項に反するものでないことは、当裁判所判例（昭和23年（れ）第833号同24年5月18日大法廷判決、集3巻6号789頁および昭和25年（あ）第797号同27年6月18日大法廷判決、集6巻6号800頁）の示すところである。そして記録によれば、証人菅忠愛は第一審第5回、第14回および第15回公判廷において、又原審第14回公判廷において尋問され、被告人側の反対尋問にさらされ、しかも原審においては所論の尋問調書につき尋問を受けているのであって、これを証拠とした原判決が憲法37条2項に違反するものでないことは当裁判所判例（昭和25年（し）第16号同年10月4日大法廷決定、集4巻10号1866頁）により明らかである。

解　説

1　「裁判には、理由を附しなければならない。」（刑訴法44条1項）。「被告事件が罪とならないとき、又は被告事件について犯罪の証明がないときは、判決で無罪の言渡をしなければならない。」（刑訴法336条）。有罪判決の場合には、罪となるべき事実やそれを認定した証拠の標目を判決文に示さなければならない（刑訴法335条1項）し、法律上犯罪の成立を妨げる理由等が主張された場合には、これに対する判断を示さなければならない（同条2項）が、無罪判決の場合には、特に法律は証拠との関係の説示を規定していない。

2　本件は、検察官が上告し、公訴事実を認定するに足りる有力な証拠があるのにそれを採用しない理由を説示していないと主張したが、法律上個々の証拠についてそれを採用しない理由を説明する必要はないと判示して排斥した。

3　現実の実務では、検察側の主張する証拠について、それを採用せず、無罪とする理由を逐一説明するのが普通である。

4　刑訴法227条、228条の第1回公判期日前の証人尋問については、被告人、被疑者や弁護人に立会権が法律上与えられておらず、屡々その立会なしに証人尋問が行われる。その結果の証人尋問調書は、証拠として採用されることになる場合、反対尋問を受けていないので、憲法37条2項の認める反対尋問権の保障の規定に反するのではないかという主張があり得る。しかし、刑訴法自体、反対尋問を受けていない供述調書に一定の条件を付してはいるが、証拠能力を認めており（321条1項）、憲法の反対尋問権の保障は絶対的なものではない。

第6章 書　　類

[19] 公判調書の誤記

（最判昭48.2.16第二小法廷　刑集27・1・46）
（贓物寄蔵、贓物牙保、有価証券虚偽記入、同行使被告事件）

● 判決要旨 ●

　第一審判決に、併合罪の刑の加重をするにあたり刑法14条を適用しなかった違法があっても、被告人に対するその宣告刑が正当な処断刑の範囲内にあり、かつ、被告人の犯罪事実の内容その他情状に徴し右宣告刑が重きに過ぎるものと認められないときは、右違法が判決に影響を及ぼすこと明らかであるとはいえない。

判決理由

　所論は、憲法31条違反をいうが、その実質は単なる法令違反の主張であって、刑訴法405条の上告理由にあたらない（所論第一審第9回公判調書中の「公判をした裁判所及び裁判官」欄に「金沢地方裁判所小松支部越後文男」とあり、また、「裁判所書記官」欄に「宮本増」とあるのは、同公判調書の末尾に作成者として金沢地方裁判所小松支部裁判所書記官越後文男の署名および押印があり、また、裁判官認印欄に「宮本」の認印があること、ならびに第一審のその余の公判調書および判決書の各記載に徴すれば、それぞれ「金沢地方裁判所小松支部宮本増」および「越後文男」の単なる誤記にすぎないと解するのが相当である。）。

解　説

1　公判期日における訴訟手続については、公判調書を作成しなければならない（刑訴法48条1項）。公判調書は、公判期日における審判に関する重要な事項を記載しなければならず（同条2項）、公判期日における訴訟手続で公

判調書に記載されたものは、公判調書のみによって証明することができる（同52条）から極めて重要な書類であり、これには、裁判所書記官が署名押印し、裁判長が認印しなければならない（刑訴規則46条1項）とされている。

2　公判調書に誤って正しくない記載をした場合に裁判自体に影響があるのかが本件で問題とされ、たまたまその調書が判決立会期日のものであったため、憲法31条に相反すると主張されたが、単なる誤記であることが明らかとされて、裁判には影響がないと判示された。公判調書の場合にはともかく、これが判決書のように極めて重要な書類の場合には、単なる誤記として片付けられない場合がある。

　このような例として、判決書自体又は記録に照らし、判決書の記載が単なる表現上の誤りであることが明らかでなく、判決裁判所の意図した記載も、一義的に明確でないときは、これを明白な誤記と認めることは許されないとした判例（最決昭53.6.16第三小法廷　刑集32・4・645）がある。

【参考判例】
　　最判昭31.1.24第三小法廷　刑集10・1・82

第7章　被告人の勾留

20　起訴前の勾留の裁判に対する準抗告と起訴後におけるその利益

（最決昭59.11.20第一小法廷　刑集38・11・2984
準抗告棄却決定に対する特別抗告事件）

●決定要旨●
起訴前の勾留の裁判に対する準抗告申立の利益は、起訴後は失われる。

決定理由　職権で調査すると、記録によれば、呉簡易裁判所裁判官は、申立人に対する器物損壊、公務執行妨害、傷害被疑事件について、昭和59年10月6日勾留の、同月12日勾留取消請求却下の各裁判をしたと

ころ、同月14日申立人から本件準抗告申立（昭和59年(む)第70号）があり、この準抗告申立は、右勾留の裁判に対してされたものであるのに、原裁判所は、この申立を右勾留取消請求却下の裁判に対してされたと誤解して同月17日これを棄却したことが明らかである（なお、同日右勾留取消請求却下の裁判に対し申立人は別個に準抗告申立（同年(む)第72号）をしているが、これについてはなんらの裁判もされていない。）。したがって、原決定には、不服申立の対象とされていない裁判に対して判断した違法があり、これを取り消さなければ著しく正義に反すると認められるので、刑訴法411条1号を準用して原決定を取り消すこととし、同法434条、426条2項により更に裁判をすると、申立人は同月25日勾留のまま同一事実により起訴されていることが記録上明らかであり、起訴前の勾留の裁判に対する準抗告申立の利益は、起訴後は失われると解するのが相当であるから、本件準抗告は、同法432条、426条1項により棄却を免れない。

解　説

1　刑訴法60条は、被告人が罪を犯したことを疑うに足りる相当な理由がある場合で、住居不定か、罪証を隠滅すると疑うに足りる相当な理由があるか、又は、逃亡し又は逃亡すると疑うに足りる相当な理由があるときには、勾留することができると規定している。

　　一方、刑訴法207条は、204条から206条までの規定によって検察官が裁判官に被疑者の勾留を請求した場合に、その請求を受けた裁判官は、「その処分に関し裁判所又は裁判長と同一の権限を有する。」と規定し、実質的に60条が被疑者の勾留について適用されることを明らかにしている。

2　この被疑者の勾留請求を受けた裁判官が勾留状を発したり、又は勾留の理由がないとして釈放を命じたりした場合（刑訴法207条4項、新法による。）に、これに不服がある被疑者又は検察官は、その裁判官所属の裁判所等に不服申立ができ、これを準抗告と呼んでいる（刑訴法429条1項2号）。

3　この起訴前の被疑者の勾留は、その期間中に公訴の提起があった場合に、そのまま有効なものとして被告人の勾留になる（刑訴法280条2項の反対解釈）。これは、被疑者としての勾留の際、厳格な手続がとられているので再度手続を踏む必要がないからである。

　　しかしながら、被疑者の勾留と被告人の勾留とはその本質を異にするので、

被疑者の勾留に対する不服申立（準抗告）は、その被疑者が公訴を提起され、被告人となった場合には、不服申立の利益が失われることを本決定が明らかにしたものである。

21 違法な別件逮捕中の自白を資料として発付された逮捕状による逮捕中の被疑者に対する勾留質問調書の証拠能力

（最判昭58．7．12第三小法廷 刑集37・6・791）
（現住建造物等放火被告事件）

● 判決要旨 ●

要旨1
　逮捕中の被疑者に対する勾留質問調書は、その逮捕が違法な別件逮捕中の自白を資料として発付された逮捕状によるものであっても、他に特段の事情のない限り、証拠能力を否定されるものではない。

要旨2
　勾留中の被疑者に対する消防職員の消防法32条1項による質問調書は、その勾留が違法な別件逮捕中の自白を資料として発付された勾留状によるものであっても、他に特段の事情のない限り、証拠能力を否定されるものではない。

判決理由　所論にかんがみ、職権をもって次のとおり判断を加える。
　【要旨1】　(一)　勾留質問は、捜査官とは別個独立の機関である裁判官によって行われ、しかも、右手続は、勾留の理由及び必要の有無の審査に慎重を期する目的で、被疑者に対し被疑事件を告げこれに対する自由な弁解の機会を与え、もって被疑者の権利保護に資するものであるから、違法な別件逮捕中における自白を資料として本件について逮捕状が発付され、これによる逮捕中に本件についての勾留請求が行われるなど、勾留請求に先き立つ捜査手続に違法のある場合でも、被疑者に対する勾留質問を違法とすべき理由はなく、他に特段の事情のない限り、右質問に対する被疑者の陳述を録取した調書の証拠能力を否定すべきものではない。

【要旨2】（二）　また、消防法32条1項による質問調査は、捜査官とは別個独立の機関である消防署長等によって行われ、しかも消防に関する資料収集という犯罪捜査とは異なる目的で行われるものであるから、違法な別件逮捕中における自白を資料として本件について勾留状が発付され、これによる勾留中に被疑者に対し右質問調査が行われた場合でも、その質問を違法とすべき理由はなく、消防職員が捜査機関による捜査の違法を知ってこれに協力するなど特段の事情のない限り、右質問に対する被疑者の供述を録取した調書の証拠能力を否定すべきものではない。

解　説

1　逮捕した被疑者について更に勾留をする必要があるときは、検察官は裁判官に対して勾留の請求をして（刑訴法204条〜206条）、勾留状の発付を受けなければならない（刑訴法207条、62条）。

　勾留の請求を受けた裁判官は、被疑者に対して、被疑事件を告げてこれに関する本人の陳述を聞かなければ勾留状を発することができない（刑訴法207条、61条）。この陳述は、立会った裁判所書記官により（刑訴規則69条）、調書に記載され（刑訴規則39条1項）、普通勾留質問調書と呼ばれている。

2　逮捕そのものが違法な別件逮捕中の被疑者の自白を資料として発付された逮捕状による場合、逮捕が違法となるから、それを前提としてなされた勾留質問も違法となり、被疑者のした陳述を記載した勾留質問調書は違法で証拠能力がないという考えもあり得るが、本判決は、勾留質問が裁判官によって行われるもので、先行手続である捜査手続とは全く異なるものであることを理由として、他に特段の理由のない限りという条件付きではあるが、原則として証拠能力を認めた。

3　消防法32条1項は、消防長又は消防署長に質問調査権を認めているが、これは、火災原因、火災及び消火のために受けた損害の調査のためであって、犯罪捜査とは関係のない行政目的のものである。しかし、その質問調査の際、火災原因となった者の供述を録取することがあり、この調書が、その者に対する公訴の提起後に証拠として用いられることがある。

　本判決は、その質問調査が違法な逮捕を前提とする勾留中に作成されたとしても、消防職員が捜査機関による違法な捜査に協力するなどの特段の理由

のない限り、証拠能力があるとしたものである。
4　逮捕の違法は常に勾留の適法性に影響を与えないものではなく、例えば、緊急逮捕後8時間を経て、しかも逮捕時間の表示を4時間遅らせて逮捕状を請求したような重大な違法がある場合には、勾留請求は違法であるとされている（大阪地決昭35.12.5　判時248・35、浦和地判平元.11.13　判時1333・159）。

第8章　保　　釈

22　選択刑として罰金刑がある罪を地方裁判所に起訴している場合の必要的保釈除外事由適用の有無

（最決昭59.12.10第二小法廷　刑集38・12・3021
保釈却下決定に対する抗告棄却決定に対する特別抗告事件）

● 決定要旨 ●

　短期1年以上の懲役刑のほか選択刑として罰金刑が法定されている罪に係る事件の被告人について、地方裁判所に公訴が提起されたときは、刑訴法89条1号の適用がある。

決定理由

　本件抗告の趣意は違憲（31条、34条違反）をいうが、その実質は、刑訴法89条1号の解釈適用に関する、単なる法令違反の主張であって、同法433条の抗告理由にあたらない。
　なお、職業安定法63条の罪のように、短期1年以上の懲役刑のほか選択刑として罰金刑が法定されている罪に係る事件の被告人についても、地方裁判所に公訴が提起されたときは、刑訴法89条1号の適用があると解するのが相当であって、これと同旨の原判断は正当として是認できる（最高裁昭和31年(あ)第106号同年10月5日第二小法廷判決・刑集10巻10号1427頁参照）。

解　説

1　勾留されている被告人に対しては、本人や弁護人等から保釈の請求ができる（刑訴法88条1項）。被告人は、有罪の判決があるまでは、無罪を推定される建前であるから、原則として、保釈請求があれば、裁判所は保釈に応じなければならない（刑訴法89条本文。これを、権利保釈という。）。

　　しかし、「被告人が死刑又は無期若しくは短期1年以上の懲役若しくは禁錮に当たる罪を犯したものであるとき。」（同条1号）のように重い犯罪や罪証隠滅のおそれの強い場合等には、保釈によって裁判の審判が妨げられることが定型的に予想されるために、保釈を許さないこととされている。もとよりこのような例外の場合にも、裁判所が適当と認める場合には、保釈を許すことができる（刑訴法90条、これを裁量保釈という。）。

2　裁判所は、裁判所法によって、それぞれ扱い得る事件の範囲が定められており（事物管轄）、簡易裁判所は、罰金以下の刑に当たる罪、選択刑として罰金刑が定められている罪又は刑法第186条、第252条若しくは第256条の罪に係る訴訟について第一審の裁判権を有している（裁判所法33条1項2号、新法による。）。そして、前記の刑法の犯罪につき3年以下の懲役刑を科す場合を除いて、簡易裁判所は、禁錮以上の刑を科することができない（同条2項本文）。

　　したがって、法定刑に短期1年以上の懲役刑のほか罰金刑が定められているような犯罪について、簡易裁判所に公訴が提起された場合には、罰金刑のみを検察官が求めていることになるが、地方裁判所に公訴が提起された場合には、懲役刑を求めていることが明らかといえる。

3　本決定は、このような犯罪について、地方裁判所に公訴が提起された場合には、保釈請求があったとき、権利保釈事由がないとして、前記刑訴法89条1号を理由として請求を許さないことができるとしたものである。

23 複数の公訴事実の一部にのみ勾留状が出されている場合の裁量保釈の判断が他の事実について及ぶか

（最決昭44．7．14第三小法廷 刑集23・8・1057
保釈許可取消、保釈請求却下の決定に対する特別抗告事件）

● 決定要旨 ●

被告人が甲、乙、丙の３個の公訴事実について起訴され、そのうち甲事実のみについて勾留状が発せられている場合において、裁量保釈の許否を審査するにあたり、甲事実の事案の内容や性質、被告人の経歴、行状、性格等の事情を考察するための一資料として乙、丙各事実を考慮することはさしつかえない。

決定理由

被告人が甲、乙、丙の３個の公訴事実について起訴され、そのうち甲事実のみについて勾留状が発せられている場合において、裁判所は、甲事実が刑訴法89条３号に該当し、従って、権利保釈は認められないとしたうえ、なお、同法90条により保釈が適当であるかどうかを審査するにあたっては、甲事実の事案の内容や性質、あるいは被告人の経歴、行状、性格等の事情をも考察することが必要であり、そのための一資料として、勾留状の発せられていない乙、丙各事実をも考慮することを禁ずべき理由はない。原決定も、この趣旨を判示したものと認められる。所論引用の高松高等裁判所昭和41年10月20日決定（下級裁判所刑事裁判例集８巻10号1346頁）は、勾留状の発せられている起訴事実について裁量保釈が適当と認められる場合には、勾留状の発せられていない追起訴事実の審理のために被告人の身柄拘束の継続が必要であることを理由として保釈を拒否すべきではない旨を判示したものであって、本件と事案、論点を異にし、適切ではないから、所論のうち判例違反の論旨は、前提を欠くことに帰する。その余は、単なる法令違反の主張であって、結局、所論は、すべて刑訴法433条１項の抗告理由にあたらない。

解 説

1 複数の犯罪を犯してそれぞれ順次公訴を提起された場合、最初に逮捕、勾

留された事実についてだけ勾留がなされ、他の起訴事実については、逮捕、勾留がない場合が実務上よく見られる。
2　このような場合に、保釈請求がなされると、勾留されている事実について、権利保釈事由（刑訴法89条）があるかどうかを裁判所は判断することになる。勾留されていない事実について権利保釈を妨げる理由があるかどうかをみることは、事件単位の原則から許されない。
3　だが、裁量保釈（刑訴法90条）の場合には、被告人の経歴、行状、性格等を総合して保釈を許すかどうかを判断することになるので、本決定は、勾留されていない公訴事実の内容をその判断の資料にすることを認めたわけである。

第9章　押収及び捜索

24　令状の呈示前の入室

(最決平14.10.4 第一小法廷　刑集56・8・507、判時1802・158)
覚せい剤取締法違反被告事件

● 決定要旨 ●

捜索差押許可状の呈示に先立ってホテル客室のドアをマスターキーで開けて入室しても適法である

決定理由　原判決及びその是認する第一審判決の認定並びに記録によれば、警察官らは、被疑者に対する覚せい剤取締法違反被疑事件につき、被疑者が宿泊しているホテル客室に対する捜索差押許可状を被疑者在室時に執行することとしたが、捜索差押許可状執行の動きを察知されれば、覚せい剤事犯の前科もある被疑者において、直ちに覚せい剤を洗面所に流すなど短時間のうちに差押対象物件を破棄隠匿するおそれがあったため、ホテルの支配人からマスターキーを借り受けた上、来意を告げることなく、施錠された

上記客室のドアをマスターキーで開けて室内に入り、その後直ちに被疑者に捜索差押許可状を呈示して捜索及び差押えを実施したことが認められる。

以上のような事実関係の下においては、捜索差押許可状の呈示に先立って警察官らがホテル客室のドアをマスターキーで開けて入室した措置は、捜索差押えの実効性を確保するために必要であり、社会通念上相当な態様で行われていると認められるから、刑訴法222条1項、111条1項に基づく処分として許容される。また、同法222条1項、110条による捜索差押許可状の呈示は、手続の公正を担保するとともに、処分を受ける者の人権に配慮する趣旨に出たものであるから、令状の執行に着手する前の呈示を原則とすべきであるが、前記事情の下においては、警察官らが令状の執行に着手して入室した上その直後に呈示を行うことは、法意にもとるものではなく、捜索差押えの実効性を確保するためにやむを得ないところであって、適法というべきである。したがって、これと同旨の原判断は正当である。

解　説

1　鍵を掛けている相手の家や部屋に捜索差押令状をもって入ろうとしても、捜査機関であることを明言すれば、相手は直ちに逃げるか、証拠品の覚せい剤などを処分してしまう可能性が極めて高い。そのため、捜査機関がそのようなおそれのある場合に取る手段は、宅配便を装ったり（大阪高判平6.4.20　高刑集47・1・1）、合鍵でドアを開けたり（東京高判平8.3.6　判タ923・275）、更には鎖錠を切断したり（大阪高判平5.10.7　判時1497・134）して、その目的を達成してきており、これらの判例は、いずれも、その措置を適法としている。

本決定は、こういった高裁レベルの判断を認めたもので、実務的には極めて意義がある。

2　刑訴法222条1項が、110条を準用している関係で、捜査機関は本来、捜索差押令状を執行するときこれを処分を受ける者に示さなければならず、事の本質から、令状の執行前に呈示することが原則といえる。だが、本決定が判示するように、捜索・差押えの実効性を確保するため必要な場合には、社会通念上相当な態様で行われる限り、執行に着手後に呈示しても違法ではないと解すべきであろう。

第9章　押収及び捜索　65

　現実の捜査の過程では、令状を示す以前に相手が逃亡し、あるいは証拠物である覚せい剤などをトイレに流すことは度々あることであって、令状をまず呈示するという場面は存在しない場合が多いのである。その意味で、本決定は、当然のことを判示したものといえる。

25　報道機関の取材フィルムに対する裁判所の提出命令

（最決昭44.11.26大法廷 刑集23・11・1490
取材フィルム提出命令に対する抗告棄却決定に対する特別抗告事件）

● 決定要旨 ●

要旨1

　報道の自由は、表現の自由を規定した憲法21条の保障のもとにあり、報道のための取材の自由も、同条の精神に照らし、十分尊重に値いするものといわなければならない。

要旨2

　報道機関の取材フィルムに対する提出命令が許容されるか否かは、審判の対象とされている犯罪の性質、態様、軽重および取材したものの証拠としての価値、公正な刑事裁判を実現するにあたっての必要性の有無を考慮するとともに、これによって報道機関の取材の自由が妨げられる程度、これが報道の自由に及ぼす影響の度合その他諸般の事情を比較衡量して決せられるべきであり、これを刑事裁判の証拠として使用することがやむを得ないと認められる場合でも、それによって受ける報道機関の不利益が必要な限度をこえないように配慮されなければならない。

決定理由　所論は、憲法21条違反を主張する。すなわち、報道の自由は、憲法が標榜する民主主義社会の基盤をなすものとして、表現の自由を保障する憲法21条においても、枢要な地位を占めるものである。報道の自由を全うするには、取材の自由もまた不可決のものとして、憲法21条によって保障されなければならない。これまで報道機関に広く取材の自由が確保され

て来たのは、報道機関が、取材にあたり、つねに報道のみを目的とし、取材した結果を報道以外の目的に供さないという信念と実績があり、国民の側にもこれに対する信頼があったからである。然るに、本件のように、取材フィルムを刑事裁判の証拠に使う目的をもってする提出命令が適法とされ、報道機関がこれに応ずる義務があるとされれば、国民の報道機関に対する信頼は失われてその協力は得られず、その結果、真実を報道する自由は妨げられ、ひいては、国民がその主権を行使するに際しての判断資料は不十分なものとなり、表現の自由と表裏一体をなす国民の「知る権利」に不当な影響をもたらさずにはいないであろう。結局、本件提出命令は、表現の自由を保障した憲法21条に違反する、というのである。

【要旨1】よって判断するに、所論の指摘するように、報道機関の報道は、民主主義社会において、国民が国政に関与するにつき、重要な判断の資料を提供し、国民の「知る権利」に奉仕するものである。したがって、思想の表明の自由とならんで、事実の報道の自由は、表現の自由を規定した憲法21条の保障のもとにあることはいうまでもない。また、このような報道機関の報道が正しい内容をもつためには、報道の自由とともに、報道のための取材の自由も、憲法21条の精神に照らし、十分尊重に値いするものといわなければならない。

ところで、本件において、提出命令の対象とされたのは、すでに放映されたフィルムを含む放映のために準備された取材フィルムである。それは報道機関の取材活動の結果すでに得られたものであるから、その提出を命ずることは、右フィルムの取材活動そのものとは直接関係がない。もっとも、報道機関がその取材活動によって得たフィルムは、報道機関が報道の目的に役立たせるためのものであって、このような目的をもって取材されたフィルムが、他の目的、すなわち、本件におけるように刑事裁判の証拠のために使用されるような場合には、報道機関の将来における取材活動の自由を妨げることになるおそれがないわけではない。

しかし、取材の自由といっても、もとより何らの制約を受けないものではなく、たとえば公正な裁判の実現というような憲法上の要請があるときは、ある程度の制約を受けることのあることも否定することができない。

【要旨2】本件では、まさに、公正な刑事裁判の実現のために、取材の自由に対する制約が許されるかどうかが問題となるのであるが、公正な刑事裁判を実

現することは、国家の基本的要請であり、刑事裁判においては、実体的真実の発見が強く要請されることもいうまでもない。このような公正な刑事裁判の実現を保障するために、報道機関の取材活動によって得られたものが、証拠として必要と認められるような場合には、取材の自由がある程度の制約を蒙ることとなってもやむを得ないところというべきである。しかしながら、このような場合においても、一面において、審判の対象とされている犯罪の性質、態様、軽重および取材したものの証拠としての価値、ひいては、公正な刑事裁判を実現するにあたっての必要性の有無を考慮するとともに、他面において取材したものを証拠として提出させられることによって報道機関の取材の自由が妨げられる程度およびこれが報道の自由に及ぼす影響の度合その他諸般の事情を比較衡量して決せられるべきであり、これを刑事裁判の証拠として使用することがやむを得ないと認められる場合においても、それによって受ける報道機関の不利益が必要な限度をこえないように配慮されなければならない。

　以上の見地に立って本件についてみるに、本件の付審判請求事件の審理の対象は、多数の機動隊等と学生との間の衝突に際して行なわれたとされる機動隊員等の公務員職権乱用罪、特別公務員暴行陵虐罪の成否にある。その審理は、現在において、被疑者および被害者の特定すら困難な状態であって、事件発生後２年ちかくを経過した現在、第三者の新たな証言はもはや期待することができず、したがって、当時、右の現場を中立的な立場から撮影した報道機関の本件フィルムが証拠上きわめて重要な価値を有し、被疑者らの罪責の有無を判定するうえに、ほとんど必須のものと認められる状況にある。他方、本件フィルムは、すでに放映されたものを含む放映のために準備されたものであり、それが証拠として使用されることによって報道機関が蒙る不利益は、報道の自由そのものではなく、将来の取材の自由が妨げられるおそれがあるというにとどまるものと解されるのであって、付審判請求事件とはいえ、本件の刑事裁判が公正に行なわれることを期するためには、この程度の不利益は、報道機関の立場を十分尊重すべきものとの見地に立っても、なお忍受されなければならない程度のものというべきである。また、本件提出命令を発した福岡地方裁判所は、本件フィルムにつき、一たん押収した後においても、時機に応じた仮還付などの措置により、報道機関のフィルム使用に支障をきたさないよう配慮すべき旨を表明している。以上の諸点その他各般の事情をあわせ考慮するときは、本件

フィルムを付審判請求事件の証拠として使用するために本件提出命令を発したことは、まことにやむを得ないものがあると認められるのである。

前叙のように考えると、本件フィルムの提出命令は、憲法21条に違反するものでないことはもちろん、その趣旨に抵触するものでもなく、これを正当として維持した原判断は相当であり、所論は理由がない。

解 説

1 憲法21条1項は、「集会、結社及び言論、出版その他一切の表現の自由は、これを保障する。」として、表現の自由を保障している。

この表現の自由が、単に思想を言論、出版などによって表現する場合だけを意味するとすれば、その表現のための準備行為を規制された場合に結局実質的には表現の自由がないことになってしまう。

報道機関による報道の自由も当然表現の自由に入るが、報道のための取材行為までは直接表現の自由の内容そのものとは言い難い。といって、表現の自由と無関係とされた場合には、実質的には報道の自由の保障がないことになりかねない。

2 憲法の認める表現の自由を含む多くの基本的人権についても、もとより無制限に保障されるわけではなく、国民はこれらの自由を濫用してはならず、常に公共の福祉のためにこれを利用する責任を負っており（憲法12条）、公共の福祉に反しない限り、立法その他の国政の上で、最大の尊重を受けるわけである（憲法13条）。

3 刑事事件の証拠物は、普通捜査機関が裁判所の令状を得て差し押さえたり（刑訴法218条1項）、逮捕に伴って令状なしで差し押さえたり（刑訴法220条1項）しているが、公訴の提起された後には、検察官は被告人と対等の当事者になる関係もあって、起訴された事実に関する証拠は、むしろ裁判所によって確保されることが望ましい。刑訴法99条1項本文は、「裁判所は、必要があるときは、証拠物又は没収すべき物と思料するものを差し押えることができる。」と規定し、この点を明らかにし、更に同条2項で、差押えのための手段を捜査機関と違って持たない点を考えて、相手方の提出を求める手段を「裁判所は、差し押えるべき物を指定し、所有者、所持者又は保管者にその物の提出を命ずることができる。」と規定して定めている。いわゆる提出命

4　報道機関は、取材のため、犯罪現場に赴いて自由に行動する関係から屢々捜査機関の捜査し得なかった場面をビデオやフィルムによって撮影することがある。報道のためにだけこのようなフィルム等が用いられるだけで、裁判において有罪の証拠として用いられることがないという報道機関に対する信頼から、取材現場で自由に行動が保障される場合が多いことから、もし、取材したフィルム等が裁判で不利に用いられると、結局、自由な取材ができなくなるおそれがあり、表現の自由によって保障されている報道の自由が、結果として侵害されるという考えが報道機関から主張されている。

5　本決定は、報道の自由が表現の自由の保障のもとにあることは明言したが、報道のための取材の自由については、「憲法21条の精神に照らし、十分尊重に値いするもの」とするにとどまった。

　そして、公正な刑事裁判の実現のためにその取材フィルムが必要な場合には、取材の自由がある程度制約を受けることはやむを得ないとして、提出命令を正当としている。

【参考判例】
　最決平元.1.30第二小法廷　刑集43・1・19　最決平2.7.9第二小法廷　刑集44・5・421

26　警察署における捜索差押状の夜間執行

(東京高判平10.6.25　判タ992・281)
(覚せい剤取締法違反被告事件)

●判決要旨●

　逮捕されている被疑者に対し夜間執行許可のない捜索差押許可状に基づいて夜間に行われた採尿手続は適法である。

判決理由　　所論のその2は、本件の採尿手続が違法である理由として、本件捜索差押許可状には夜間執行できる旨の記載がないのに、

日没後にその執行がされている、というのである。

そこで検討すると、本件捜索差押許可状に夜間執行できる旨の記載がないことは所論指摘のとおりであるが、亀有警察署警察官須永康男の原審証言等の関係証拠によれば、亀有警察署警察官は、平成8年11月2日午後9時30分ころ、逮捕している被告人に本件捜索差押許可状を示した上、亀有警察署の指定医院で夜間診療中の亀有病院まで連行して医師高山忠輝に強制採尿を依頼し、同医師が、午後10時15分から20分ころまでの間に、被告人の尿道にカテーテルを挿入する方法で採尿したことが認められる。このような場合には、夜間における私生活の平穏を保護するために設けられた刑訴法116条1項の制約は受けないと解されるから、夜間に行われた本件の採尿手続に違法はない。

解説

1　捜索差押状の執行が夜間の場合には、刑訴法116条により夜間執行ができる旨の記載が令状に必要とされ、捜査機関の行う場合の許可状についても刑訴法222条3項で準用されている。この法意は、「人の住居又は人の看守する邸宅、建造物若しくは船舶内」とされているように、個人の住宅の平穏を保護法益としているのであって、公務所は対象にならないと考えられている。

夜間執行の制約は、被疑者や被告人の人権の保護のためというより、捜索・差押えを受ける建造物の平穏のためであり、本件のように採尿のため捜索差押状を呈示し、病院にまで連行する場合には無関係といえる。この点については、48判例を参照のこと。

27　押収証拠物に対する必要な処分

（東京高判昭45.10.21　高刑集23・4・749
強姦、強盗被告事件）

● 判決要旨 ●

司法警察職員は、犯人らが婦女を輪姦し被害者との性交の姿態などを撮影した写真を種にして被害者から金品を取り上げた被疑事件につき右撮影済のフィルムを証拠物として適法に押収した場合、刑事訴訟法111条1項

にいう「必要な処分」として右フィルムを現像することが許される。

判決理由　司法警察員が刑事訴訟法218条1項の定めるところによって、裁判官の発する令状により捜索差押をする場合には、同法222条1項により111条が準用され、司法警察員は押収物について同条2項により1項の処分、すなわち「錠をはずし、封を開き、その他必要な処分をすることができる」ことが明らかであり、そして、右にいう「必要な処分」とは、押収の目的を達するため合理的に必要な範囲内の処分を指すものであって、必ずしもその態様を問わないものと解するのが相当である。これを本件フィルムについてみると、それは、前示のごとく被告人らが被害者女性との性交の姿態などを写した物で、これをもとにして被害者から金品を得ようとしたというのであるから、右の犯行を証明する重要な証拠物であるが、これをその証明の用に供するためには、本件の場合未現像のままでは意味がなく、そのフィルムがいかなる対象を写したものであるかが明らかにされることによってはじめて証拠としての効用を発揮するものといわなければならない。従って、司法警察員として、果たして右が真に本件犯行と関係ある証拠物であるかどうかを確かめ、かつ裁判所において直ちに証拠として使用しうる状態に置くために、本件フィルムを現像して、その影像を明かにしたことは、当該押収物の性質上、これに対する「必要な処分」であったということができる。

なお所論は、フィルムを現像するには、別に裁判官の命によりその権限を付与されるべきであったと主張するけれども、本件フィルムのように撮影ずみのフィルムを現像することは、用法に従いフィルムに一種の加工を施して既存の画像を現わす作業にすぎないのであって、これを破壊するわけでもなく、押収者において前に引用した刑事訴訟法111条2項の「必要な処分」として当然なしうるところであるから、別に刑事訴訟法222条1項、218条1項により裁判官の発する検証許可状による必要はないと解すべきである。

以上を要するに、本件において司法警察員が捜索差押許可状をえて捜索差押をなし、本件フィルムを押収し、これを現像したことについて、何らの手続上の違法がない以上、これを採証した原判決は正当というべく、その違法であることを前提として憲法違反ないし理由の喰い違いを主張する所論は、いずれも

解　説

1　刑訴法111条1項は、差押状や捜索状の執行について、錠をはずし、封を開き、その他必要な処分をすることができると規定し、同2項は、押収物についても、これをすることができると規定する。

　令状を執行する場合には、相手方の証拠隠滅や逃亡のおそれが予想されるから、令状を相手に示す（刑訴法110条）以前に居宅や部屋に入ることが許される（24最決平14.10.4第一小法廷　刑集56・8・507）ことは、事の性質上当然といえる。

　本判決は、押収した未現像のフィルムを現像することを、「必要な処分」と認めたものであるが、現像しない限り、中身が何か分からないため、押収の目的を達し得ないから、押収の一環としてなし得るといえよう。

2　このことは、逆に、差押えの時点では内容不明な証拠物の可能性のある物を差し押さえることが可能であることを前提とする。

　最近のコンピュータの発達により、企業団体はもとより個人でも必要なデータをコンピュータに打ち込んでいて、証拠物としての価値があるかないかは、磁気テープ、ディスク、ドラムなどからは外見上不明であるし、コンピュータ、特にパソコン内にどれだけの証拠資料が存在するのか不明な場合が多々ある。

　そこで、これらのテープ数やパソコン内に証拠資料が含まれているか、少なくとも被疑事実に関連する資料が存在すると疑うに足りる合理的な理由がある限り、捜索差押現場で、他と選別するだけの時間的余裕がなく、また、相手方の証拠隠滅の可能性があるような場合には、その場にあるすべてを差し押さえることも可能というべきである（52最決平10.5.1第二小法廷　判時1643・192、大阪高判平4.2.5　高刑集45・1・28）。

3　いわゆるスチール写真ばかりでなく、映画フィルムなども当然可能といえる。

第2編

第 一 審

第1章 捜　　査

28 任意捜査における有形力の行使

(最決昭51.3.16第三小法廷 刑集30・2・187)
道路交通法違反、公務執行妨害被告事件

● 決定要旨 ●

要旨1
　任意捜査における有形力の行使は、強制手段、すなわち個人の意思を制圧し、身体、住居、財産等に制約を加えて強制的に捜査目的を実現する行為など特別の根拠規定がなければ許容することが相当でない手段にわたらない限り、必要性、緊急性などをも考慮したうえ、具体的状況のもとで相当と認められる限度において、許容される。

要旨2
　警察官が、酒酔い運転の罪の疑いが濃厚な被疑者をその同意を得て警察署に任意同行し、同人の父を呼び呼気検査に応じるよう説得を続けるうちに、母が警察署に来ればこれに応じる旨を述べたので、連絡を被疑者の父に依頼して母の来署を待っていたところ、被疑者が急に退室しようとしたため、その左斜め前に立ち、両手でその左手首を掴んだ行為（判文参照）は、任意捜査において許容される限度内の有形力の行使である。

決定理由　所論にかんがみ職権により判断すると、原判決が公務執行妨害罪の成立を認めたのは、次の理由により、これを正当として支持することができる。

一　原判決が認定した公務執行妨害の事実は、公訴事実と同一であって、「被告人は、昭和48年8月31日午前6時ころ、岐阜市美江寺町2丁目15番地岐阜

中警察署通信指令室において、岐阜県警察本部広域機動警察隊中濃方面隊勤務巡査加藤征三（当時31年）、同古町富一（当時31年）の両名から、道路交通法違反の被疑者として取調べを受けていたところ、酒酔い運転についての呼気検査を求められた際、職務遂行中の右加藤巡査の左肩や制服の襟首を右手で摑んで引っ張り、左肩章を引きちぎったうえ、右手拳で同巡査の顔面を1回殴打するなどの暴行を加え、もって同巡査の職務の執行を妨害したものである。」というにある。

二　原判決が認定した事件の経過は、㈠　被告人は、昭和48年8月31日午前4時10分ころ、岐阜市東栄町2丁目13番地先路上で、酒酔い運転のうえ、道路端に置かれたコンクリート製のごみ箱などに自車を衝突させる物損事故を起し、間もなくパトロールカーで事故現場に到着した加藤征三、古町富一の両巡査から、運転免許証の提示とアルコール保有量検査のための風船への呼気の吹き込みを求められたが、いずれも拒否したので、両巡査は、道路交通法違反の被疑者として取調べるために被告人をパトロールカーで岐阜中警察署へ任意同行し、午前4時30分ころ同署に到着した、㈡　被告人は、当日午前1時ころから午前4時ころまでの間にビール大びん1本、日本酒5合ないし6合位を飲酒した後、軽四輪自動車を運転して帰宅の途中に事故を起したもので、その際顔は赤くて酒のにおいが強く、身体がふらつき、言葉も乱暴で、外見上酒に酔っていることがうかがわれた、㈢　被告人は、両巡査から警察署内の通信指令室で取調べを受け、運転免許証の提示要求にはすぐに応じたが、呼気検査については、道路交通法の規定に基づくものであることを告げられたうえ再三説得されてもこれに応ぜず、午前5時30分ころ被告人の父が両巡査の要請で来署して説得したものの聞き入れず、かえって反抗的態度に出たため、父は、説得をあきらめ、母が来れば警察の要求に従う旨の被告人の返答を得て、自宅に呼びにもどった、㈣　両巡査は、なおも説得をしながら、被告人の母の到着を待っていたが、午前6時ころになり、被告人からマッチを貸してほしいといわれて断わったとき、被告人が「マッチを取ってくる。」といいながら急に椅子から立ち上がって出入口の方へ小走りに行きかけたので、加藤巡査は、被告人が逃げ去るのではないかと思い、被告人の左斜め前に近寄り、「風船をやってからでいいではないか。」といって両手で被告人の左手首を摑んだところ、被告人は、すぐさま同巡査の両手を振り払い、その

左肩や制服の襟首を右手で摑んで引っ張り、左肩章を引きちぎったうえ、右手拳で顔面を1回殴打し、同巡査は、その間、両手を前に出して止めようとしていたが、被告人がなおも暴れるので、これを制止しながら、古町巡査と2人でこれを元の椅子に腰かけさせ、その直後公務執行妨害罪の現行犯人として逮捕した、㈤ 被告人が加藤巡査の両手を振り払った後に加えた一連の暴行は、同巡査から手首を摑まれたことに対する反撃というよりは、新たな攻撃というべきものであった、㈥ 被告人が頑強に呼気検査を拒否したのは、過去2回にわたり同種事犯で取調べを受けた際の経験などから、時間を引き延して体内に残留するアルコール量の減少を図るためであった、というのである。

三 第一審判決は、加藤巡査による右の制止行為は、任意捜査の限界を超え、実質上被告人を逮捕するのと同様の効果を得ようとする強制力の行使であって、違法であるから、公務執行妨害罪にいう公務にあたらないうえ、被告人にとっては急迫不正の侵害であるから、これに対し被告人が右の暴行を加えたことは、行動の自由を実現するためにしたやむをえないものというべきであり、正当防衛として暴行罪も成立しない、と判示した。原判決は、これを誤りとし、加藤巡査が被告人の左斜め前に立ち、両手でその左手首を摑んだ行為は、その程度もさほど強いものではなかったから、本件による捜査の必要性、緊急性に照らすときは、呼気検査の拒否に対し翻意を促すための説得手段として客観的に相当と認められる実力行使というべきであり、また、その直後に加藤巡査がとった行動は、被告人の粗暴な振舞を制止するためのものと認められるので、同巡査のこれらの行動は、被告人を逮捕するのと同様の効果を得ようとする強制力の行使にあたるということはできず、かつ、被告人が同巡査の両手を振り払った後に加えた暴行は、反撃ではなくて新たな攻撃と認めるべきであるから、被告人の暴行はすべてこれを正当防衛と評価することができない、と判示した。

四 原判決の事実認定のもとにおいて法律上問題となるのは、出入口の方へ向った被告人の左斜め前に立ち、両手でその左手首を摑んだ加藤巡査の行為が、任意捜査において許容されるものかどうか、である。

【要旨1】 捜査において強制手段を用いることは、法律の根拠規定がある場合に限り許容されるものである。しかしながら、ここにいう強制手段とは、有

形力の行使を伴う手段を意味するものではなく、個人の意思を制圧し、身体、住居、財産等に制約を加えて強制的に捜査目的を実現する行為など、特別の根拠規定がなければ許容することが相当でない手段を意味するものであって、右の程度に至らない有形力の行使は、任意捜査においても許容される場合があるといわなければならない。ただ、強制手段にあたらない有形力の行使であっても、何らかの法益を侵害し又は侵害するおそれがあるのであるから、状況のいかんを問わず常に許容されるものと解するのは相当でなく、必要性、緊急性なども考慮したうえ、具体的状況のもとで相当と認められる限度において許容されるものと解すべきである。

【要旨2】 これを本件についてみると、加藤巡査の前記行為は、呼気検査に応じるよう被告人を説得するために行われたものであり、その程度もさほど強いものではないというのであるから、これをもって性質上当然に逮捕その他の強制手段にあたるものと判断することはできない。また、右の行為は、酒酔い運転の罪の疑いが濃厚な被告人をその同意を得て警察署に任意同行して、被告人の父を呼び呼気検査に応じるよう説得をつづけるうちに、被告人の母が警察署に来ればこれに応じる旨を述べたのでその連絡を被告人の父に依頼して母の来署を待っていたところ、被告人が急に退室しようとしたため、さらに説得のためにとられた抑制の措置であって、その程度もさほど強いものではないというのであるから、これをもって捜査活動として許容される範囲を超えた不相当な行為ということはできず、公務の適法性を否定することができない。したがって、原判決が、右の行為を含めて加藤巡査の公務の適法性を肯定し、被告人につき公務執行妨害罪の成立を認めたのは、正当というべきである。

解　説

1　刑訴法197条1項は、「捜査については、その目的を達するため必要な取調をすることができる。但し、強制の処分は、この法律に特別の定のある場合でなければ、これをすることができない。」と規定する。そして、特別の定めとしては、逮捕に関する規定（刑訴法199条、204条、210条、213条、217条）、勾留に関する205条、捜索、差押、検証、鑑定に関する規定（218条、220条、221条、222条から225条）、公判前の証人尋問に関する226条、227条

などがある。
　これらの強制捜査を認めた場合以外の捜査は任意捜査と言われる。つまり、刑訴法197条1項は、任意捜査が原則であるとしたわけである。
2　このような強制処分が法定されていない任意捜査の場合には、一切の実力行使（有形力の行使）が認められないとすると、現実の捜査では必ずしもうまく捜査が行い得ない場合が考えられる。しかし、法律上の条文もないのに単に必要性だけから、高度の実力行使を認めれば、刑訴法197条は空文に帰してしまう。
　どの辺にその調和点を求めるかが問題となるが、本決定は、法定の強制処分にわたらない限り、必要性、緊急性などをも考慮したうえ、具体的状況のもとで相当と認められる限度において有形力を行使することが許されるとした。
3　捜査の手段としては、全くの任意の場合、ある程度の有形力の行使を伴う場合、強制処分の場合の3種類を本決定が認めたことになる。
4　任意捜査を逸脱した違法な有形力の行使があった場合でも、それが直ちに違法な強制捜査になるのではなく、違法な任意捜査にとどまる場合があることに注意する必要がある。

29　歩行中の集団を犯人検挙のため停止させることができるか

最決昭59.2.13第二小法廷 刑集38・3・295
公務執行妨害、傷害被告事件

●決定要旨●

　集団の一員が、警備中の警察官に暴行を加えてその職務の執行を妨害するとともに傷害を負わせ、右集団にまぎれ込んだ場合において、右犯人を探索して検挙するため、歩行中の右集団を6、7分間にわたり停止させた本件警察官の行為は、当時、犯罪発生後間がなく、かつ、被害警察官が犯人の人相特徴を明確に記憶しているなど犯人検挙の可能性がきわめて高い状況にあり、また、集団が四散する直前で、犯人検挙のためには直ちに集団を停止させてその四散を防止する緊急の必要があり、しかも、その方法

が停止を求めるための説得の手段の域にとどまるなどの**本件事実関係（判文参照）のもとにおいては、犯人検挙のための捜査活動として適法な職務執行にあたる。**

決定理由　所論にかんがみ、被告人を含む本件路上集団を停止させた本件警察官の職務執行の適法性について判断する。

原判決及びその是認した第一審判決が認定するところに記録を併せみると、本件の経緯は、㈠　昭和52年4月17日午後4時30分すぎころ、東京都港区南麻布所在の在日韓国大使館入口付近に在日韓国青年同盟所属の百十数名の青年男女が一団となって抗議に押しかけ、「大使出てこい」「入るぞ」などと怒号しながら大使館構内に入ろうとして、同所の警備に当たっていた十数名の警察官ともみ合いになり、その警察官の1人である後藤茂穂巡査は、次第に集団の力に押されて後退するうち、集団の先頭部分にいた年齢20ないし25歳位、身長165ないし170センチメートル、顔はやせ型、紺色のジャンパーを着用した男から手拳で顔面を2回殴打されて、その職務の執行を妨害されるとともに、眼瞼上部を2針縫合し加療10日間を要する顔面挫創の傷害を受けた、㈡　後藤巡査は、右犯行を現認するとともに犯人の人相特徴を確知したのであるが、犯人が右集団の中にまぎれ込んでしまったので、その場でこれを現行犯逮捕することができず、右犯行の約5ないし10分後、前記大使館警備のためその場に来合わせた第八機動隊の警察官四十数名の応援を得て、同機動隊副隊長坂入照夫の指揮のもとに、右犯人を右集団の中から探索してこれを検挙するため、折から抗議行動を終えて前記大使館前の通称仙台坂通りの歩道上を二の橋交差点方面へ向けて立ち去りかけていた右集団（男女合わせて約130名が歩道上を集団になって普通の速さで歩行中で、その先頭部分は前記犯行現場からおよそ130メートル離れたスーパー「ナニワヤ」前付近に達していた）に停止を求めた、㈢　右停止を求めるに当たっては、楯を持ちヘルメットを着用した出動服姿の機動隊の警察官が、「待ってくれ」などといいながら、右集団の先頭部分にまわり込むとともに集団の列に沿って車道上に並ぶという方法がとられ、その際、警察官の身体や楯が集団の先頭部分にいた者の身体に接触する程度のことがあったが、求めに応じない者に対しては強制的に立ち止まらせるなどの措置はとられなかっ

た、㈣　岡安巡査部長は、右機動隊の一員として、右集団の先頭部分において、右集団の停止に当たっていたが、その際、ハンドマイクを持ち右集団の一員と認められる被告人がその場から立ち去ろうとしているのを認めて、その停止を求めるため、「ちょっと待ってくれ」と声をかけながら、その背後から肩に手をかけたところ、いきなり被告人から第一審判決摘示の暴行を受けて負傷した、㈤　集団が停止した後、後藤巡査が見分して、犯人でないと認められる者を順次立ち去らせたが、その間右集団を停止させていた時間は、6、7分であった、というのである。

　ところで、犯人が路上の集団の中にまぎれ込んだ場合において、警察官が、その集団の中から犯人を探索してこれを検挙するため、その集団全体の移動を停止させるときは、これによって犯罪にかかわりのない多数の第三者の自由をも制約することとなるのであるから、かかる停止が警察官の職務執行として軽々に許されるべきものでないことはいうまでもない。しかし、本件の場合、前記経緯のとおり、外国大使館に抗議に押しかけた集団の一員が同所の警備に従事中の警察官である後藤巡査に対し暴行を加えてその職務の執行を妨害するとともに加療約10日間を要する傷害を与えるという犯罪が発生したのであって、その犯罪の内容は決して軽微といえないこと、犯行後犯人は右抗議集団の中にまぎれ込んだため直ちにこれを検挙することができなかったが、犯罪が発生してから間がなく、右集団の動き等からみて犯人がいまだ右集団の中にいる蓋然性が高いと認められ、かつ、被害者の後藤巡査が犯行を現認して犯人の人相特徴を明確に記憶していたのであるから、同巡査において右集団の者を見分すれば、その集団の中から犯人を発見して検挙できる可能性がきわめて高い状況にあったと認められること、集団が移動するままの状態において同巡査が犯人を発見することは、集団の規模、状況等に照らして困難な状態であり、しかも、右集団は抗議行動を終えて漸次四散する直前の状況にあったから、犯人検挙の目的を実現するためには、直ちに右集団の移動を停止させてその四散を防止する緊急の必要があり、そのためには、前記のごとき停止の方法をとる以外に有効適切な方法がなかったと認められること、右のとおり停止を求めた際に、警察官の身体や楯が集団の先頭部分にいた者の身体に接触する程度のことがあったが、それ以上の実力行使はなされておらず、あらかじめ停止を求める発言があったことなどと併せると、右行為は集団の者に対し停止を求めるための説得の手段

の域にとどまるものと認めることができないわけではなく、また、停止させられた時間もせいぜい6、7分の短時間にすぎなかったのであるから、本件警察官の措置によって右集団の者が受けた不利益の内容程度もさして大きいものといえないこと、岡安巡査部長が被告人に対し停止を求めて肩に手をかけた行為も、前記集団に対する停止措置の一環としてとられたものであって、その有形力行使の程度も説得の手段の域にとどまることなどの事情が認められるのであって、これらの事情を総合勘案すると、本件の具体的状況のもとにおいては、岡安巡査部長が他の機動隊の警察官とともに行った本件路上集団に対する前記の停止措置は、被告人に対する行為を含め、犯人検挙のための捜査活動として許容される限度を超えた行為とまではいうことができず、適法な職務執行にあたると認めるのが相当である。したがって、原判決が岡安巡査部長の職務執行の適法性を肯定して公務執行妨害罪の成立を認めたのは、その結論において正当である。

解　説

1　捜査は任意捜査が原則であり、相手方の意思を制圧し、身体、住居、財産等に制約を加えて強制的に捜査目的を実現する強制捜査は、刑訴法に特定の規定がなければ許されない（28の「**解説**」参照）。

　しかし、相手方に対する制約がさほどのものでなく、必要性、緊急性が高い場合にまで一切の実力行使が許されないとすると、事実上、捜査が実施し得ず、結局、犯罪を野放しにしてしまい、かえって社会に不安を及ぼすことになりかねない場合がある。

2　捜査の対象は、犯罪を犯したと思われる者、犯罪について何らかの知識があると思われる第三者、犯罪に関する証拠物、専門的な知識による鑑定などであり、犯罪に全く関係のない者については、直接捜査が及ぶことは原則としてないが、例えば、捜査の対象者を確定するための聞き込み等は、無関係な第三者を対象としている。

3　現行犯人が、仲間の集団に逃げ込んで判明しない場合に、この集団を捜査の対象とし得ることは、任意捜査による限り問題とはならない。

　しかし、その集団を停止させたり、集団を四散させないために、集団を包囲したり、集団から離脱する者の肩に手をかけて翻意を促す程度の行為は、

軽度の実力行使を伴うものとはいえ、具体的状況のもとで、緊急性、必要性等を勘案して許される場合がある。

本決定は、そのような一例を提供するものであるが、直接捜査の対象ではない者に対する有形力の行使を認めた点で特色がある。

30 所持品検査

(最判昭53.6.20第三小法廷 刑集32・4・670)
(爆発物取締罰則違反、殺人未遂、強盗被告事件)

● 判決要旨 ●

要旨1

職務質問に附随して行う所持品検査は、所持人の承諾を得て、その限度においてこれを行うのが原則であるが、捜索に至らない程度の行為は、強制にわたらない限り、所持品検査の必要性、緊急性、これによって侵害される個人の法益と保護されるべき公共の利益との権衡などを考慮し、具体的状況のもとで相当と認められる限度で許容される場合がある。

要旨2

警察官が、猟銃及び登山用ナイフを使用しての銀行強盗の容疑が濃厚な者を深夜に検問の現場から警察署に同行して職務質問中、その者が職務質問に対し黙秘し再三にわたる所持品の開披要求を拒否するなどの不審な挙動をとり続けたため、容疑を確かめる緊急の必要上、承諾がないままその者の所持品であるバッグの施錠されていないチャックを開披し内部を一べつしたにすぎない行為（判文参照）は、職務質問に附随して行う所持品検査において許容される限度内の行為である。

判決理由　所論のうち憲法31条、35条1項違反をいう点は、近藤有司の明示の意思に反してボーリングバッグを開披した赤沢巡査長の行為を職務質問附随行為として適法であるとした原判決の判断は、警察官職務執行法（以下「警職法」という。）2条1項の解釈を誤り、ひいて憲法35条

1項に違反し、違法収集証拠を本件の証拠とした点において憲法31条に違反する、というのである。

一　原判決の認定した事実及び原判決の是認した第一審判決の認定した事実によれば、本件の経過は次のとおりである。㈠　岡山県総社警察署巡査部長大石益雄は、昭和46年7月23日午後2時過ぎ、同県警察本部指令室からの無線により、米子市内において猟銃とナイフを所持した4人組による銀行強盗事件が発生し、犯人は銀行から600万円余を強奪して逃走中であることを知った、㈡　同日午後10時30分ころ、2人の学生風の男が同県吉備郡昭和町日羽附近をうろついていたという情報がもたらされ、これを受けた大石巡査部長は、同日午後11時ころから、同署員の赤沢勇巡査長ら4名を指揮して、総社市門田のマツダオート総社営業所前の国道三叉路において緊急配備につき検問を行った、㈢　翌24日午前零時ころ、タクシーの運転手から、「伯備線広瀬駅附近で若い2人連れの男から乗車を求められたが乗せなかった。後続の白い車に乗ったかも知れない。」という通報があり、間もなく同日午前零時10分ころ、その方向から来た白い乗用車に運転者のほか手配人相のうちの2人に似た若い男が2人（被告人と近藤有司）乗っていたので、職務質問を始めたが、その乗用車の後部座席にアタッシュケースとボーリングバッグがあった、㈣　右運転者の供述から被告人と近藤とを前記広瀬駅附近で乗せ倉敷に向う途中であることがわかったが、被告人と近藤とは職務質問に対し黙秘したので容疑を深めた警察官らは、前記営業所内の事務所を借り受け、両名を強く促して下車させ事務所内に連れて行き、住所、氏名を質問したが返答を拒まれたので、持っていたボーリングバッグとアタッシュケースの開披を求めたが、両名にこれを拒否され、その後30分くらい、警察官らは両名に対し繰り返し右バッグとケースの開披を要求し、両名はこれを拒み続けるという状況が続いた、㈤　同日午前零時45分ころ、容疑を一層深めた警察官らは、継続して質問を続ける必要があると判断し、被告人については3人くらいの警察官が取り囲み、近藤については数人の警察官が引張るようにして右事務所を連れ出し、警察用自動車に乗車させて総社警察署に同行したうえ、同署において、引き続いて、大石巡査部長らが被告人を質問し、赤沢巡査長らが近藤を質問したが、両名は依然として黙秘を続けた、㈥　赤沢巡査長は、右質問の過程で、近藤に対してボーリングバッグとアタッシュケースを開ける

よう何回も求めたが、近藤がこれを拒み続けたので、同日午前１時40分ころ、近藤の承諾のないまま、その場にあったボーリングバッグのチャックを開けると大量の紙幣が無造作にはいっているのが見え、引き続いてアタッシュケースを開けようとしたが鍵の部分が開かず、ドライバーを差し込んで右部分をこじ開けると中に大量の紙幣がはいっており、被害銀行の帯封のしてある札束も見えた、㈦　そこで、赤沢巡査長は近藤を強盗被疑事件で緊急逮捕し、その場でボーリングバッグ、アタッシュケース、帯封１枚、現金等を差し押えた、㈧　大石巡査部長は、大量の札束が発見されたことの連絡を受け、職務質問中の被告人を同じく強盗被疑事件で緊急逮捕した、というのである。

【要旨１】　二　警職法は、その２条１項において同項所定の者を停止させて質問することができると規定するのみで、所持品の検査については明文の規定を設けていないが、所持品の検査は、口頭による質問と密接に関連し、かつ、職務質問の効果をあげるうえで必要性、有効性の認められる行為であるから、同条項による職務質問に附随してこれを行うことができる場合があると解するのが、相当である。所持品検査は、任意手段である職務質問の附随行為として許容されるのであるから、所持人の承諾を得て、その限度においてこれを行うのが原則であることはいうまでもない。しかしながら、職務質問ないし所持品検査は、犯罪の予防、鎮圧等を目的とする行政警察上の作用であって、流動する各般の警察事象に対応して迅速適正にこれを処理すべき行政警察の責務にかんがみるときは、所持人の承諾のない限り所持品検査は一切許容されないと解するのは相当でなく、捜索に至らない程度の行為は、強制にわたらない限り、所持品検査においても許容される場合があると解すべきである。もっとも、所持品検査には種々の態様のものがあるので、その許容限度を一般的に定めることは困難であるが、所持品について捜索及び押収を受けることのない権利は憲法35条の保障するところであり、捜索に至らない程度の行為であってもこれを受ける者の権利を害するものであるから、状況のいかんを問わず常にかかる行為が許容されるものと解すべきでないことはもちろんであって、かかる行為は、限定的な場合において、所持品検査の必要性、緊急性、これによって害される個人の法益と保護されるべき公共の利益との権衡などを考慮し、具体的状況のもとで相当と認められる限度においてのみ、許容されるものと解すべきである。

【要旨2】三　これを本件についてみると、所論の赤沢巡査長の行為は、猟銃及び登山用ナイフを使用しての銀行強盗という重大な犯罪が発生し犯人の検挙が緊急の警察責務とされていた状況の下において、深夜に検問の現場を通りかかった近藤及び被告人の両名が、右犯人としての濃厚な容疑が存在し、かつ、兇器を所持している疑いもあったのに、警察官の職務質問に対し黙秘したうえ再三にわたる所持品の開披要求を拒否するなどの不審な挙動をとり続けたため、右両名の容疑を確める緊急の必要上されたものであって、所持品検査の緊急性、必要性が強かった反面、所持品検査の態様は携行中の所持品であるバッグの施錠されていないチャックを開披し内部を一べつしたにすぎないものであるから、これによる法益の侵害はさほど大きいものではなく、上述の経過に照らせば相当と認めうる行為であるから、これを警職法2条1項の職務質問に附随する行為として許容されるとした原判決の判断は正当である。

よって、所論違憲の主張は、前提を欠き、その余の点は、事実誤認、単なる法令違反の主張であって、適法な上告理由にあたらない。

同第2の3について

所論のうち憲法31条、35条1項違反をいう点は、アタッシュケースをこじ開けた前示赤沢巡査長の行為を警職法に違反するものと認めながら、アタッシュケース及び在中の帯封の証拠能力を認めた原判決の判断は、上記憲法の規定に違反する、というのである。

しかし、前記ボーリングバッグの適法な開披によりすでに近藤有司を緊急逮捕することができるだけの要件が整い、しかも極めて接着した時間内にその現場で緊急逮捕手続が行われている本件においては、所論アタッシュケースをこじ開けた警察官の行為は、近藤を逮捕する目的で緊急逮捕手続に先行して逮捕の現場で時間的に接着してされた捜索手続と同一視しうるものであるから、アタッシュケース及び在中していた帯封の証拠能力はこれを排除すべきものとは認められず、これらを採証した第一審判決に違憲、違法はないとした原判決の判断は正当であって、このことは当裁判所昭和31年㈎第2863号同36年6月7日大法廷判決（刑集15巻6号915頁）の趣旨に徴し明らかであるから、所論は理由がない。その余の所論は、単なる法令違反の主張であって、適法な上告理由にあたらない。

解　説

1　警察官職務執行法2条1項は、「警察官は、異常な挙動その他周囲の事情から合理的に判断して何らかの犯罪を犯し、若しくは犯そうとしていると疑うに足りる相当な理由のある者又は既に行われた犯罪について、若しくは犯罪が行われようとしていることについて知つていると認められる者を停止させて質問することができる。」と規定する。いわゆる職務質問である。

2　この職務質問は、犯罪捜査のために認められたものではなく、警察法2条1項が警察の責務としている「犯罪の予防、鎮圧」等の行政警察目的に対する手段として設けられたものであるが、その対象者が犯罪の容疑者や参考人ともなり得るものであるうえ、この質問の結果、犯罪の容疑がはっきりすれば、捜査目的に変わって、犯人の逮捕等に至るため、刑事訴訟法の認める警察官の捜査活動の前段階でありながら、捜査そのものと混同されることが少なくない。しかし、職務質問の主体は、行政警察権を行使する「警察官」であって、刑事訴訟法が、捜査機関である警察官に付与した「司法警察職員」という身分ではない。

3　この職務質問に附随して、相手方の所持品について、ある程度の有形力を行使して、その場でそれを確認すること、つまり、いわゆる所持品検査を認めないと、警察官や第三者さらには本人にも危険が及ぶことがあり得、警察官職務執行法上の明文はないが、これを論理上認めるのがこの判決の趣旨である。

4　憲法35条は、その1項で「何人も、その住居、書類及び所持品について、侵入、捜索及び押収を受けることのない権利は、第33条の場合を除いては、正当な理由に基いて発せられ、且つ捜索する場所及び押収する物を明示する令状がなければ、侵されない。」とし、その2項で、「捜索又は押収は、権限を有する司法官憲が発する各別の令状により、これを行ふ。」としており、たとえ行政警察目的であって、捜査目的でないとしても、令状なしに無制限な所持品検査を許すときは、憲法違反の問題が生ずる。

5　本判決は、所持人の承諾のない場合でも憲法の禁ずる令状なしの捜索に至らない程度の所持品検査は、強制にわたらない限り許されるとし、必要性、緊急性、法益の比較等を具体的状況のもとで考えて相当と認められる限り可

能としたものである。また、緊急逮捕の要件と必要性のあった場合には、それに先行した捜索行為を適法としている。この点は、従来の最高裁判例の延長線上にある（最判昭36.6.7大法廷 刑集15・6・915）。

【参考判例】
　　最判昭53.9.7第一小法廷 刑集32・6・1672

31　警察官による写真撮影

（最判昭44.12.24大法廷 刑集23・12・1625
公務執行妨害、傷害被告事件）

● 判決要旨 ●

要旨1
　何人も、その承諾なしに、みだりにその容ぼう・姿態を撮影されない自由を有し、警察官が、正当な理由もないのに、個人の容ぼう等を撮影することは、憲法13条の趣旨に反し許されない。

要旨2
　警察官による個人の容ぼう等の写真撮影は、現に犯罪が行なわれもしくは行なわれたのち間がないと認められる場合であって、証拠保全の必要性および緊急性があり、その撮影が一般的に許容される限度をこえない相当な方法をもって行なわれるときは、撮影される本人の同意がなく、また裁判官の令状がなくても、憲法13条、35条に違反しない。

判決理由　所論は、本人の意思に反し、かつ裁判官の令状もなくされた本件警察官の写真撮影行為を適法とした原判決の判断は、肖像権すなわち承諾なしに自己の写真を撮影されない権利を保障した憲法13条に違反し、また令状主義を規定した同法35条にも違反すると主張する。

【要旨1】ところで、憲法13条は、「すべて国民は、個人として尊重される。生命、自由及び幸福追求に対する国民の権利については、公共の福祉に反しない限り、立法その他の国政の上で、最大の尊重を必要とする。」と規定してい

るのであって、これは、国民の私生活上の自由が、警察権等の国家権力の行使に対しても保護されるべきことを規定しているものということができる。そして、個人の私生活上の自由の一つとして、何人も、その承諾なしに、みだりにその容ぼう・姿態（以下「容ぼう等」という。）を撮影されない自由を有するものというべきである。これを肖像権と称するかどうかは別として、少なくとも、警察官が、正当な理由もないのに、個人の容ぼう等を撮影することは、憲法13条の趣旨に反し、許されないものといわなければならない。しかしながら、個人の有する右自由も、国家権力の行使から無制限に保護されるわけでなく、公共の福祉のため必要のある場合には相当の制限を受けることは同条の規定に照らして明らかである。そして、犯罪を捜査することは、公共の福祉のため警察に与えられた国家作用の一つであり、警察にはこれを遂行すべき責務があるのであるから（警察法2条1項参照）、警察官が犯罪捜査の必要上写真を撮影する際、その対象の中に犯人のみならず第三者である個人の容ぼう等が含まれても、これが許容される場合がありうるものといわなければならない。

【要旨2】　そこで、その許容される限度について考察すると、身体の拘束を受けている被疑者の写真撮影を規定した刑訴法218条2項のような場合のほか、次のような場合には、撮影される本人の同意がなく、また裁判官の令状がなくても、警察官による個人の容ぼう等の撮影が許容されるものと解すべきである。すなわち、現に犯罪が行なわれもしくは行なわれたのち間がないと認められる場合であって、しかも証拠保全の必要性および緊急性があり、かつその撮影が一般的に許容される限度をこえない相当な方法をもって行なわれるときである。このような場合に行なわれる警察官による写真撮影は、その対象の中に、犯人の容ぼう等のほか、犯人の身辺または被写体とされた物件の近くにいたためこれを除外できない状況にある第三者である個人の容ぼう等を含むことになっても、憲法13条、35条に違反しないものと解すべきである。

　これを本件についてみると、原判決およびその維持した第一審判決の認定するところによれば、昭和37年6月21日に行なわれた本件京都府学生自治会連合主催の集団行進集団示威運動においては、被告人の属する立命館大学学生集団はその先頭集団となり、被告人はその列外最先頭に立って行進していたが、右集団は京都市中京区木屋町通御池下る約30メートルの地点において、先頭より4列ないし5列目位まで7名ないし8名位の縦隊で道路のほぼ中央あたりを行

進していたこと、そして、この状況は、京都府公安委員会が付した「行進隊列は４列縦隊とする」という許可条件および京都府中立売警察署長が道路交通法77条に基づいて付した「車道の東側端を進行する」という条件に外形的に違反する状況であったこと、そこで、許可条件違反等の違法状況の視察、採証の職務に従事していた京都府山科警察署勤務の巡査秋月潔は、この状況を現認して、許可条件違反の事実ありと判断し、違法な行進の状態および違反者を確認するため、木屋町通の東側歩道上から前記被告人の属する集団の先頭部分の行進状況を撮影したというのであり、その方法も、行進者に特別な受忍義務を負わせるようなものではなかったというのである。

　右事実によれば、秋月巡査の右写真撮影は、現に犯罪が行なわれていると認められる場合になされたものであって、しかも多数の者が参加し刻々と状況が変化する集団行動の性質からいって、証拠保全の必要性および緊急性が認められ、その方法も一般的に許容される限度をこえない相当なものであったと認められるから、たとえそれが被告人ら集団行進者の同意もなく、その意思に反して行なわれたとしても、適法な職務執行行為であったといわなければならない。

　そうすると、これを刑法95条１項によって保護されるべき職務行為にあたるとした第一審判決およびこれを是認した原判決の判断には、所論のように、憲法13条、35条に違反する点は認められないから、論旨は理由がない。

解　説

1　憲法13条は、国民の権利につき、公共の福祉に反しない限り、立法その他国政の上で最大の尊重を受けるとし、同35条は、司法官憲の発する令状なしには、その住居、書類及び所持品について何人も捜索、押収されないことを保障している。

　警察官が捜査行為として行う裁判官の令状なしにする写真撮影行為が、任意捜査であって、問題がないのか、それとも、果たして前記の憲法の条項に反するのかが問題となる。

2　無断で写真を撮影されたり、利用されたりされない権利を普通肖像権と称しているが、最高裁は、この判決で肖像権と称するかどうかは別としながらも、個人の私生活上の自由の一つとして、憲法13条の対象となることを明らかにした。

警察官が、犯罪の現場において、採証活動として写真撮影する場合、対象者の容ぼうや姿態を無断で撮影するわけであるから、これが憲法13条の対象となる権利であれば、最大限尊重されるべきことになり、許されない行為という評価が出てくる。

3　しかし、一方において、個人の自由といえども、公共の福祉により制約されることがあり得ることは、憲法13条の認めるところでもあり、その調和点を本判決は、警察官に正当な理由があるかどうかに求めた。

そして、具体的状況を前提として、写真撮影による証拠保全の必要性、緊急性、手段の相当性を正当理由の判断基準としている。しかし、これでは、必ずしも網羅的ではなく、本判決は、本件具体的事案に即して、一般的な原則を判示したもので、これらの判断基準は、相互に補完するものと考えるべきであろう。

【参考判例】

最判昭61.2.14第二小法廷　刑集40・1・48

32　宿泊を伴う任意取調べの可否

（最決昭59.2.29第二小法廷　刑集38・3・479）
殺人被告事件

● 決定要旨 ●

要旨1

被疑者につき帰宅できない特段の事情もないのに、同人を4夜にわたり所轄警察署近辺のホテル等に宿泊させるなどした上、連日、同警察署に出頭させ、午前中から夜間に至るまで長時間取調べをすることは、任意捜査の方法として必ずしも妥当とはいい難いが、同人が右のような宿泊を伴う取調べに任意に応じており、事案の性質上速やかに同人から詳細な事情及び弁解を聴取する必要性があるなど本件の具体的状況のもとにおいては（判文参照）、任意捜査の限界を越えた違法なものとまでいうことはできない。

要旨2

> いわゆる伝聞証言であっても、異議の申立がないまま当該証人に対する尋問が終了した場合には、直ちに異議の申立ができないなどの特段の事情がない限り、黙示の同意があったものとして、証拠能力を有する。
> （1につき意見がある。）

決定理由　1　第一審判決及び原判決の認定するところに記録を併せると、被告人に対する本件取調べの経過及び状況は、おおむね次のとおりである。

(1)　昭和52年5月18日、東京都港区高輪2丁目1番24号高輪グリーンマンション405号室の本件被害者瀬川とく子方において、被害者が何者かによって殺害されているのが被害者の勤め先の者によって発見され、同人の通報により殺人事件として直ちに捜査が開始され、警視庁捜査一課強行犯二係を中心とする捜査本部が所轄の高輪警察署に設置された。犯行現場の状況等から犯人は被害者と面識のある者との見通しのもとに被害者の生前の交友関係を中心に捜査が進められ、かつて被害者と同棲したことのある被告人もその対象となっていたところ、同月20日、被告人は自ら高輪警察署に出頭し、本件犯行当時アリバイがある旨の弁明をしたが、裏付捜査の結果右アリバイの主張が虚偽であることが判明し、被告人に対する容疑が強まったところから、同年6月7日早朝、捜査官4名が東京都大田区大森北3丁目41番5号所在の野尻荘（被告人の勤め先の独身寮）の被告人の居室に赴き、本件の有力容疑者として被告人に任意同行を求め、被告人がこれに応じたので、右捜査官らは、被告人を同署の自動車に同乗させて同署に同行した。

(2)　捜査官らは、被告人の承諾のもとに被告人を警視庁に同道した上、同日午前9時半ころから2時間余にわたってポリグラフ検査を受けさせた後、高輪警察署に連れ戻り、同署4階の3.3平方メートルくらいの広さの調べ室において、1名（巡査部長）が主になり、同室入口付近等に1ないし2名の捜査官を立ち会わせて被告人を取り調べ、右アリバイの点などを追及したところ、同日午後10時ころに至って被告人は本件犯行を認めるに至った。

(3) そこで、捜査官らは、被告人に本件犯行についての自白を内容とする答申書を作成させ、同日午後11時すぎには一応の取調べを終えたが、被告人からの申出もあって、高輪警察署長宛の「私は高輪警察署で瀬川さんをころした事について申し上げましたが、明日、さらにくわしく説明致します。今日は私としても寮に帰るのはいやなのでどこかの旅館に泊めて致だきたいと思います。」と記載した答申書を作成提出させて、同署近くの日本鋼管の宿泊施設に被告人を宿泊させ、捜査官4、5名も同宿し、うち1名は被告人の室の隣室に泊り込むなどして被告人の挙動を監視した。

(4) 翌6月8日朝、捜査官らは、自動車で被告人を迎えに行き、朝から午後11時ころに至るまで高輪警察署の前記調べ室で被告人を取り調べ、同夜も被告人が帰宅を望まないということで、捜査官らが手配して自動車で被告人を同署からほど近いホテルメイツに送り届けて同所に宿泊させ、翌9日以降も同様の取調べをし、同夜及び同月10日の夜は東京観光ホテルに宿泊させ、右各夜ともホテルの周辺に捜査官が張り込み被告人の動静を監視した。なお、右宿泊代金については、同月7日から9日までの分は警察において支払い、同月10日の分のみ被告人に支払わせた。

(5) このようにして、同月11日まで被告人に対する取調べを続行し、この間、前記2通の答申書のほか、同月8日付で自白を内容とする供述調書及び答申書、同月9日付で心境等を内容とする答申書、同月10日付で犯行状況についての自白を内容とする供述調書が作成され、同月11日には、否認の供述調書（参考人調書）が作成された。

(6) 捜査官らは、被告人から右のような本件犯行についての自白を得たものの、決め手となる証拠が十分でなかったことなどから、被告人を逮捕することなく、同月11日午後3時ころ、山梨市から被告人を迎えに来た被告人の実母らと帰郷させたが、その際、右実母から「右の者御署に於て殺人被疑事件につき御取調中のところ今回私に対して身柄引渡下され正に申しうけました」旨記載した高輪警察署長宛の身柄請書を徴した。

(7) 捜査本部ではその後も被告人の自白を裏付けるべき捜査を続け、同年8月23日に至って、本件殺人の容疑により前記山梨市の実母方で被告人を逮捕した。被告人は、身柄を拘束された後、当初は新たなアリバイの主張をするなどして本件犯行を否認していたが、同月26日に犯行を自白して以降

捜査段階においては自白を維持し、自白を内容とする司法警察員及び検察官に対する各供述調書が作成され、同年9月12日、本件につき殺人の罪名で勾留中起訴された。

2 右のような事実関係のもとにおいて、昭和52年6月7日に被告人を高輪警察署に任意同行して以降同月11日に至る間の被告人に対する取調べは、刑訴法198条に基づき、任意捜査としてなされたものと認められるところ、任意捜査においては、強制手段、すなわち、「個人の意思を制圧し、身体、住居、財産等に制約を加えて強制的に捜査目的を実現する行為など、特別の根拠規定がなければ許容することが相当でない手段」（最高裁昭和50年(あ)第146号同51年3月16日第三小法廷決定・刑集30巻2号187頁参照）を用いることが許されないことはいうまでもないが、任意捜査の一環としての被疑者に対する取調べは、右のような強制手段によることができないというだけでなく、さらに、事案の性質、被疑者に対する容疑の程度、被疑者の態度等諸般の事情を勘案して、社会通念上相当と認められる方法ないし態様及び限度において、許容されるものと解すべきである。

3 これを本件についてみるに、まず、被告人に対する当初の任意同行については、捜査の進展状況からみて被告人に対する容疑が強まっており、事案の性質、重大性等にもかんがみると、その段階で直接被告人から事情を聴き弁解を徴する必要性があったことは明らかであり、任意同行の手段・方法等の点において相当性を欠くところがあったものとは認め難く、また、右任意同行に引き続くその後の被告人に対する取調べ自体については、その際に暴行、脅迫等被告人の供述の任意性に影響を及ぼすべき事跡があったものとは認め難い。

【要旨1】 4 しかし、被告人を4夜にわたり捜査官の手配した宿泊施設に宿泊させた上、前後5日間にわたって被疑者としての取調べを続行した点については、原判示のように、右の間被告人が単に「警察の庇護ないしはゆるやかな監視のもとに置かれていたものとみることができる」というような状況にあったにすぎないものといえるか、疑問の余地がある。

すなわち、被告人を右のように宿泊させたことについては、被告人の住居たる野尻荘は高輪警察署からさほど遠くはなく、深夜であっても帰宅できない特段の事情も見当たらない上、第1日目の夜は、捜査官が同宿し被告人の

挙動を直接監視し、第2日目以降も、捜査官らが前記ホテルに同宿こそしなかったもののその周辺に張り込んで被告人の動静を監視しており、高輪警察署との往復には、警察の自動車が使用され、捜査官が同乗して送り迎えがなされているほか、最初の3晩については警察において宿泊費用を支払っており、しかもこの間午前中から深夜に至るまでの長時間、連日にわたって本件についての追及、取調べが続けられたものであって、これらの諸事情に徴すると、被告人は、捜査官の意向にそうように、右のような宿泊を伴う連日にわたる長時間の取調べに応じざるを得ない状況に置かれていたものとみられる一面もあり、その期間も長く、任意取調べの方法として必ずしも妥当なものであったとはいい難い。

　しかしながら、他面、被告人は、右初日の宿泊については前記のような答申書を差し出しており、また、記録上、右の間に被告人が取調べや宿泊を拒否し、調べ室あるいは宿泊施設から退去し帰宅することを申し出たり、そのような行動に出た証跡はなく、捜査官らが、取調べを強行し、被告人の退去、帰宅を拒絶したり制止したというような事実も窺われないのであって、これらの諸事情を総合すると、右取調べにせよ宿泊にせよ、結局、被告人がその意思によりこれを容認し応じていたものと認められるのである。

5　被告人に対する右のような取調べは、宿泊の点など任意捜査の方法として必ずしも妥当とはいい難いところがあるものの、被告人が任意に応じていたものと認められるばかりでなく、事案の性質上、速やかに被告人から詳細な事情及び弁解を聴取する必要性があったものと認められることなどの本件における具体的状況を総合すると、結局、社会通念上やむを得なかったものというべく、任意捜査として許容される限界を越えた違法なものであったとまでは断じ難いというべきである。

　記録によれば、渡部達郎警部は、第一審において、ポリグラフ検査の際、被告人に本件被害者の着用していたネグリジェの色等、本件の真犯人でなければ知り得ない事項についての言動があった旨証言し、第一審判決及びこれを是認した原判決は、右証言を採用して右言動を認定し、これをもって被告人を本件の真犯人と断定する一つの情況証拠としていることが明らかである。右証言は伝聞ないし再伝聞を内容とするものであるが、右証言の際、被告人及び弁護人らは、その機会がありながら異議の申立てをすることなく、右証

人に対する反対尋問をし、証人尋問を終えていることが認められる。

【要旨2】　このように、いわゆる伝聞ないし再伝聞証言について、異議の申立てがされることなく当該証人に対する尋問が終了した場合には、直ちに異議の申立てができないなどの特段の事情がない限り、黙示の同意があったものとしてその証拠能力を認めるのが相当である（最高裁昭和26年(あ)第4248号同28年5月12日第三小法廷判決・刑集7巻5号1023頁、同27年(あ)第6547号同29年5月11日第三小法廷判決・刑集8巻5号664頁、同31年(あ)第740号同33年10月24日第二小法廷判決・刑集12巻14号3368頁等参照。これらの判決は、伝聞証言の証拠能力を認めるについて、異議の申立てがなかったことのほか、証人に対し尋ねることはない旨述べられた場合であること等の要件を必要とするかのような判示をしているが、後者の点は当該事案に即して判示されたにすぎず、ことに右のような陳述の点は、その有無によって、伝聞証言の証拠能力に特段の差異を来すものではないと解される。）。

解　説

1　被疑者を逮捕するだけの証拠はないが、周囲の状況や被疑者の言動から、かなり犯罪の容疑が濃い場合がある。その場合、相手に出頭を求めて、取り調べるわけであるが（刑訴法198条1項本文）、被疑者は、逮捕又は勾留されている場合を除いては、出頭を拒み、又は出頭後、何時でも退去することができる（同項但書）。しかし、被疑者が承知している限り、連日、任意の取調べを行うことは、別に法の禁ずるところではなく、現実に行われている実務である。被疑者としても、捜査機関の抱いている容疑を晴らすためには、逃走したりせず、積極的に捜査に協力する方がベターと考える場合が多い。

2　取調べが中途半端なまま自宅に帰すと、自殺をしたり、逃走したりすることが屢々ある関係から、相手の同意を得て、警察署の近くのホテル等に宿泊させ、警察官が事実上監視するということが実務上時として行われることがあり、本件はそれが問題とされた事件であって、最高裁は、帰宅させない特段の事由がないのに4晩も連続泊まらせて連日長時間取り調べたことを具体的状況を勘案しながら、任意捜査の限界を超えた違法なものとまではいえないとした。相手の承諾が任意にされていることが重視されたと言える。

3　反対尋問を経ていない、いわゆる伝聞証拠は、刑訴法上原則として証拠能

力が認められていない（刑訴法320条1項）。公判廷で、証人が被告人から聞いた話を証言したり（刑訴法324条1項）、被告人以外の人間から聞いた話を証言した（同条2項）場合、いずれも伝聞証言として、証拠能力を制限されるが、一方、刑訴法は、相手方が証拠とすることに同意した供述については、伝聞証言であっても証拠能力が認められるとしている（刑訴法326条1項）。

この同意は、通常明確に意思表示されるのを前提としているが、証人の証言で伝聞であることがはっきりしているのに、相手方が特段異議申立てをすることのできない理由がないのにそのまま尋問を終了したような場合には、黙示の同意があったとする方が訴訟経済にも合致する。本決定は、従来の最高裁判例を踏襲するものではあるが、異議申立てをしなかったこと以外に条件のないことを明らかにしている点で意義がある。

33 長時間の取調べ

（最決平元.7.4 第三小法廷 刑集43・7・581
強盗致死、有印私文書偽造、同行使、詐欺被告事件）

● 決定要旨 ●

午後11時過ぎに任意同行の上翌日午後9時25分ころまで続けられた被疑者に対する取調べは、特段の事情のない限り、容易に是認できないが、取調べが本人の積極的な承諾を得て参考人からの事情聴取として開始されていること、一応の自白があった後も取調べが続けられたのは重大事犯の枢要部分に関する供述に虚偽が含まれていると判断されたためであること、その間本人が帰宅や休息の申出をした形跡はないことなどの特殊な事情のある本件においては、任意捜査として許容される限度を逸脱したものとまではいえない。

（反対意見がある。）

決定理由

二　職権による判断
1　原判決の認定及び記録によると、被告人に対する本件取

第 1 章 捜　　査

調べの経緯及び状況は、次のとおりと認められる。
(1)　本件捜査は、昭和58年２月１日午後８時48分ころ、当時アパートの被害者方居室が約10日間にわたり施錠されたままで被害者の所在も不明である旨の被害者の妹からの訴え出に基づき、警察官が被害者方に赴き、被害者が殺害されているのを発見したことから開始されたものであるが、警察官は、右妹から被害者が１か月ほど前まで被告人と同棲して親密な関係にあった旨聞き込んだので、事案の重大性と緊急性にかんがみ、速やかに被告人から被害者の生前の生活状況や交遊関係を中心に事情を聴取するため、被告人方に赴いて任意同行を求め、これに応じた被告人を同日午後11時過ぎに平塚警察署に同行した。
(2)　警察官は、まず、被告人から身上関係、被害者と知り合った経緯などについて事情を聴取した後、１名が主になり、他の１名ないし２名が立ち会って、同日午後11時半過ぎころから本格的な取調べに入り、冒頭被告人に対し本件捜査への協力方を要請したところ、被告人がこれに応じ、「同棲していたので知っていることは何でも申し上げます。何とか早く犯人が捕まるように私もお願いします。」と述べて協力を約したので、夜を徹して取調べを行い、その間、被告人の承諾を得てポリグラフ検査を受けさせたり、被告人が最後に被害者と別れたという日以降の行動について一応の裏付け捜査をしたりしたが、翌２日午前９時半過ぎころに至り、被告人は、被害者方で被害者を殺害しその金品を持ち出した事実について自白を始めた。
(3)　そこで、警察官は、その後約１時間にわたって取調べを続けたうえ、午前11時過ぎころ被告人に犯行の概要を記載した上申書を作成するよう求め、これに応じた被告人は、途中２、30分の昼休み時間をはさみ、被害者と知り合ってから殺害するまでの経緯、犯行の動機、方法、犯行後の行動等を詳細に記載した全文６枚半に及ぶ上申書を午後２時ころ書き上げた。
(4)　ところが、右上申書の記載及びこの間の被告人の供述は、被害者名義の郵便貯金の払戻しの時期や被害者殺害の方法につきそれまでに警察に判明していた客観的事実とは異なるものであったほか、被害者を殺害する際に同女の金品を窃取する意思があったかどうかがはなはだ曖昧なものであったため、警察官は、右の被告人の供述等には虚偽が含まれているものとみて、被告人に対し、その供述するような殺人と窃盗ではなく、強盗殺人の

容疑を抱き、その後も取調べを続けたところ、被告人が犯行直前の被害者の態度に憤慨したほか同女の郵便貯金も欲しかったので殺害した旨右強取の意思を有していたことを認める供述をするに至ったことから、更に上申書を作成するよう求め、これに応じた被告人は、午後4時ころから約1時間にわたって、右の旨を具体的に記載した全文1枚余の「私がみどりを殺した本当の気持」と題する上申書を書いた。

(5) その後警察官は、逮捕状請求の準備に入り、右2通の上申書をも疎明資料に加え、午後7時50分当時の被告人の自白内容に即した強盗殺人と窃盗の罪名で逮捕状を請求し、逮捕状の発付を得たうえ、午後9時25分被告人を逮捕し、その後間もなく当日の被告人に対する取調べを終えた。そして、同月3日午後2時30分に検察官送致の手続がとられ、同日勾留請求がなされ、同月4日午前11時23分勾留状が執行された。

(6) 被告人は、勾留質問の際に強盗の意思はなかったと弁解した以外は、その後の取調べにおいても終始強盗の意思を有していたことを認める供述をし、一方、同月7日の取調べまでは、前記被害者名義の郵便貯金の払戻しの時期や被害者殺害の方法につき虚偽の供述を続けていたが、同日の取調べにおいてこれらの点を訂正し、その後は公訴事実に沿う自白を維持し、同月22日、本件につき強盗致死等の罪名で勾留中起訴された。

2　右の事実関係のもとにおいて、昭和58年2月1日午後11時過ぎに被告人を平塚警察署に任意同行した後翌2日午後9時25分に逮捕するまでの間になされた被告人に対する取調べは、刑訴法198条に基づく任意捜査として行われたものと認められるところ、任意捜査の一環としての被疑者に対する取調べは、事案の性質、被疑者に対する容疑の程度、被疑者の態度等諸般の事情を勘案して、社会通念上相当と認められる方法ないし態様及び限度において、許容されるものである（最高裁昭和57年(あ)第301号同59年2月29日第二小法廷決定・刑集38巻3号479頁参照）。

右の見地から本件任意取調べの適否について勘案するのに、本件任意取調べは、被告人に一睡もさせずに徹夜で行われ、更に被告人が一応の自白をした後もほぼ半日にわたり継続してなされたものであって、一般的に、このような長時間にわたる被疑者に対する取調べは、たとえ任意捜査としてなされるものであっても、被疑者の心身に多大の苦痛、疲労を与えるものであるか

ら、特段の事情がない限り、容易にこれを是認できるものではなく、ことに本件においては、被告人が被害者を殺害したことを認める自白をした段階で速やかに必要な裏付け捜査をしたうえ逮捕手続をとって取調べを中断するなど他にとりうる方途もあったと考えられるのであるから、その適法性を肯認するには慎重を期さなければならない。そして、もし本件取調べが被告人の供述の任意性に疑いを生じさせるようなものであったときには、その取調べを違法とし、その間になされた自白の証拠能力を否定すべきものである。

3 そこで、本件任意取調べについて更に検討するのに、次のような特殊な事情のあったことはこれを認めなければならない。

すなわち、前述のとおり、警察官は、被害者の生前の生活状況等をよく知る参考人として被告人から事情を聴取するため本件取調べを始めたものであり、冒頭被告人から進んで取調べを願う旨の承諾を得ていた。

また、被告人が被害者を殺害した旨の自白を始めたのは、翌朝午前9時半過ぎころであり、その後取調べが長時間に及んだのも、警察官において、逮捕に必要な資料を得る意図のもとに強盗の犯意について自白を強要するため取調べを続け、あるいは逮捕の際の時間制限を免れる意図のもとに任意取調べを装って取調べを続けた結果ではなく、それまでの捜査により既に逮捕に必要な資料はこれを得ていたものの、殺人と窃盗に及んだ旨の被告人の自白が客観的状況と照応せず、虚偽を含んでいると判断されたため、真相は強盗殺人ではないかとの容疑を抱いて取調べを続けた結果であると認められる。

さらに、本件の任意の取調べを通じて、被告人が取調べを拒否して帰宅しようとしたり、休息させてほしいと申し出た形跡はなく、本件の任意の取調べ及びその後の取調べにおいて、警察官の追及を受けながらなお前記郵便貯金の払戻時期など重要な点につき虚偽の供述や弁解を続けるなどの態度を示しており、所論がいうように当時被告人が風邪や眠気のため意識がもうろうとしていたなどの状態にあったものとは認め難い。

4 以上の事情に加え、本件事案の性質、重大性を総合勘案すると、本件取調べは、社会通念上任意捜査として許容される限度を逸脱したものであったとまでは断ずることができず、その際になされた被告人の自白の任意性に疑いを生じさせるようなものであったとも認められない。

5 したがって、本件の任意取調べの際に作成された被告人の上申書、その後

の取調べの過程で作成された被告人の上申書、司法警察員及び検察官に対する各供述調書の任意性を肯定し、その証拠能力を認めた第一審判決を是認した原判決に違法があるとはいえない。

解説

1 「捜査については、その目的を達するため必要な取調をすることができる。」（刑訴法197条1項）。そして、「検察官、検察事務官又は司法警察職員は、犯罪の捜査をするについて必要があるときは、被疑者の出頭を求め、これを取り調べることができる。但し、被疑者は、逮捕又は勾留されている場合を除いては、出頭を拒み、又は出頭後、何時でも退去することができる。」（刑訴法198条1項）ことになっている。

　取調べに当たっては、自己の意思に反して供述する必要がない旨を告げなければならず（同条2項）、その供述を調書にとった場合（同条3項）、閲覧又は読み聞かせて、増減変更の申立があるときはこれに応じ（同条4項）、最後に署名押印させることになる（同条5項）。

　相手が被疑者でなく参考人の場合も、出頭を求めて取調べることができる（刑訴法223条1項）。その場合、前記刑訴法198条3項乃至5項が準用される（刑訴法223条2項）。

2 被疑者に対する取調べは、長時間にわたる場合が少なくない。逮捕、勾留されておらず、いわゆる在宅の場合のように任意捜査の場合も、長時間の取調べは、心身に苦痛、疲労を与えるため、せっかく自白を得ても、違法な取調べの結果であるとして、任意性に疑いのある自白として証拠能力を否定されることも少なくない（刑訴法319条1項）。

　反面、被疑者が自分に対する疑いを晴らそうとして自ら長時間の取調べを要望する場合も少なくない。そのような場合にまで、長時間の取調べというだけで違法視し、取調べの結果の自白や不利益事実の承認（刑訴法322条1項但書）に任意性がないとして証拠能力を否定することは適当でない。

3 本決定は、前日の午後11時過ぎから翌日の午前11時頃までの取調べの結果、被疑者の書いた犯行を認める上申書の証拠能力を認めたものであるが、具体的状況を勘案した上での判断であり、形式的に徹夜で取調べてもよいというものではない。

34 被告人の取調べ

(最決昭36.11.21第三小法廷 刑集15・10・1764)
(窃盗同未遂被告事件)

● 決定要旨 ●

起訴後においては被告人の当事者たる地位にかんがみ、捜査官が当該公訴事実について被告人を取り調べることはなるべく避けなければならないが、これによって直ちにその取調を違法とし、その取調の上作成された供述調書の証拠能力を否定すべきではない。

決定理由　　所論は、単なる訴訟法違反の主張であって、刑訴405条の上告理由に当らない（なお、刑訴197条は、捜査については、その目的を達するため必要な取調をすることができる旨を規定しており、同条は捜査官の任意捜査について何ら制限をしていないから、同法198条の「被疑者」という文字にかかわりなく、起訴後においても、捜査官はその公訴を維持するために必要な取調を行うことができるものといわなければならない。なるほど起訴後においては被告人の当事者たる地位にかんがみ、捜査官が当該公訴事実について被告人を取り調べることはなるべく避けなければならないところであるが、これによって直ちにその取調を違法とし、その取調の上作成された供述調書の証拠能力を否定すべきいわれはなく、また、勾留中の取調べであるのゆえをもって、直ちにその供述が強制されたものであるということもできない。本件において、第一審判決が証拠に採用している所論被告人の検察官に対する昭和35年9月6日付供述調書は、起訴後同年9月7日の第1回公判期日前に取調がなされて作成されたものであり、しかも、右供述調書は、第一審公判において、被告人およびその弁護人がこれを証拠とすることに同意している。したがって、原判決には所論のような違法は認められない。）。

解説

1　捜査機関は、捜査の必要があれば被疑者を取り調べることができる（刑訴

法197条、198条）が、その事件について、被疑者を起訴した後にもその被疑者を取り調べることができるとするとすでに対立当事者となった相手を一方当事者が取り調べるということになり、当事者主義の原則にも反しかねない。また、刑訴法198条1項が、「被疑者」を取り調べることができるとして、被告人とはしていないことも、被告人の取調べはできないのではないかという主張の論拠となる。

2　一方、起訴後であっても、現実に検察官と被告人が対立当事者となるのは、実質的な審理の始まる第1回公判期日以降のことであるし、被告人が任意に供述する限り、その取調べが公訴の維持に必要なものであれば、これを否定する理由はない。

3　学説はおおむね取調べができないとするのに対し、判例は下級審レベルで分かれていた。

　本決定は、明確に取調べが直ちに違法となるものではなく、取調べの結果の供述調書も証拠能力を失うものではないとして証拠能力を認めたが、この決定後においても、下級審判決の中には、被告人が取調べを申し出たかいつでも退去できることを十分知って取調べに応じた場合に限る（大阪高判昭43.12.9　判時574・83）とか、弁護人の立会が要件である（東京地決昭50.1.29　刑月7・1・63）とするものがあった。しかし、最高裁は、その後にも、本決定について、公訴維持に必要な取調べであればこれを認めたもので、第1回公判期日以前であること、被告人の同意があることを要件としたものではないとして、起訴後の被告人の取調べを再度認めている（最決昭57.3.2　第二小法廷　裁判集刑事225・689）。

4　起訴後の取調べであっても、被告人自体の刑事責任を追及する場合のものと、共犯者の刑事責任を追及する場合とは、当然分けて考えなければならない。後者は、被告人の取調べの形をとっていても、実質は共犯者に対する参考人的立場で取り調べるものであり、その結果の供述調書の証拠能力について、幅広くこれを認めることが理論上も可能である。

　東京高判平8.5.29（判タ922・295）は、起訴後の取調べについて、①担当官が任意であり応ずる義務のないことを告げ被告人と知っていたこと、②共犯者に対する捜査の面もあったこと、③第1回公判後の取調べは結審後であったので、専ら共犯者の事件捜査の面であったことを理由として、検察官

調書の証拠能力を認めているが、本決定の趣旨から、被告人としての取調べの場合も、共犯者に対する取調べの場合も当然許されることになろう。

35 逮捕の必要性

(最判平10．9．7第二小法廷　判時1661・70)
(損害賠償請求事件)

●**判決要旨**●

外国人登録法（昭和62年法律第102号による改正前のもの）に定める指紋押なつを拒否した者に対する逮捕状の請求及び発付が明らかに逮捕の必要がなかったということはできない。

判決理由　逮捕の必要について検討するに、本件における事実関係によれば、被上告人の生活は安定したものであったことがうかがわれ、また、桂警察署においては本件逮捕状の請求をした時までに、既に被上告人が指紋押なつをしなかったことに関する証拠を相当程度有しており、被上告人もこの点については自ら認めていたのであるから、被上告人について、逃亡のおそれ及び指紋押なつをしなかったとの事実に関する罪証隠滅のおそれが強いものであったということはできないが、被上告人は、徳永巡査部長らから5回にわたって任意出頭するように求められながら、正当な理由がなく出頭せず、また、被上告人の行動には組織的な背景が存することがうかがわれたこと等にかんがみると、本件においては、明らかに逮捕の必要がなかったということはできず、逮捕状の請求及びその発付は、刑訴法及び刑訴規則の定める要件を満たす適法なものであったということができる。

解　説

1　45で解説したように、刑訴法制定当時は逮捕の必要性について裁判官に判断権があるか争いがあったが、昭和28年の199条2項の全面改正で、法文上必要性の判断権が裁判官にあることが明確になった。しかし、一方において、

捜査の実情に疎い裁判官が、捜査の初期の段階で時間的にも疎明資料の収集にも制約があるのに安易に必要性を判断することは、司法抑制の範囲を逸脱して不当な捜査に対する介入になりかねず、逃亡ないし罪証隠滅を疑うに足りる相当な理由があると認められなくても、そのおそれがあると認められるときには、逮捕の必要性があると判断するのが調和のとれた考え方とするのが通説といってよい。

2　刑訴法199条1項は、罰金、拘留、科料に当たる軽微な事件については、「正当な理由がなく」198条1項の出頭の求めに応じない場合に限るとして理由のない不出頭について逮捕状の請求を認めているから、このような場合には、一般的に逮捕の必要性があるとするのが通説であり、法文に従う限り当然の結論といえる。

3　問題は、本件のように、住居や生活が安定していて逃亡のおそれがなく、また、事実関係も認めていて罪証隠滅の可能性も薄いような事案で、捜査機関の呼出しに応じない被疑者について、逮捕の必要性があるのかという点である。

　本判決が判示するように、5回の呼出しに正当理由なく出頭せず、背後に組織が存在するような場合、逃亡のおそれが解消しているともいえず、証拠の偽造、変造等の罪証隠滅もないとは断定でき難いため、逮捕の必要性があるという判断に至ったのは当然といえる。

　この種の犯罪を規定する法律自体を否定して、一切呼出しに応じない者に対して、逮捕すれば、少なくとも刑訴法198条1項但書で取調べは可能となるが、逮捕の必要性がないということになると、一切取調べができないまま捜査が膠着することになる。

4　本判決が「明らかに逮捕の必要がなかったということはできず」としている点は、前記1の考え方と同じものであって、捜査の必要性と司法的抑制について、調和のとれた判示をしたものと評価できる。

36 甲事実について逮捕勾留中乙事実についても取り調べることができるか

最決昭52.8.9第二小法廷 刑集31・5・821
強盗強姦、強盗殺人、死体遺棄、恐喝未遂、窃盗、森林窃盗、傷害、暴行、横領被告事件

● 決定要旨 ●

甲事実について逮捕・勾留の理由と必要があり、甲事実と乙事実とが社会的事実として一連の密接な関連がある場合（判文参照）、甲事実について逮捕・勾留中の被疑者を、同事実について取調べるとともに、これに付随して乙事実について取調べても、違法とはいえない。

決定理由 違法な別件逮捕・勾留、再逮捕・勾留によって収集された証拠に証拠能力を認めた原判決は、刑訴法の手続規定に違反し、憲法31条、33条、34条、36条、37条1項、38条1項2項に違反し、かつ、判例に違反するとの主張について

㈠ 所論は、同年5月22日付逮捕状による被告人の逮捕及びこれに引き続いて行われた勾留は、専ら、逮捕状を請求するだけの証拠の揃っていない強盗強姦殺人、死体遺棄（「本件」）について取調をする目的で、証拠の揃っている軽微な犯罪である窃盗、暴行、恐喝未遂（「別件」）の罪名で逮捕、勾留したものであり、更に、同年6月16日付逮捕状による被告人の再逮捕及びこれに引き続いて行われた勾留は、既に同年5月23日から同年6月17日まで別件の逮捕・勾留によって取調をした被疑事実と同一の被疑事実である「本件」について再び逮捕・勾留をするものであるから、右各逮捕・勾留及びその間の被告人に対する取調は、刑訴法の手続に違反し、憲法31条、33条、34条、36条、37条1項、38条1項2項に違反するものであるところ、右の如く令状主義を潜脱した違法、違憲の「別件」の逮捕・勾留及び「本件」の再逮捕・勾留中に得られた証拠により犯罪事実を認定した原判決は、刑訴法の手続に違反し、かつ、憲法に違反する、というのである。

そこで、所論違憲主張の前提である「別件」の逮捕・勾留及び「本件」の

逮捕・勾留を含む一連の捜査手続が刑訴法の手続規定に違反した違法なものであるかどうかについてみるに、記録によると、捜査官は、被告人に対する窃盗、暴行、恐喝未遂被疑事件について、同年5月22日逮捕状の発付を得て翌23日被告人を逮捕し、被告人は同月25日勾留状の発付により勾留され、右勾留は同年6月13日まで延長され（第1次逮捕・勾留）、検察官は、勾留期間満了の日に、同被疑事件のうち窃盗及び暴行の事実と右勾留中に判明した窃盗、森林窃盗、傷害、暴行、横領の余罪の事実とについて公訴を提起し（右余罪については、あらためて勾留状が発せられた。）、右恐喝未遂被疑事件については、処分留保のまま勾留期間が満了したこと、被告人に対する右被告事件の勾留に対し弁護人から同月14日保釈請求があり、同月17日保釈許可決定により被告人は釈放されたが、これに先だち、捜査官は、同月16日被告人に対する強盗強姦殺人、死体遺棄被疑事件について逮捕状の発付を得て、同月17日被告人が保釈により釈放された直後右逮捕状により被告人を逮捕し、被告人は、同月20日勾留状の発付により勾留され、右勾留は同年7月9日まで延長され（第2次逮捕・勾留）、検察官は、勾留期間満了の日に、強盗強姦、強盗殺人、死体遺棄の事実と処分留保のままとなっていた前記恐喝未遂の事実とについて公訴を提起したものであること、が認められる。

　ところで、被告人に対する強盗強姦、強盗殺人、死体遺棄、恐喝未遂被告事件（以下「本事件」という。）の捜査と第1次逮捕・勾留・第2次逮捕・勾留との関係について考察するに、記録によると、その経過は次のとおりである。すなわち、

　本事件は、同年5月1日午後7時30分ころ中田栄作方表出入口ガラス戸に二女善枝の身分証明書が同封された脅迫状が差し込まれ、同女の通学用自転車が邸内に放置されていたのを間もなく家人が発見して警察に届出たのが捜査の端緒となったのであるが、長女登美恵が、脅迫状に指定された日時、場所に身の代金に擬した包を持って赴き、犯人と言葉を交わしたところ、犯人は他に人がいる気配を察知して逃走し、犯人逮捕のため張り込み中の警察官が犯人を追ったが逮捕することに失敗した。そのため、埼玉県警察本部及び狭山警察署は、重大事件として同月3日現地に特別捜査本部を設けて捜査を開始し、同日犯人の現われた佐野屋附近の畑地内で犯人の足跡と思われる3個の足跡を石膏で採取したほか、警察官、消防団員多数による広域捜索（山

狩)を実施し、同日善枝の自転車の荷掛用ゴム紐を、翌4日農道に埋められていた善枝の死体をそれぞれ発見し、死体解剖の結果、死因は頸部圧迫による窒息死であり、姦淫された痕跡があり、死体内に残留されていた精液から犯人の血液型がB型(分泌型-排出型)であることが判明し、また、死体とともに発見された手拭及びタオルは犯人の所持したもので犯行に使用されたものと推定されたが、一方、善枝の所持品のうち鞄、教科書、ノート類、チャック付財布、三つ折財布、万年筆、筆入及び腕時計が発見されなかった。そのころ、石田一義経営の豚舎内から飼料攪拌用のスコップ1丁が同月1日夕方から翌2日朝にかけて盗難に遭ったことが判明していたのであるが、同月11日右スコップが死体発見現場に近い麦畑に放置されているのが発見され、死体を埋めるために使用されたものと認められるところ、石田方豚舎の番犬に吠えられることなく右スコップを夜間豚舎から持ち出せる者は、石田方の家族か、その使用人ないし元使用人か、石田方に出入りの業者かに限られるので、それらの関係者二十数名について事件発生当時の行動状況を調査し、筆跡と血液型とを検査するなどの捜査を進めた結果、元石田方豚舎で働いていたことのある被告人の事件当日の行動がはっきりしないほか、脅迫状の筆跡と被告人の筆跡とが同一又は類似するとの鑑定の中間報告を得て、被告人が有力な容疑者として捜査線上に浮んだのである。

　以上の捜査経過でも明らかなように、事件発生以来行われてきた捜査は、強盗強姦殺人、死体遺棄、恐喝未遂という一連の被疑事実についての総合的な捜査であって、第1次逮捕の時点においても、既に捜査官が被告人に対し強盗強姦殺人、死体遺棄の嫌疑を抱き捜査を進めていたことは、否定しえないのであるが、右の証拠収集の経過からみると、脅迫状の筆跡と被告人の筆跡とが同一又は類似すると判明した時点において、恐喝未遂の事実について被害者中田栄作の届書及び供述調書、司法警察員作成の実況見分調書、中田登美恵の供述調書、被告人自筆の上申書、その筆跡鑑定並びに被告人の行動状況報告書を資料とし、右事実に竹内賢に対する暴行及び高橋良平所有の作業衣1着の窃盗の各事実を併せ、これらを被疑事実として逮捕状を請求し、その発付を受けて被告人を逮捕したのが第1次逮捕である。また、捜査官は、第1次逮捕・勾留中被告人から唾液の任意提出をさせて血液型を検査したことや、ポリグラフ検査及び供述調書の内容から、「本件」についても、被告

人を取調べたことが窺えるが、その間「別件」の捜査と並行して「本件」に関する客観的証拠の収集、整理により事実を解明し、その結果、スコップ、被告人の血液型、筆跡、足跡、被害者の所持品、タオル及び手拭に関する捜査結果等を資料として「本件」について逮捕状を請求し、その発付を受けて被告人を逮捕したのが第2次逮捕である。

　してみると、第1次逮捕・勾留は、その基礎となった被疑事実について逮捕・勾留の理由と必要性があったことは明らかである。そして、「別件」中の恐喝未遂と「本件」とは社会的事実として一連の密接な関連があり、「別件」の捜査として事件当時の被告人の行動状況について被告人を取調べることは、他面においては「本件」の捜査ともなるのであるから、第1次逮捕・勾留中に「別件」のみならず「本件」についても被告人を取調べているとしても、それは、専ら「本件」のためにする取調というべきではなく、「別件」について当然しなければならない取調をしたものにほかならない。それ故、第1次逮捕・勾留は、専ら、いまだ証拠の揃っていない「本件」について被告人を取調べる目的で、証拠の揃っている「別件」の逮捕・勾留に名を借り、その身柄の拘束を利用して、「本件」について逮捕・勾留して取調べるのと同様な効果を得ることをねらいとしたものである、とすることはできない。

　更に、「別件」中の恐喝未遂と「本件」とは、社会的事実として一連の密接な関連があるとはいえ、両者は併合罪の関係にあり、各事件ごとに身柄拘束の理由と必要性について司法審査を受けるべきものであるから、一般に各別の事件として逮捕・勾留の請求が許されるのである。しかも、第1次逮捕・勾留当時「本件」について逮捕・勾留するだけの証拠が揃っておらず、その後に発見、収集した証拠を併せて事実を解明することによって、初めて「本件」について逮捕・勾留の理由と必要性を明らかにして、第2次逮捕・勾留を請求することができるに至ったものと認められるのであるから、「別件」と「本件」とについて同時に逮捕・勾留して捜査することができるのに、専ら、逮捕・勾留の期間の制限を免れるため罪名を小出しにして逮捕・勾留を繰り返す意図のもとに、各別に請求したものとすることはできない。また、「別件」についての第1次逮捕・勾留中の捜査が、専ら「本件」の被疑事実に利用されたものでないことはすでに述べたとおりであるから、第2次逮捕・勾留が第1次逮捕・勾留の被疑事実と実質的に同一の被疑事実について再逮

捕・再勾留をしたものではないことは明らかである。

　それ故、「別件」についての第1次逮捕・勾留とこれに続く窃盗、森林窃盗、傷害、暴行、横領被告事件の起訴勾留及び「本件」についての第2次逮捕・勾留は、いずれも適法であり、右一連の身柄の拘束中の被告人に対する「本件」及び「別件」の取調について違法の点はないとした原判決の判断は、正当として是認することができる。従って、「本件」及び「別件」の逮捕・勾留が違法であることを前提として、被告人の捜査段階における供述調書及び右供述によって得られた他の証拠の証拠能力を認めた原判決の違憲をいう所論は、その前提を欠き、その余の所論は、単なる法令違反の主張であって、いずれも適法な上告理由にあたらない。

解　説

1　いわゆる別件逮捕は法律用語でない関係から厳密な定義はないが、広くは逮捕事実（別件）以外の本命の被疑事実について取り調べる目的である逮捕（勾留）を意味し、狭義では、捜査の本来の目的の事実（本件）により逮捕するだけの証拠がないため、他の比較的軽微な別の容疑事実（別件）で証拠のあるものによって逮捕し、その身柄拘束を利用して本件の取調べを行う捜査手続を意味するといえる。

2　別件のために本件の身柄拘束を利用して証拠を集め、十分揃ったところで本件で逮捕勾留すると一罪一勾留の原則に相反するし、憲法33条の認める令状主義を潜脱することにもなるため、別件逮捕を無制限に認めることは許されない。しかし、ある事実で逮捕勾留中の被疑者について、別の事実での取調べが一切できないとすれば、その都度逮捕勾留を繰り返すこととなり、かえって被疑者にとって酷な結果ともなる。その調和をどこに求めるかが問題となる。

3　本決定は、両事実が密接な関連のある場合に本件の取調べに付随して別件を取り調べても違法ではないとしたものであるが、別件についてあらためて逮捕勾留のないような場合には、令状主義の違反の問題もなく、別件逮捕の問題は生じないので、本決定のカバーするところではないであろう。

4　違法な別件逮捕中の自白を資料として発付された逮捕状により逮捕された被疑者に対する勾留質問調書であっても、他に特段の事由がない限り、証拠

能力を有する（[21]最判昭58.7.12第三小法廷 刑集37・6・791）。
5 令状主義の原則を実質的に潜脱するか否かは、①本件と別件の罪質、態様、法定刑の軽重、捜査の重点、②両事件の関連性の有無、程度、③別件の逮捕、勾留の理由と必要性の程度、④本件の証拠関係、⑤本件の取調べが自白獲得のためか、他の証拠収集のためか等を具体的事実に即して勘案して決することになろう（福岡高判昭61.4.28 刑月18・4・294）。

37 逮捕の違法と勾留

（東京高判昭54.8.14 刑月11・7～8・787
常習累犯窃盗、道路交通法違反）

判決要旨

要旨1
　任意同行がその場所、方法、態様、時刻、同行後の状況等から実質的な逮捕行為に当たるとして違法とされた事例

要旨2
　右の違法性の程度は、実質的逮捕の時点において緊急逮捕の理由と必要性があったと認められること、実質的逮捕の約3時間後には逮捕状による通常逮捕の手続がとられたこと、実質的逮捕の時から48時間以内に検察官への送致手続がとられ勾留請求の時期も違法ではないことから、その後の勾留を違法にするほど重大ではないとされた事例

判決理由　所論はいずれも訴訟手続の法令違反の主張であって、要するに、被告人は昭和53年7月14日午後8時5分ころ国鉄飯山線越後田中駅南側空地付近で警察官の職務質問をされ、間もなく任意同行の名目で始めに同駅待合室、次いで栄駐在所、更に飯山警察署に順次連行され、その間約6時間余にわたり実質上逮捕の状態に置かれ違法に身柄を拘束された後、翌15日午前2時18分同署において逮捕状により通常逮捕されたものであるから、被告人に対する逮捕は違法であり、かような違法逮捕の後に得られた被告人の

自白調書はすべて違法収集証拠として証拠能力を否定されるべきであるのに、これらを証拠として判示事実を認定した原判決には判決に影響を及ぼすことの明らかな訴訟手続の法令違反がある、というのである。

　そこで、原審記録を精査し、当審における事実取調べの結果をも合わせて検討すると、まず本件逮捕に至る経過は次のとおりである。

(1)　昭和53年7月14日午後3時24分ころ、長野県飯山市内において駐車中の原動機付自転車前部荷籠から藤沢タカ所有の郵便貯金通帳等在中の買物袋が窃取される事件が発生し、同日午後3時26分ころ、被害者から飯山警察署（以下、飯山署という）に届出がなされ、その際目撃者が確認した犯人の人相・服装、犯人が乗って逃走した普通乗用自動車の色・ナンバー等が申告されたので、これに基づき直ちに緊急手配がなされた。その後間もなくして、右自動車は同日午前9時過ぎ（右窃盗の約6時間前）に新潟県上越市内で盗まれたものであることが判明し、その旨直ちに捜査員に通報された。

(2)　同日午後5時50分ころ、一般の人から「手配車両が国道117号線を飯山方面から新潟方面に向かっている」旨の通報があり、同日午後6時20分ころ、右国道で車両検問に従事していた大日方満、宮田克三の両巡査は手配車両が飯山方面から進行して来るのを認め、その色及びナンバーを確認したうえ停止の合図をしたところ、手配車両は一時減速したが両巡査の前付近から急に加速し新潟方面に向けて走り去った。その際右両巡査は、手配車両の運転者がその人相・服装（手配と一部相違があるが）等から手配中の犯人であることを確認し、他に同乗者がいないことをも確認した。

(3)　そこで、宮田巡査は直ちにミニパトカーで手配車両を追跡し、約4キロメートル先でこれに追いつき更に約2キロメートル進んだところで、手配車両は道路に面した栄中学校校庭に進入し同所で停まり、下車した犯人は右車両を放置したまま同校西側の山林内に逃げ込んだので、宮田巡査は車から降りてこれを追跡したが遂にその姿を見失ってしまった。それが同日午後6時30分ころであった。

(4)　そこで、同中学校に犯人捜索本部が設けられ、消防団員の応援をも得て右山林の山狩りと国鉄飯山線各駅及び沿線の張込み・捜索が行われた。

(5)　かようにして同日午後8時5分ころ、国鉄飯山線越後田中駅で張込み中の巡査部長高津茂夫と巡査柳沢国雄の両名は、同駅南側空地付近で用便をして

いる被告人を発見し、その人相・服装等が手配人物に酷似しているうえ、そのズボンが濡れていて足の方が泥で汚れていることから、山林中を逃げ廻った犯人に間違いないと認め、被告人をすぐそばの同駅待合室に任意同行し職務質問を行った。被告人は犯行については知らない旨答え、住所・氏名を尋ねても答えず、所持していた期限切れで失効した運転免許証、出所証明書によって始めてその本籍・氏名・生年月日、最近（約1週間前の同月7日）高知刑務所を出所したばかりであることなどが判明した。その間に前記大日方、宮田両巡査も駈けつけ前記検問を突破し山林内に逃走した犯人は被告人に相違ないことを確認した。そこで事情聴取にあたっていた高津部長は被告人の容疑が濃いと判断し、被告人が「同所では寒い」と言い、また同所が一般の人も通行する場所であることから、被告人に対し最寄りの駐在所に同行することを求めると、被告人が承諾したので、被告人を同部長の軽乗用車に乗せ同日午後8時30分ころ最寄り（同所より徒歩約20分）の栄駐在所に到着した。同所において当初は高津部長が1人で次いで横沢英紀巡査部長が加わって2人で約2時間にわたり前同様の事情聴取を行ったが、被告人の答は変わらなかった。

(6) 右駅付近での被告人の発見から右駐在所における事情聴取の間に被告人に対し特段の強制力が加えられたことは認められない。もっとも、被告人の原審並びに当審各公判供述によれば、被告人は同行を拒否して暴れているのに腕や両脇を摑えられて連行されたというのであるが、右供述は証人高津茂夫の原審公判供述に照らしそのまま信用することはできず、また右証人の供述によれば、「あちらで話をしよう」と言って被告人の腕をとったことがあることは認められるけれども、この程度のことは強制力の行使とまでは認め難い。

(7) ところで、同日午後10時半ころ、長野県警察本部から応援に来ていた甲田明警部補は、前記諸事情からして被告人の容疑は濃厚であるが、緊急逮捕をするには無理がありなお継続して取調べをする必要があると判断したが、右駐在所の駐在員家族の就寝時刻でもあり、被告人の供述の真否確認には駐在所では不便であって被告人にとっても不利益であるところから、飯山署長及び同署刑事課長らと協議したうえ、被告人が同意するなら飯山署に同行することとし、被告人の意向を確かめた。これに対し被告人としては同行を承諾する意思はなかったが、半ば自棄的になり勝手にしろといった調子で「どこ

第1章 捜　　査　　113

にでも行ってよい」旨を述べたところ、同警部補は被告人が同行を承諾したものと考え、同日午後11時ころ、一般の乗用車と変らないいわゆる覆面パトカーの後部座席中央に被告人を乗せ、その両側に横沢部長と甲田警部補が被告人を挟むようにして乗り、前部には運転者のほか助手席に大日方部長が乗り、合計5名の警察官が同乗して同所を出発し、同日午後11時50分ころ飯山署に到着した。被告人は右パトカーに自分から乗り込み、また途中では家族の話をしたり警察官から夜食用のパンをもらって食べたりし、パトカーから降りたいなどとは言わなかったけれども、それはこれまでの経過からみて被告人としては同行を拒否しても聞いてもらえないと諦めていたものと認められる。

(8)　飯山署においては横沢部長が取調べにあたったが、被告人は依然として否認を続け、しかも右取調べ中午前零時を過ぎた後、「既に逮捕しているなら遅いから留置場で寝かせてほしい。まだ逮捕していないなら帰らせてもらう」旨を述べて椅子から立ち上がったが、同部長にとめられるということもあった。しかし、結局被告人否認のまま逮捕状が発付され、午前2時18分その執行がなされ、翌16日午後1時検察庁送致の手続がとられ、その後間もなく勾留請求がなされ勾留状が発付されて同日午後4時18分その執行がなされるに至ったものである。

【要旨1】　以上の経過によって判断すると、被告人を前記駅付近から同駅待合室へ、同所から更に栄駐在所へ同行した一連の行為は、その経過・態様に照らし警察官職務執行法2条2項の任意同行に該当し何ら違法の点は認められないが、少なくとも同駐在所から飯山署に向かうべく被告人をいわゆる覆面パトカーに乗せてからの同行は、被告人が始めに「どこにでも行ってよい」旨述べたとはいえ、その場所・方法・態様・時刻・同行後の状況等からして、逮捕と同一視できる程度の強制力を加えられていたもので、実質的には逮捕行為にあたる違法なものといわざるをえない。しかし、当時警察官は緊急逮捕はできないと判断していたのではあるが、前記の諸事情、特に、買物袋窃取の犯人が乗って逃走した自動車をその2、3時間後に被告人が運転しており、しかも警察官の停止合図を無視して逃走したこと、約1週間前に遠隔地の刑務所を出所したばかりで、しかも運転免許をもたない被告人が数時間前に盗まれた自動車を運転していたことなどからすると、

【要旨2】　右実質的逮捕の時点において緊急逮捕の理由と必要性はあったと認

めるのが相当であり、他方、右実質的逮捕の約3時間後には逮捕令状による通常逮捕の手続がとられていること、右実質的逮捕の時から48時間以内に検察官への送致手続がとられており、勾留請求の時期についても違法の点は認められないことを合わせ考えると、右実質的逮捕の違法性の程度はその後になされた勾留を違法ならしめるほど重大なものではないと考える。また他に右勾留を違法無効とするような事情は記録上何ら認められない。したがって、逮捕の違法を理由として右勾留中に作成された被告人の供述調書（所論指摘の自白調書）を違法収集証拠であるとする所論は失当である。論旨は理由がない。

解説

1　警察官職務執行法2条1項の認める任意同行は、行政警察権の作用であり、直接犯罪捜査の作用ではないが、職務質問をしている間に犯罪の容疑が固まると、捜査手続に移行することとなる。

　その間、警察官が判断を誤ると実質的には捜査に移行し、任意同行の形をとりながらも客観的には、逮捕が行われる状態になることが屢々ある。その場合、後に正規の逮捕手続がとられても、それ以前に逮捕されていたのではないかと判断され、令状なき違法逮捕と評価されることになる。そればかりか、その後の勾留も違法ではないか、更にその間の取調べも違法であり、その間作成された供述調書も違法で証拠能力がないという問題がでてくる。

2　実質的な逮捕があったと思われる時点で客観的には緊急逮捕の理由や必要性もあったと判断される場合には、単に手続を誤ったと考えられる余地もあり、従来の最高裁の判例では、その際の所持品の検査（証拠物の捜索）についてであるが、その行為を違法としていないこと（緊急逮捕の条件が整っている場合で、極めて接着した時間にその場で緊急逮捕手続がとられたが、その逮捕以前に所持品のアタッシュケースをこじ開けた行為を違法ではないとした30最判昭53．6．20第三小法廷　刑集32・4・670）から、違法ではあっても、さして重い違法ではないと解され得る。

3　このような逮捕手続の違法があっても、検察官に対する事件の送致手続が48時間の制限内（刑訴法211条、203条1項）にとられていたり、検察官の手持時間24時間（刑訴法205条1項）と合わせた制限時間内に勾留請求がなさ

れているような場合には、勾留請求は違法ではなく、勾留の効力もあるとする考えも強い。

【参考判例】
　浦和地判平元.11.13　判時1333・159

38　一罪一勾留の原則

福岡高決昭42.3.24第3刑事部　高刑集20・2・114
暴力行為等処罰に関する法律違反被告事件に関する勾留取消決定に対する抗告事件

● 決定要旨 ●

要旨1
　常習一罪の一部（甲）につき保釈中の者が更に常習一罪の一部（乙）を犯した場合、右乙の罪につき勾留しても、一罪一勾留の原則に反しない。

要旨2
　右常習一罪の一部（乙）につき訴因変更（ないし追加）の請求がされた場合、これを公訴の提起に準ずるものと解し、右乙の罪につきなされた勾留状の効力は失われない。

決定理由　一件記録によれば、被告人は、昭和41年11月14日、福岡地方検察庁小倉支部検察官から福岡地方裁判所小倉支部に「被告人は常習として昭和41年11月4日午前0時15分頃、北九州市門司区大里門瀬町1丁目の被告人方前路上において自己が乗車して来たタクシーの運転手藤井誠重から乗車代金の不足金を請求されたことに憤慨し、いきなり同人の顔面を手拳で1回殴打し、更に車外に飛び出した同人の後頭部を所携のバンドで数回殴打する等の暴行を加え、よって同人に対し顔面、頭部挫傷等により加療約5日間を要する傷害を与えたものである」「罪名罰条、暴力行為等処罰に関する法律違反、同法第1条の3」との公訴事実により身柄勾留のまま起訴され、第1回の公判期日前である同年12月23日右裁判所小倉支部裁判官の保釈許可決定に

より釈放された。ところが、右保釈中の昭和42年1月31日再び傷害事件を起し、現行犯逮捕に引き続き同年2月3日、「被疑者は常習として武政清明と共謀の上、昭和42年1月31日午後9時頃北九州市門司区大里沖田町2丁目バー『連峰』入口において、同店に入ろうとした田川賢二を呼び止めて因縁をつけ、武政において田川の腕をつかみ、被疑者において田川の顔面を頭突きし、さらに同人を同区的場町十字路に連行し、武政、被疑者両名で田川の顔面、脚部等を殴る、蹴る等の暴行を加え、よって同人に対し加療約7日間を要する右眼瞼打撲傷等の傷害を与えたものである」旨の被疑事実により右裁判所小倉支部裁判官の発した勾留状によって再び勾留され、その後同月10日、福岡地方検察庁小倉支部検察官は右裁判所小倉支部に対し同日付訴因変更追加請求書をもって、右被疑事実と同一性の認められる「被告人はさらに常習として昭和42年1月31日午後9時10分頃、北九州市門司区大里沖田2丁目バー『連峰』前路上において、武政清明と共謀の上、田川賢二に対し些細なことに因縁をつけ、武政において同人の腕をつかみ、被告人において『まだぐずぐずいいよるか』と叫びながら同人の顔面めがけて頭突きをする等の暴行を加え、さらに同所から約10メートル離れた同区的場町十字路附近に同人を連行し、武政及び被告人の両名でこもごも同人の顔面、腹部を手拳で乱打し足蹴りを加える等の暴行を加え、よって同人に対し加療約1週間を要する右眼瞼打撲挫創兼右外傷性結膜炎の傷害を与えたものである」との事実を新たな訴因としてさきの起訴状記載の訴因に追加する旨の請求をなし、同裁判所小倉支部は同月2日被告人に対する第3回公判廷において検察官の右請求を許可した。その後、昭和42年3月1日弁護人から右再度の勾留継続を不当として取消請求がなされ、同裁判所小倉支部は同年3月2日右弁護人の請求を許容し、同年2月3日福岡地方裁判所小倉支部裁判官のなした勾留を取消す旨の決定をなした、という一連の経過が認められる。

ところで、原決定が前記再度の勾留を取消すに至った理由は「本件のような包括一罪にあっては、保釈中に犯した罪が最初の起訴にかかる常習傷害罪の一部と認定されるまでは捜査の必要上、保釈中に犯した罪について再逮捕、再勾留することが可能であるとしても、検察官において保釈中に犯した罪を最初の起訴にかかる常習傷害罪の一部であると認定し、訴因の追加を請求した以上は、包括一罪も一罪であることには変りないのであるから一罪一勾留の原則を否定することはできず、本件のように一罪とされた事実についてすでに保釈が許さ

れている以上その一部についてさらに被告人の身柄の拘束を継続することはできないものといわざるを得ない。右の場合に保釈中に犯された罪は別個の全くあらたな行為であると考え、訴因追加の申立を追起訴に準じて考える余地もないではないが、訴因の追加は必ずしも書面によることを要しないのであって、このような不確定な訴訟行為を厳格な要式行為とされる公訴の提起と同視し、これに被告人の身柄の拘束をかからしめることは、刑事訴訟法第60条第2項、第208条第1項の明文の規定に反し許されないものといわざるを得ず、結局検察官において訴因の追加を請求したとき再度の勾留状は失効し、検察官は直ちに被告人を保釈しなければならない」というにある。

【要旨1】 そこで、まず原裁判所の標榜する一罪一勾留の原則から検討するに、勾留の対象は逮捕とともに現実に犯された個々の犯罪事実を対象とするものと解するのが相当である。したがって、被告人或いは被疑者が或る犯罪事実についてすでに勾留されていたとしても、さらに他の犯罪事実について同一被告人或いは被疑者を勾留することが可能であって、その場合に右各事実がそれぞれ事件の同一性を欠き刑法第45条前段の併合罪の関係にあることを要しない。それらの各事実が包括的に一罪を構成するに止まる場合であっても、個々の事実自体の間に同一性が認められないときには、刑事訴訟法第60条所定の理由があるかぎり各事実毎に勾留することも許されると解するのが相当である。けだし、勾留は主として被告人或いは被疑者の逃亡、罪証隠滅を防止するために行われるものであって、その理由の存否は現実に犯された個々の犯罪事実毎に検討することが必要であるからである（刑事訴訟法第60条第1項参照）。もっとも、同一被告人或いは被疑者に対し数個の犯罪事実ことに当初から判明している数個の犯罪事実についてことさらに順次勾留をくり返すことは不当に被告人或いは被疑者の権利を侵害するおそれがあり、その運用についてはとくに慎重を期さなければならないことはいうまでもない。しかし本件においては、すでに説示した経過に徴し、再度勾留にかかる傷害事犯は最初の勾留時は勿論起訴当時においても予測できなかった新たな犯罪行為であるから、たとえそれが最初の勾留又は起訴にかかる傷害事犯とも包括して暴力行為等処罰に関する法律第1条の3の常習傷害罪の一罪を構成するに止まるとしても、これについて再び勾留する理由ないし必要性があるかぎり、本件再度の勾留は必ずしも不当とはいえない。右と異る原裁判所の見解には賛同し難い。なお、原裁判所は、本件抗

告に対する意見のなかで、包括一罪について既判力の関係で一罪性を認め、勾留に関する関係では個々の犯罪事実が対象となるものとして一罪性を否定することは恣意的に一罪を分断し包括一罪を認めた趣旨を没却するものであるという。しかしながら、公訴の提起の効力及び既判力が一罪の全てに及ぶ（刑事訴訟法第256条、第312条、第337条第1号）とされるのは同一の犯罪について重ねて刑事上の責任を問われないいわゆる一事不再理の原則（憲法第39条）に基く法的安定性の強い要請によるものであるのに対し、他方勾留は主として被告人或いは被疑者の逃亡、罪証隠滅を防止するというきわめて現実的な要請によるものであり、それとこれとはそれぞれ制度本来の趣旨を異にするものであって、必ずしも直接関連するものではなく、いわゆる常習一罪ないし包括一罪の関係で、既判力の及ぶ範囲と勾留の効力の及ぶ範囲とが時にその限界を異にするばあいがあっても、けだしやむをえないところである。原裁判所の右意見には必ずしも賛同し難い。

【要旨2】つぎに勾留期間と公訴提起の関係について検討する。

刑事訴訟法第60条第2項は、起訴前に被疑者を逮捕勾留した場合における勾留期間及びその起算点について「勾留期間は公訴の提起があった日から2箇月とする」旨規定し、同法第208条第1項は被疑者に対する勾留期間について「勾留の請求をした日から10日以内に公訴を提起しないときは検察官は直ちに被疑者を釈放しなければならない」旨規定する。その法意は勾留事件についてはなるべく速やかに裁判所の審判を請求し、審理の促進をはかり、迅速な裁判を受ける被告人の権利を実質的に保障しようとするにある。そして、或る犯罪事実について公訴の提起がなされるとその効力は一罪の全部に及ぶと解せられ、例えば一罪の一部を構成する一の犯罪事実（甲）について公訴の提起がなされると、公訴事実の同一性が認められるかぎりその一罪の一部を構成する他の犯罪事実（乙）についてもその効力が及び、乙事実についてさらに公訴を提起することは許されないと解せられる（刑事訴訟法第338条第3号参照。但し甲事実に対する公訴提起後に乙事実が行われた場合には甲事実に対する公訴提起の効力は乙事実に及ばないとする見解もあるがいま直ちに賛同し難い）。したがって、甲事実が裁判所に係属中さらに乙事実について審判を求めるためには検察官は同法第312条に基き訴因の変更（甲、乙両事実が包括的に一罪を構成する場合）、追加（甲、乙両事実が科刑上の一罪である場合）の請求をしなければ

ならない。

　そうすると、右の場合、甲事実について勾留のまま公訴提起がなされ、その後乙事実について逮捕、勾留がなされた（これが許されることはすでに前段説示のとおり）ときには、乙事実については甲事実の係属中もはや公訴の提起は許されないから、勾留期間及びその起算点を公訴提起にかからしめている同法第60条第2項、第208条第1項の規定はそのまま乙事実に対する勾留に適用するわけにはいかない。さればといって、乙事実についても速やかに審判の請求を受け、迅速な裁判を受ける被告人の権利（憲法第37条第1項参照）を無視することはできない。このような場合における乙事実に対する勾留の期間及びその起算点については刑事訴訟法はなんら規定するところがない。

　しかしながら、ひるがえって考えてみるに、公訴提起は起訴状に訴因を明示して裁判所に対して審判を請求する訴訟行為であり、訴因の変更、追加は公訴事実の同一性を害しない限度において起訴状に記載された従前の訴因に代えて新たな訴因を掲げ、或いは従前の訴因に新たな訴因を附加し、これに対して裁判所の審判を請求する訴訟行為であり、両者の性質はきわめて類似し、けっして異質のものではない。なるほど原決定が指摘するとおり公訴の提起は要式行為とされ、訴因の変更、追加の請求は要式行為とされていない。公訴の提起が要式行為とされるのは被告人保護のためである。訴因の変更、追加の請求が要式行為とされなかったのは、それが公訴の提起を前提とし、公訴事実として起訴状に明記された訴因に代え或いはこれに附加して新たな訴因の審判を求めるものであるから、その限度においてはあえて要式行為としなくとも被告人の保護に欠けるところがないであろうとの考えに出でたものと解される。したがって、要式行為であるか否かによって両者を相容れないものとすることには賛成し難い。

　以上、かれこれ考え合わせると前記設例の場合における乙事実に対する勾留の期間及びその起算点について刑事訴訟法が何ら規定を設けなかったのは、立法者がかかる事態の生ずることを想起しなかったためとも考えられ、いわば法の不備ともいえるが、それはそれとしてむしろ一歩進んで訴因の変更、追加の請求を公訴の提起に準ずるものと解し、同法第60条第2項、第208条第1項の「公訴提起」とは訴因の変更、追加の請求をも含むものと解するのが相当である。そして右は同法条の精神に合致こそすれ、けっして相反するものではない。

そこで、本件再勾留並びに勾留継続の当否について判断するに、叙上説示の理由により、昭和42年2月3日福岡地方裁判所小倉支部裁判官の発した勾留状による本件再度の勾留は刑事訴訟法第60条第1項所定の理由が存するかぎり適法なものと認められ、検察官が同勾留にかかる前記保釈中の常習傷害の事実と本件起訴状記載の常習傷害の事実との間に公訴事実の同一性が認められるとして同年2月10日同日付訴因変更追加請求書をもって右保釈中の常習傷害の事実について新たに審判の請求をした（検察官は訴因の追加請求をしているが、訴因の変更請求をなすべきものと考える）本件経過に徴すると、その勾留期間は右審判請求のあった日である同年2月10日から2箇月であると解するのが相当である。したがって、本件再度の勾留期間はいまだ満了せず、現在なお勾留を継続することが可能であるといわなければならない。叙上と相反する見解に出で、検察官において訴因追加（変更）の請求をしたとき本件再度の勾留状が失効し、検察官はそのとき直ちに被告人を釈放しなければならないとしてその勾留を取消した原決定は失当であるといわなければならない。原決定の取消しを求める本件抗告は理由がある。

解　説

1　1つの犯罪に対して二重、三重の逮捕勾留を許せば、同一行為によって何回も処罰されることと変わりなくなり、憲法39条の禁ずる二重処罰禁止にも違反しかねないため、1つの犯罪に対しては1つの勾留しか許さない一罪一勾留の原則がとられている。

2　一方、暴力行為等処罰ニ関スル法律1条ノ3に規定する常習傷害罪のようないわゆる常習犯は、犯罪行為としては、別々に犯されたものであっても、いずれも常習性の現われとみて、常習一罪として、刑法的には一罪の扱いとなっている。

3　常習傷害罪として先に傷害罪を犯して起訴された者が、保釈になって後、別の傷害罪を犯した場合、先に起訴された常習傷害罪に訴因の追加（刑訴法312条1項）という形で別の傷害罪を裁判所に審判請求することになる。そのような場合、別の傷害罪を犯したことを理由として逮捕勾留すると、すでに一罪である前の傷害罪で勾留されているから、一罪一勾留の原則に反するのではないかという問題があり、仮にこれを認めるとしても、訴因を追加し

た時点で、客観的にも常習傷害罪一罪しか存在しないことが明白になったのだから、後の傷害についての勾留状は効力を失うと解する余地がある。
4 本判決は、常習一罪の公訴提起の効力や既判力の及ぶ範囲と勾留という捜査段階の手続の持つ意義の違いを重視して両者を別異に解している。

39 現行犯逮捕と実力の行使

(最判昭50.4.3第一小法廷 刑集29・4・132)
(傷害被告事件)

● 判決要旨 ●

要旨1
あわびの密漁犯人を現行犯逮捕するため約30分間密漁船を追跡した者の依頼により約3時間にわたり同船の追跡を継続した行為（判文参照）は、適法な現行犯逮捕の行為と認めることができる。

要旨2
現行犯逮捕をしようとする場合において、現行犯人から抵抗を受けたときは、逮捕をしようとする者は、警察官であると私人であるとを問わず、その際の状況からみて社会通念上逮捕のために必要かつ相当であると認められる限度内の実力を行使することが許され、たとえその実力の行使が刑罰法令に触れることがあるとしても、刑法35条により罰せられない。

要旨3
あわびの密漁犯人を現行犯逮捕するため密漁船を追跡中、同船が停船の呼びかけに応じないばかりでなく、3回にわたり追跡する船に突込んで衝突させたり、ロープを流してスクリューにからませようとしたため、抵抗を排除する目的で、密漁船の操舵者の手足を竹竿で叩き突くなどし、全治約1週間を要する右足背部刺創の傷害を負わせた行為（判文参照）は、社会通念上逮捕をするために必要かつ相当な限度内にとどまるものであり、刑法35条により罰せられない。

判決理由 所論に鑑み職権で判断するに、被告人の行為は、現行犯人の逮捕のためにした許される限度内のものというべきであり、罪とならないものであるから、原判決及び第一審判決は、いずれも破棄を免れない。すなわち、

(一) 原判決が是認する第一審判決の認定によると、被告人は、漁船第一清福丸の船員であるが、昭和45年8月10日午前零時40分頃、宮古市宮古湾口付近の海上において、あわびの密漁船と認めて追跡し捕捉しようとしていた漁船大平丸と接触した際、第一清福丸の船上から、大平丸を操舵中の金澤勝生の手足を竹竿で叩き突くなどし、同人に対し全治約1週間を要する右足背部刺創の傷害を負わせた、というのである。

(二) ところで、原判決の認定によると、右の事件が発生するまでの経過は次のとおりである。すなわち、前日の9日午後8時30分頃、山田湾漁業協同組合の漁業監視船しおかぜ丸は、岩手県下閉伊郡山田町白崎北側約1海里の海上において、白崎の南側にあるモイサシ崎の北側約200メートルに大平丸を発見し、約50メートルまで近付いてハンドライトで同船を照らしたところ、船中に潜水服を着た者がいたので、あわびの密漁にきた船であると判断した。そして、同船が、ハンドライトに照らされると、灯火を消し、錨をロープとともに切り捨てて逃走を始めたので、これを追跡したが、船足が遅く追跡が困難であったため、午後9時頃、付近にいた第一清福丸に事情を告げて追跡を依頼した。第一清福丸は、約3時間大平丸を追跡し、同船と併航するようになったので、停船するよう呼びかけたが、同船は、これに応じないばかりでなく、3回にわたり第一清福丸の船腹に突込んで衝突させたり、ロープを流し同船のスクリューにからませて追跡を妨害しようとしたので、第一清福丸の乗組員は、大平丸に対し瓶やボルトを投げつけるなどして逃走を防止しようとし、被告人も、3回目に衝突した後さらに逃走しようとする大平丸に対し、逃走を防止するため、鮫突用の銛を投げつけたりしたうえ、前記の行為に及んだ。その後、大平丸は、第一清福丸に追突されて停船したが、呼びかけに応じて第一清福丸の船長が大平丸に乗り移ろうとした際、またも突然全速力で逃走しようとした。しかし、折から海上保安庁の巡視船富士が付近に到着していたため、逃走を断念した。

(三) 原判決及びその是認する第一審判決の各認定によると、金澤勝生を含む大

平丸の乗組員は、逃走を始めるまであわびの採捕をしていたものであるが、その場所におけるあわびの採捕は、漁業法65条1項に基づく岩手県漁業調整規則35条により、3月から10月までの間は禁止されており、金澤勝生らの行為は同条に違反し、同法65条2項、3項に基づく同規則62条1号の犯罪を構成し、6か月以下の懲役、1万円以下の罰金又はその併科刑が科されるものであることは明らかである。

【要旨1】　そして、前記の経過によると、漁業監視船しおかぜ丸は、大平丸の乗組員を現に右の罪を犯した現行犯人と認めて現行犯逮捕をするため追跡し、第一清福丸も、しおかぜ丸の依頼に応じ、これらの者を現行犯逮捕するため追跡を継続したものであるから、いずれも刑訴法213条に基づく適法な現行犯逮捕の行為であると認めることができる。

【要旨2】　（四）　右のように現行犯逮捕をしようとする場合において、現行犯人から抵抗を受けたときは、逮捕をしようとする者は、警察官であると私人であるとをとわず、その際の状況からみて社会通念上逮捕のために必要かつ相当であると認められる限度内の実力を行使することが許され、たとえその実力の行使が刑罰法令に触れることがあるとしても、刑法35条により罰せられないものと解すべきである。

【要旨3】　これを本件についてみるに、前記の経過によると、被告人は、金澤勝生らを現行犯逮捕しようとし、同人らから抵抗を受けたため、これを排除しようとして前記の行為に及んだことが明らかであり、かつ、右の行為は、社会通念上逮捕をするために必要かつ相当な限度内にとどまるものと認められるから、被告人の行為は、刑法35条により罰せられないものというべきである。それゆえ、原判決及び第一審判決は、いずれも法令に違反し、これを破棄しなければ著しく正義に反するものというほかはない。

解　説

1　逮捕されようとする犯罪の容疑者が、逃走しようとしたり、逮捕しようとする者に抵抗することは屡々ある。とりわけ、現行犯人の場合にはその傾向が著しいし、まして、逮捕しようとする者が私人の場合（刑訴法214条）には、一層その傾向が顕著である。

　そのような場合、逮捕しようとする者がどの程度実力を行使できるのか、

その実力行使によって容疑者に暴行傷害を加えた場合に、刑法35条の正当行為として違法性が阻却されるのかという問題と抵抗した者の行為によって逮捕者が暴行傷害を受けた場合に抵抗者の行為を処罰できるのかという問題（正当防衛と評価できるのか）があり、本判決は、前記の第1の問題に答え、間接的に第2の問題を否定したものである。
2　現行犯人が逃走している場合、初めに追いかけた人間と途中からこれに人が応援して加わることは屡々ある。その場合、初めの人が途中から追跡を断念した場合にも、刑訴法212条2項1号の犯人の追跡にあたるかの問題があるが、本判決は、この点も積極に解している。
3　逮捕の際に抵抗する容疑者に対してどの程度の実力を行使し得るかの問題は、結局、抵抗の程度や犯罪の重大性、緊急性、逮捕の必要性等の具体的状況との相関関係で決まると言ってよい。本判決は、この点につき「社会通念上逮捕のために必要かつ相当であると認められる限度内の実力」は許されるとしたが、警察官の場合と私人の場合とでは、実力行使の程度に現実には差があることを否定するものではないであろう。

40　現行犯逮捕と捜索・差押え

（最決平8.1.29第三小法廷　刑集50・1・1、判タ901・145）
兇器準備集合、傷害被告事件

● 決定要旨 ●

要旨1

いわゆる内ゲバ事件が発生したとの無線情報を受けて逃走犯人を警戒、検索中の警察官らが、犯行終了の約1時間ないし1時間40分後に、犯行場所からいずれも約4キロメートル離れた各地点で、それぞれ被疑者らを発見し、その挙動や着衣の汚れ等を見て職務質問のため停止するよう求めたところ、いずれの被疑者も逃げ出した上、腕に籠手（こて）を装着していたり、顔面に新しい傷跡が認められたなど判示の事実関係の下においては、被疑者らに対して行われた本件各逮捕は、刑訴法212条2項2号ないし4号に当たる者が罪を行い終わってから間がないと明ら

に認められるときにされたものであって、適法である。

[要旨2]
　逮捕した被疑者の身体又は所持品の捜索、差押えについては、逮捕現場付近の状況に照らし、被疑者の名誉等を害し、被疑者らの抵抗による混乱を生じ、又は現場付近の交通を妨げるおそれがあるなどの事情のため、その場で直ちに捜索、差押えを実施することが適当でないときは、速やかに被疑者を捜索、差押えの実施に適する最寄りの場所まで連行した上でこれらの処分を実施することも、刑訴法220条1項2号にいう「逮捕の現場」における捜索、差押えと同視することができる。

[要旨3]
　被疑者らを逮捕した後、各逮捕の場所から約500メートルないし3キロメートル離れた警察署に連行した上でその装着品、所持品について行われた本件各差押えは、逮捕の場所が、被疑者の抵抗を抑えて差押えを実施するのに適当でない店舗裏搬入口付近や車両が通る危険性等もある道幅の狭い道路上であり、各逮捕場所付近で差押えを実施しようとすると被疑者らの抵抗による混乱を生ずるおそれがあったなどの事情のため、逮捕の後できる限り速やかに被疑者らを差押えに適する最寄りの場所である右警察署に連行した上で実施されたものであるなど判示の事実関係の下においては、刑訴法220条1項2号による差押えとして適法である。

決定理由　【要旨1】　原判決の認定によれば、被告人Aについては、本件兇器準備集合、傷害の犯行現場から直線距離で約4キロメートル離れた派出所で勤務していた警察官が、いわゆる内ゲバ事件が発生し犯人が逃走中であるなど、本件に関する無線情報を受けて逃走犯人を警戒中、本件犯行終了後約1時間を経過したころ、被告人Aが通り掛かるのを見付け、その挙動や、小雨の中でも傘もささずに着衣をぬらし靴も泥で汚れている様子を見て、職務質問のため停止するよう求めたところ、同被告人が逃げ出したので、約300メートル追跡して追い付き、その際、同被告人が腕に籠手を装着しているのを認めたなどの事情があったため、同被告人を本件犯行の準現行犯人として逮捕したというのである。また、被告人B、同Cについては、本件の発生等

に関する無線情報を受けて逃走犯人を検索中の警察官らが、本件犯行終了後約1時間40分を経過したころ、犯行現場から直線距離で約4キロメートル離れた路上で着衣等が泥で汚れた右両被告人を発見し、職務質問のため停止するよう求めたところ、同被告人らが小走りに逃げ出したので、数十メートル追跡して追い付き、その際、同被告人らの髪がべっとりぬれて靴は泥まみれであり、被告人Cは顔面に新しい傷跡があって、血の混じったつばを吐いているなどの事情があったため、同被告人らを本件犯行の準現行犯人として逮捕したというのである。

以上のような本件の事実関係の下では、被告人3名に対する本件各逮捕は、いずれも刑訴法212条2項2号ないし4号に当たる者が罪を行い終わってから間がないと明らかに認められるときにされたものということができるから、本件各逮捕を適法と認めた原判断は、是認することができる。

二 被告人Aの籠手及び被告人B、同Cの各所持品の差押えの適法性について

【要旨2】 1 刑訴法220条1項2号によれば、捜査官は被疑者を逮捕する場合において必要があるときは逮捕の現場で捜索、差押え等の処分をすることができるところ、右の処分が逮捕した被疑者の身体又は所持品に対する捜索、差押えである場合においては、逮捕現場付近の状況に照らし、被疑者の名誉等を害し、被疑者らの抵抗による混乱を生じ、又は現場付近の交通を妨げるおそれがあるといった事情のため、その場で直ちに捜索、差押えを実施することが適当でないときには、速やかに被疑者を捜索、差押えの実施に適する最寄りの場所まで連行した上、これらの処分を実施することも、同号にいう「逮捕の現場」における捜索、差押えと同視することができ、適法な処分と解するのが相当である。

2 これを本件の場合についてみると、原判決の認定によれば、被告人Aが腕に装着していた籠手及び被告人B、同Cがそれぞれ持っていた所持品（バッグ等）は、いずれも逮捕の時に警察官らがその存在を現認したものの、逮捕後直ちには差し押さえられず、被告人Aの逮捕場所からは約500メートル、被告人B、同Cの逮捕場所からは約3キロメートルの直線距離がある警視庁町田警察署に各被告人を連行した後に差し押さえられているが、被告人Aが本件により準現行犯逮捕された場所は店舗裏搬入口付近であって、逮捕直後の興奮さめやらぬ同被告人の抵抗を抑えて籠手を取り上

げるのに適当な場所でなく、逃走を防止するためにも至急同被告人を警察車両に乗せる必要があった上、警察官らは、逮捕後直ちに右車両で同所を出発した後も、車内において実力で籠手を差し押さえようとすると、同被告人が抵抗して更に混乱を生ずるおそれがあったため、そのまま同被告人を右警察署に連行し、約5分を掛けて同署に到着した後間もなくその差押えを実施したというのである。また、被告人B、同Cが本件により準現行犯逮捕された場所も、道幅の狭い道路上であり、車両が通る危険性等もあった上、警察官らは、右逮捕場所近くの駐在所でいったん同被告人らの前記所持品の差押えに着手し、これを取り上げようとしたが、同被告人らの抵抗を受け、更に実力で差押えを実施しようとすると不測の事態を来すなど、混乱を招くおそれがあるとして、やむなく中止し、その後手配によって来た警察車両に同被告人らを乗せて右警察署に連行し、その後間もなく、逮捕の時点からは約1時間後に、その差押えを実施したというのである。

【要旨3】 以上のような本件の事実関係の下では、被告人3名に対する各差押えの手続は、いずれも、逮捕の場で直ちにその実施をすることが適当でなかったため、できる限り速やかに各被告人をその差押えを実施するのに適当な最寄りの場所まで連行した上で行われたものということができ、刑訴法220条1項2号にいう「逮捕の現場」における差押えと同視することができるから、右各差押えの手続を適法と認めた原判断は、是認することができる。

解　説

1　本決定は、準現行犯逮捕に関する事例判例であるが、その事実を前提として、準現行犯逮捕に伴う刑訴法220条1項2号による捜索・差押えについて、逮捕現場から離れた場所での実施を適法としたもので、実務に与える影響は極めて大きい。

2　準現行犯人か否かについては、犯行との時間的接着性、場所的近接性、犯罪とその犯人としての明白性が基準となる。本件は、犯行後約1時間ないし1時間40分ということであり、従来の判例、学説からも支持されよう。

　場所的近接性については、直線で約4キロメートルとかなり距離があるが、本決定は、犯罪と犯人の明白性、つまり、犯人らの挙動、着衣の乱れ、職務質問後の逃走状況、逮捕警察官が逮捕当時有していた情報等からこれを認め

たものであり、この明白性が場所的近接性を補ったものといえる。条文自体が「罪を行い終わってから間がないと明らかに認められるとき」としているので、逮捕当時の犯人の状況がこの明白性を備えている以上、場所的近接性は補完されるとしても当然であろう。犯人が自動車など高速移動手段を使った場合を考えれば、この結論は支持し得る。

3　逮捕現場での捜索・差押えについては、刑訴法220条1項2号の条文が、「逮捕の現場で」としている関係から、厳格に解釈すれば、まさに現場そのものを意味することになる。しかし、現実の問題として、逮捕現場で所持品等を捜索し、差し押さえることは、犯人の名誉、その間の仲間による身柄の奪還や本人らによる証拠物の処分、やじ馬の人だかり、交通の障害等種々の困難が予想される上、捜索対象が本人の身体、所持品等に限定されているため、場所の移動が犯人に不利益に働くことはない。警職法2条の任意同行の考え方に準じて、最寄りの場所まで逮捕後連行することは許されてしかるべきであり、本決定が、具体的事情を前提として適法と認めたのは相当といえる。

【参考判例】
　　最判昭30.12.16第二小法廷　刑集9・14・2791　最決昭42.9.13第三小法廷　刑集21・7・904

41　通常人の現行犯逮捕

(名古屋高判昭26.3.3　高刑集4・2・148)
(住居侵入被告事件)

●判決要旨●

　何人でも現行犯を逮捕し得るが、司法警察職員、検察官、検察事務官等でない通常人は、逮捕することを義務づけられていないし、又通常人は逮捕するため他人の住居を侵入することは許されない。

判決理由　　現行犯人は、何人でも、逮捕状なくして、これを逮捕することができるものであることは、刑事訴訟法第213条に規定す

るところであるが、司法警察職員、検察官及び検察事務官でない通常人は、現行犯人を認めても逮捕することを義務づけられてはいないから、一旦逮捕にとりかかっても中途からこれをやめることもできるわけである。然し右の通常人は現行犯逮捕のため、他人の住居に侵入することは認められていない。このことは、刑事訴訟法第220条によっても、明らかである。即ち、検察官、検察事務官又は司法警察職員は、現行犯人を逮捕する場合には人の住居又は人の看守する邸宅、建造物若しくは船舶内に入り被疑者の捜索をすることができる旨を規定しているところから見れば、通常人に対しては右の行為をすることは禁止せられているものと解すべきものである。われわれの住居は侵すことができないもので、これを侵しても違法でないとするためには、憲法並に刑事訴訟法に規定してある場合でなければならない。通常人が現行犯人を逮捕し得ることは、憲法並に刑事訴訟法でもこれを認めているが、この逮捕のため、他人の住居に侵入し得る旨を規定した法律は存しない。従って通常人は、屋外若しくは自宅で現行犯を逮捕するか又は住居権者等の承諾ある場合に限り、住居内で現行犯人を逮捕し得るのである。若し論旨の如く、通常人でも現行犯人逮捕のためならば、自由に他人の住居に侵入し得るとするならば、われわれの住居は一日も平穏であることはできない。従って真に現行犯人逮捕の目的であっても、承諾なくして、他人の住居に侵入するときは、住居侵入罪が成立するものと解すべきものである。而して住居とは、一戸の建物のみを指すのではなく、旅館料理屋の一室と雖これを借り受けて使用したり、又は宿泊したり飲食している間は、そのお客の居住する住居と認むべきもので、本件においては、原判示万松館の奥座敷に岐阜県知事武藤嘉門その他が居て宴席を設けていたのであるから、刑法上、同人等の住居と云うことができる。被告人等が現行犯人逮捕と主張して、右奥座敷に武藤知事の招きによらず、無断で入り込んだのであるから、住居侵入罪が成立する。

解　説

1　通常人が、現行犯人の逮捕を義務づけられていないし、逮捕に伴って他人の住居に侵入し得ないことは、本判決の判示するとおりである。逮捕の際、逃げる犯人が他人の家や自分の家に逃げ込んだからといって、通常人が、居宅内に入り込めば、本判決のいうように住居侵入罪が成立するであろう。逮

捕に際し、もつれあって侵入したとしても、情状はともかく、無断の侵入になったことは間違いない。
2 現行犯人が通常人の逮捕に抵抗した場合について、社会通念上逮捕のため必要かつ相当と認められる実力行使をし得ることについては、39判例参照。

42 強制採尿

(最決昭55.10.23第一小法廷 刑集34・5・300)
(覚せい剤取締法違反被告事件)

● 決定要旨 ●

要旨1
　被疑者の体内から導尿管（カテーテル）を用いて強制的に尿を採取することは、捜査手続上の強制処分として絶対に許されないものではなく、被疑事件の重大性、嫌疑の存在、当該証拠の重要性とその取得の必要性、適当な代替手段の不存在等の事情に照らし、捜査上真にやむをえないと認められる場合には、最終的手段として、適切な法律上の手続を経たうえ、被疑者の身体の安全と人格の保護のための十分な配慮のもとに行うことが許される。

要旨2
　捜査機関が強制採尿をするには捜索差押令状によるべきであり、右令状には、医師をして医学的に相当と認められる方法で行わせなければならない旨の条件の記載が不可欠である。

要旨3
　強制採尿の過程に、適切な条件を付した捜索差押令状でなく、身体検査令状及び鑑定処分許可状によってこれを行った不備があっても、それ以外の点では法の要求する要件がすべて充足されているときには（判文参照）、右の不備は、採尿検査の適法性をそこなうものではない。

第1章 捜　　査

決定理由　所論にかんがみ、職権をもって調査するに、本件の採尿検査を違法であるとした原判断は、次の理由により法令に違反したというべきである。

一　原判決の認定した本件採尿検査の経過は、次のとおりである。(1)　昭和52年6月28日午前10時ころ、愛知県江南警察署警察官宮本忠男らは、被告人を覚せい剤の譲渡しの被疑事実で逮捕した。(2)　右宮本は、被告人の両腕に存する静脈注射痕様のもの、その言語・態度などに照らし、覚せい剤の自己使用の余罪の嫌疑を抱き、尿の任意提出を再三にわたり求めたが、被告人は拒絶し続けた。(3)　翌29日午後4時ころ、同署は、強制採尿もやむなしとして身体検査令状及び鑑定処分許可状の発付を得た。(4)　同日夕刻鑑定受託者である医師尾関一郎は、強制採尿に着手するに先立ち、被告人に自然排尿の機会を与えたのち、同日午後7時ころ、同署医務室のベッド上において、数人の警察官に身体を押えつけられている被告人から、ゴム製導尿管（カテーテル）を尿道に挿入して約100ccの尿を採取した。(5)　被告人は、採尿の開始直前まで採尿を拒否して激しく抵抗したが、開始後はあきらめてさして抵抗しなかった。(6)　同署は、同医師から、採取した尿の任意提出を受けてこれを領置し、右尿中の覚せい剤含有の有無等につき愛知県警察本部犯罪科学研究所に対し鑑定の嘱託手続をとった。

【要旨1】　二　尿を任意に提出しない被疑者に対し、強制力を用いてその身体から尿を採取することは、身体に対する侵入行為であるとともに屈辱感等の精神的打撃を与える行為であるが、右採尿につき通常用いられるカテーテルを尿道に挿入して尿を採取する方法は、被採取者に対しある程度の肉体的不快感ないし抵抗感を与えるとはいえ、医師等これに習熟した技能者によって適切に行われる限り、身体上ないし健康上格別の障害をもたらす危険性は比較的乏しく、仮に障害を起こすことがあっても軽微なものにすぎないと考えられるし、また、右強制採尿が被疑者に与える屈辱感等の精神的打撃は、検証の方法としての身体検査においても同程度の場合がありうるのであるから、被疑者に対する右のような方法による強制採尿が捜査手続上の強制処分として絶対に許されないとすべき理由はなく、被疑事件の重大性、嫌疑の存在、当該証拠の重要性とその取得の必要性、適当な代替手段の不存在等の事情に照らし、犯罪の捜査上真にやむをえないと認められる場合には、最終的手段

として、適切な法律上の手続を経てこれを行うことも許されてしかるべきであり、ただ、その実施にあたっては、被疑者の身体の安全とその人格の保護のため十分な配慮が施されるべきものと解するのが相当である。

【要旨2】　そこで、右の適切な法律上の手続について考えるのに、体内に存在する尿を犯罪の証拠物として強制的に採取する行為は捜索・差押の性質を有するものとみるべきであるから、捜査機関がこれを実施するには捜索差押令状を必要とすると解すべきである。ただし、右行為は人権の侵害にわたるおそれがある点では、一般の捜索・差押と異なり、検証の方法として身体検査と共通の性質を有しているので、身体検査令状に関する刑訴法218条5項が右捜索差押令状に準用されるべきであって、令状の記載要件として、強制採尿は医師をして医学的に相当と認められる方法により行わせなければならない旨の条件の記載が不可欠であると解さなければならない。

【要旨3】　三　これを本件についてみるのに、覚せい剤取締法41条の2第1項3号〔筆者注：現41条の3第1項1号〕、19条に該当する覚せい剤自己使用の罪は10年以下の懲役刑に処せられる相当重大な犯罪であること、被告人には覚せい剤の自己使用の嫌疑が認められたこと、被告人は犯行を徹底的に否認していたため証拠として被告人の尿を取得する必要性があったこと、被告人は逮捕後尿の任意提出を頑強に拒み続けていたこと、捜査機関は、従来の捜査実務の例に従い、強制採尿のため、裁判官から身体検査令状及び鑑定処分許可状の発付を受けたこと、被告人は逮捕後33時間経過してもなお尿の任意提出を拒み、他に強制採尿に代わる適当な手段は存在しなかったこと、捜査機関はやむなく右身体検査令状及び鑑定処分許可状に基づき、医師に採尿を嘱託し、同医師により適切な医学上の配慮の下に合理的かつ安全な方法によって採尿が実施されたこと、右医師による採尿に対し被告人が激しく抵抗したので数人の警察官が被告人の身体を押えつけたが、右有形力の行使は採尿を安全に実施するにつき必要最小限度のものであったことが認められ、本件強制採尿の過程は、令状の種類及び形式の点については問題があるけれども、それ以外の点では、法の要求する前記の要件をすべて充足していることが明らかである。

　令状の種類及び形式の点では、本来は前記の適切な条件を付した捜索差押令状が用いられるべきであるが、本件のように従来の実務の大勢に従い、身

体検査令状と鑑定処分許可状の両者を取得している場合には、医師により適当な方法で採尿が実施されている以上、法の実質的な要請は十分充たされており、この点の不一致は技術的な形式的不備であって、本件採尿検査の適法性をそこなうものではない。

原判決が本件採尿検査を違法視しているのは前記説示のとおり法令に違反するものであるが、原判決は採取した尿を資料とした鑑定書の証拠能力は肯定しているので、右違法は判決に影響を及ぼすものとはいえない。

解　説

1　覚せい剤や麻薬を使用すると尿の中にその特有の反応が現われて、逆に遡って、これらを使用したことが証明できるため、昭和40年代ころから、被疑者の尿を採取する実務が定着し、任意に提出しない相手に対して、令状によって強制的に採尿する手段がとられるようになった。

　実務の大勢は、強制採尿も令状による限り許されるとし、身体検査令状（刑訴法218条1項）と鑑定処分許可状（刑訴法225条1項）を併用する方式をとっていたが、身体検査令状のみでも足りうるとする説、鑑定処分許可状のみでも足りるとする説もあった。

　一方、採尿方法が性器へのカテーテルの導入という点から、人格の尊厳を傷つけるものとして、強制採尿に反対する立場も有力であった。

2　本決定は、強制採尿が人格の尊厳を傷つけるという反対論にも十分配慮したうえで、捜査上真にやむをえないと思われる場合には、最終的手段として適切な法律上の手続を経たうえ被疑者の身体の安全と人格の保護のための十分な配慮のもとに行うことが許されるとし、その法律上の手続として、捜索差押令状によるべきで、令状上医師をして医学的に相当と認められる方法で行わせなければならない旨の条件の記載があることを必要不可欠とした。

3　このような条件記載のある捜索差押令状による強制採尿は、それ以前の実務にはなかった関係から、併用説によって採尿された尿の証拠能力やその尿の鑑定書の証拠能力が問題となるが、本決定は、令状は違っても、内容的には条件を充足しているとして適法とした。

4　このように強制採尿を許す捜索差押令状は、令状自体の中で、医学的に相当と認められる場所での実施を要求している関係から、在宅の被疑者に対し

てこのような令状が発付され、被疑者が任意に出頭に応じない場合には、被疑者を採尿場所まで強制的に連行できることになる。その連行を刑訴法222条1項の準用する111条の必要な処分とみるか（東京高判平2．8．29 判時1374・136）、令状自体の効力として可能とみるか（東京高判平3．3．12 判時1385・129）、高裁レベルで考え方が分かれていたが、48最決平6．9．16第三小法廷 刑集48・6・420は、強制採尿令状自体の効力として可能と判断している。

5 なお、覚せい剤使用の日時、場所が包括的であっても、訴因の特定があるとする点につき57の判例参照のこと。

【参考判例】
　　最決平3．7．16第二小法廷 刑集45・6・201、判時1396・157

43 緊急逮捕の合憲性

（最判昭30．12．14大法廷 刑集9・13・2760）
（森林法違反公務執行妨害傷害被告事件）

● 判決要旨 ●
刑訴第210条の緊急逮捕の規定は憲法第33条に違反しない。

判決理由　所論は、刑訴210条が、検察官、検察事務官又は司法警察職員に対し逮捕状によらず被疑者を逮捕することができることを規定しているのは憲法33条に違反するというのである。しかし刑訴210条は、死刑又は無期若しくは長期3年以上の懲役若しくは禁錮にあたる罪を犯したことを疑うに足る充分な理由がある場合で、且つ急速を要し、裁判官の逮捕状を求めることができないときは、その理由を告げて被疑者を逮捕することができるとし、そしてこの場合捜査官憲は直ちに裁判官の逮捕状を求める手続を為し、若し逮捕状が発せられないときは直ちに被疑者を釈放すべきことを定めている。かような厳格な制約の下に、罪状の重い一定の犯罪のみについて、緊急已むを得ない場合に限り、逮捕後直ちに裁判官の審査を受けて逮捕状の発行を求める

ことを条件とし、被疑者の逮捕を認めることは、憲法33条規定の趣旨に反するものではない、されば所論違憲の論旨は理由がない。

解 説

1 現行犯逮捕が令状主義の枠外であることは、ローマ法以来の伝統であり、憲法33条もこれを明示している。しかし、刑訴法210条の規定する緊急逮捕については、明らかに現行犯ではないことが、刑訴法自体が212条を置いている関係からも疑う余地がない。そのため、緊急逮捕については、刑訴法制定当初から、憲法33条違反ではないかとする考えが存在していた。この判決の上告趣旨もこの点を強調している。

2 本判決は、最高裁が大法廷によって、緊急逮捕の合憲性を明らかにしたものであり、その捜査に与える意義は極めて大きい。

判決は、その要旨にあるように、①死刑又は無期若しくは長期3年以上の懲役若しくは禁錮にあたる罪、②これを犯したことを疑うに足りる充分な理由、③急速を要し、裁判官の逮捕状を求めることができないとき、④その理由を告げて被疑者を逮捕し、⑤直ちに裁判官の逮捕状を求める手続をし、⑥逮捕状が発せられないときは直ちに被疑者を釈放すること、という法律の要件をそのまま引用したうえ、⑦このような厳格な制約の下、㋐罪状の重い一定の罪について、㋑緊急やむを得ない場合に限り、㋒逮捕後直ちに裁判官の審査を受けて逮捕状の発行を求める、ことを条件としているから、憲法33条の趣旨に反しないとしている。この判旨は、いわば条文を書き直したにすぎないが、要は、重大犯罪についての嫌疑の濃厚性、緊急性、事後の司法審査の三要件を重視したものといえる。前記⑥の要件は、事後の司法審査の当然の結論といえる。

3 ここでいう「充分な理由」は、通常逮捕状の要件である「相当な理由」（刑訴法199条）より厳格であり、有罪判決（同335条）の証明より軽いものを意味する。司法審査を経ない段階での身柄の拘束であり、現行犯のように罪を犯したことが明白とはいい難い場合であるから、それなりに厳格に解釈するべきであろう。自宅の電話機の前に「のみ行為」のメモとみられる書面があっただけでは、競馬法30条3号の罪を犯したと疑うに足りる十分な理由があるとはいえないとする判例（神戸地決昭46．9．25 刑月3・9・1288）

4 「直ちに」については、約6時間（広島高判昭58.2.1 判時1093・151）、約6時間半（京都地決昭52.5.24 判時868・112）を合法とする一方、約6時間40分（大阪高判昭50.11.19 判時813・102）、約12時間半（京都地判昭45.10.2 判時634・103）を違法とする判例がある。もっとも、後者は、深夜令状請求に赴いた警察官に担当裁判官が翌朝にと指示していて、それに従ったのに同じ裁判官が令状を却下したもので、裁判官の怠慢が原因となっていて、問題が残る。

　要は、引致時間、請求関係書類の作成時間、疎明資料の調整、決裁時間、事件の重大性、被疑者、関係者の数、裁判官までの距離、交通状態等を総合して決することとなる。

【参考判例】
　　後記51最判昭36.6.7大法廷　刑集15・6・915

44　捜索差押時の写真撮影

（最決平2.6.27第二小法廷　刑集44・4・385
捜索差押許可状の発付及び差押処分に対する準抗告棄却決定に対する特別抗告事件）

● 決定要旨 ●

　司法警察員が申立人方居室内で捜索差押をするに際し捜索差押許可状記載の「差し押えるべき物」に該当しない印鑑、ポケット・ティッシュペーパー等について写真を撮影した場合において、右の写真撮影は、「押収に関する処分」には当たらず、その撮影によって得られたネガ及び写真の廃棄又は申立人への引渡を求める準抗告は、不適法である。
（補足意見がある。）

決定理由　所論にかんがみ職権をもって判断すると、原決定の認定によれば、本件においては、裁判官の発付した捜索差押許可状に基づき、司法警察員が申立人方居室において捜索差押をするに際して、右許

可状記載の「差し押えるべき物」に該当しない印鑑、ポケット・ティッシュペーパー、電動ひげそり機、洋服ダンス内の背広について写真を撮影したというのであるが、右の写真撮影は、それ自体としては検証としての性質を有すると解されるから、刑訴法430条2項の準抗告の対象となる「押収に関する処分」には当たらないというべきである。したがって、その撮影によって得られたネガ及び写真の廃棄又は申立人への引渡を求める準抗告を申し立てることは不適法であると解するのが相当であるから、これと同旨の原判断は、正当である。

解 説

1 　捜査機関の行う強制捜査としての捜索・差押えの際、令状に記載のない物件で、後に何らかの形で被疑事実や別の事件に関係ある証拠物となるのではないかと思われるものについて、捜査機関が写真撮影をして、後のために証拠保全の措置をとることがある。

　　本決定は、かかる写真撮影は違法であるから、ネガ及び写真を廃棄するか申立人への引渡しを求めるとした準抗告に対して、写真撮影は、検証としての性質を有し、刑訴法430条2項、1項の「押収に関する処分」には該当しないので、準抗告は不適法という形式的理由で排斥している。補足意見は、捜索・差押えに準ずるような写真撮影については、準抗告を認めるべきであるとするものである。

2 　捜索・差押えを実施する際、捜索・差押えの手続の適法性を担保するために執行の状況を写真撮影したり、差し押さえた物件の差押え時の状況を写真撮影することが実務上屡々行われており、それにとどまる限りは、捜索・差押えに附随する措置として令状を必要としないが、捜索・差押えの現場の状況を後日の証拠のために一般的に撮影する行為は、検証であり、たとえ捜索・差押えの時に一緒に行うにせよ検証令状を必要とする（刑訴法218条1項）。本件のような差し押さえるべき物件として明記されていない物件を撮影する行為も検証の性質を有するから、検証令状なしに行った写真撮影は違法である。ただ、不服申立として準抗告は許されない。しかし、違法な検証の結果得られた証拠である検証調書や写真は、証拠能力がないとして排斥されるから、実害は生じないと思われる。

45 押収の必要性に関する裁判所の審査権

最決昭44.3.18第三小法廷 刑集23・3・153
差押処分取消の裁判に対する特別抗告事件

● 決定要旨 ●

要旨1
刑訴法430条による不服申立を受けた裁判所は、押収の必要性について判断できる。

要旨2
送検後は司法警察員に抗告権がない。

決定理由

【要旨1】 刑訴法218条1項によると、検察官もしくは検察事務官または司法警察職員は「犯罪の捜査をするについて必要があるとき」に差押をすることができるのであるから、検察官等のした差押に関する処分に対して、同法430条の規定により不服の申立を受けた裁判所は、差押の必要性の有無についても審査することができるものと解するのが相当である。そして、差押は「証拠物または没収すべき物と思料するもの」について行なわれることは、刑訴法222条1項により準用される同法99条1項に規定するところであり、差押物が証拠物または没収すべき物と思料されるものである場合においては、差押の必要性が認められることが多いであろう。しかし、差押物が右のようなものである場合であっても、犯罪の態様、軽重、差押物の証拠としての価値、重要性、差押物が隠滅毀損されるおそれの有無、差押によって受ける被差押者の不利益の程度その他諸般の事情に照らし明らかに差押の必要がないと認められるときにまで、差押を是認しなければならない理由はない。したがって、原裁判所が差押の必要性について審査できることを前提として差押処分の当否を判断したことは何ら違法でない。

【要旨2】 司法警察職員は、事件を検察官に送致した後においては、当該事件につき司法警察職員がした押収に関する処分を取り消しまたは変更する裁判に

対して抗告を申し立てることができないものと解すべきである。したがって、司法警察員の本件抗告の申立は不適法として棄却すべきものである。

解　説

1　逮捕の必要性が本来一番分かっているのは捜査機関であるという考えから、必要性の判断は、司法判断になじまないという議論があったが、昭和28年の刑訴法199条2項の全面改正で、裁判官に判断権のあることが明記された。しかし、捜索や押収の必要性については改正されなかったため、なお、裁判所や裁判官には必要性の判断権がないと考え得る余地があった。

2　本決定は、いわゆる国学院大学映研フィルム差押事件についてのもので、東京地裁が準抗告審で差押えの必要性と差押えを受ける者の不利益とを比較衡量して差押処分を取り消した決定をしたのに対する特別抗告を受けて出されたものである。差押えの必要性について、準抗告裁判所に判断権があることを認めた関係から、差押令状自体の発付についても、裁判所、裁判官の判断権を認めたものと解される。

捜索令状については、直接触れるものではないが、やはり同様に解されよう。

3　比較衡量の対象は、犯罪の態様、軽重、差押物の証拠としての価値、重要性、差押物が隠滅毀損されるおそれの有無、被差押者が受ける不利益の程度、その他諸般の事情とされているが、差押令状発付の際に裁判官が疎明資料によって、どこまでこれらを判断できるのか、かなり困難と思われる。その意味で、捜査官側の必要性の判断が令状発付について大きなウエイトを占める状況には、あまり変わりはないように思われる。

4　事件送致後に、司法警察員に準抗告の申立権がないとする判断は、刑訴法の建前上当然といえよう。

なお、令状発付の際の犯罪の嫌疑の程度については、後記46福岡高判昭60.2.13 判タ554・203参照。

46 捜索・差押えの犯罪の嫌疑の程度

(福岡高判昭60.2.13 判タ554・203
損害賠償請求控訴、同附帯控訴事件)

● 判決要旨 ●

捜索差押状の請求とその執行について、犯罪の嫌疑に相当な理由を必要とする。

判決理由 司法警察職員等の捜査機関が、捜索・差押等の強制捜査をなすには、捜索・差押許可状の発布を受けているほか、右許可状の申請時及びその執行時に犯罪の嫌疑と捜索・差押の必要性が具備していることが要求されるが、右認定の事実によると、被控訴人が、事実、大麻混り煙草を所持していたか否かにかかわりなく、前記捜索・差押許可状の申請時及びその執行時に、被控訴人は大麻混り煙草不法所持の嫌疑があったものと認めるのが相当である。けだし、捜索・差押は、逮捕などのより強力な強制捜査をなす前提として証拠を蒐集する必要上行うこともあるのだから、その時点における犯罪の嫌疑は、逮捕の場合に必要な相当な嫌疑までの必要はないからである。なるほど、被控訴人が大麻混り煙草不法所持の嫌疑を受けるに至ったのは、有働警部補の田上久人からの聞込み及び同人の供述が基本であるところ、同人の供述は、いうまでもなく伝聞供述であって、住田さとみが被控訴人から大麻混り煙草を吸わないかと誘われた日が事実と異なっているほか、同人筆跡と認められる前記葉書の「私もバイオリン教室に通っている」と記載された個所も事実に反しているが、住田さとみが被控訴人から大麻混り煙草を吸わないかと誘われたという主要な供述部分は、事実を伝えていたものであるから、田上久人の供述が、被控訴人の大麻混り煙草不法所持の嫌疑を認定するための資料として否定さるべき理由とはならないというべきである。そして、捜索・差押の強制捜査の必要があったことは被控訴人が嫌疑を受けた犯罪事実の内容や前記認定の事実によって認めることができる。

そうだとすると、有働警部補ほか8名の警察官が、捜索・差押許可状に基づ

いて被控訴人方居宅及び着衣や所持品についてなした本件捜索・差押を目して違法な強制捜査ということはできない。

> **解　説**

1　差押えの必要性について、裁判所や裁判官に判断権のあることは、前記45（最決昭44.3.18第三小法廷　刑集23・3・153）により判例上確立されているが、その前提として、犯罪の嫌疑があることが当然必要となる。本判決は、その嫌疑の程度について判断するものであるが、「逮捕の場合に必要な相当な嫌疑までの必要はない」とする点で、捜査の発展的段階を意識したものとして評価できる。

　被疑者の逮捕もその居宅などの捜索・差押えも、強制捜査の一環ではあるが、より人権侵害の強い逮捕に比べ、また捜査の初期に行われる点を考慮すると、犯罪の嫌疑の程度は、逮捕の場合より低いとする本判決は当然のことを判断したものといえる。

　逮捕には、法文上、「相当な理由」が必要であるが、捜索・差押えの場合には、その程度に至らないまでも、それ相応の理由が必要なことはいうまでもない。警察の実務上は、逮捕状の請求を却下された場合より、捜索差押状の請求を却下された方が重視されているので、現実には、逮捕の場合に準ずる嫌疑の程度が疎明されているようである。

2　本件は、被疑者の居宅などに対する令状の場合であるが、第三者の場合には、必要性の判断でより程度が高いことを要求されている（京都地決昭46.4.30　刑月3・4・617）のと同様、嫌疑の程度もより高いことが要求されよう。特に相手が報道機関の場合には、事件の解明に不可欠な物という高い必要性の程度を判示しており（最決平元.1.30第二小法廷　刑集43・1・19）、その当然の帰結として、犯罪の嫌疑の程度がより高いことを必要としていると解される。

3　疎明資料に若干の齟齬があっても、また、伝聞証拠であっても、十分であることは、本判決の判示するとおりである。

47 違法な採尿と鑑定書の証拠能力

（最決平7・5・30第三小法廷 刑集49・5・703、判時1537・178）
覚せい剤取締法違反被告事件

● 決定要旨 ●

採尿手続に違法があっても尿の鑑定書の証拠能力は肯定できる。

決定理由　警察官が本件自動車内を調べた行為は、被告人の承諾がない限り、職務質問に付随して行う所持品検査として許容される限度を超えたものというべきところ、右行為に対し被告人の任意の承諾はなかったとする原判断に誤りがあるとは認められないから、右行為が違法であることは否定し難いが、警察官は、停止の求めを無視して自動車で逃走するなどの不審な挙動を示した被告人について、覚せい剤の所持又は使用の嫌疑があり、その所持品を検査する必要性、緊急性が認められる状況の下で、覚せい剤の存在する可能性の高い本件自動車内を調べたものであり、また、被告人は、これに対し明示的に異議を唱えるなどの言動を示していないのであって、これらの事情に徴すると、右違法の程度は大きいとはいえない。

　次に、本件採尿手続についてみると、右のとおり、警察官が本件自動車内を調べた行為が違法である以上、右行為に基づき発見された覚せい剤の所持を被疑事実とする本件現行犯逮捕手続は違法であり、さらに、本件採尿手続も、右一連の違法な手続によりもたらされた状態を直接利用し、これに引き続いて行われたものであるから、違法性を帯びるといわざるを得ないが、被告人は、その後の警察署への同行には任意に応じており、また、採尿手続自体も、何らの強制も加えられることなく、被告人の自由な意思による応諾に基づいて行われているのであって、前記のとおり、警察官が本件自動車内を調べた行為の違法の程度が大きいとはいえないことをも併せ勘案すると、右採尿手続の違法は、いまだ重大とはいえず、これによって得られた証拠を被告人の罪証に供することが違法捜査抑制の見地から相当でないとは認められないから、被告人の尿の鑑定書の証拠能力は、これを肯定することができると解するのが相当であり

(最高裁昭和51年あ第865号同53年9月7日第一小法廷判決・刑集32巻6号1672頁参照)、右と同旨に出た原判断は、正当である。

解　説

1　違法収集証拠に証拠能力を否定した⑤判例（最判昭53．9．7第一小法廷　刑集32・6・1672）が、捜査手続を違法としながらも、憲法の令状主義を没却する程の違法性はなく、証拠に証拠能力があると判示したため、以後、最高裁（最判昭61．4．25第二小法廷　刑集40・3・215、最決昭63．9．16第二小法廷　刑集42・7・1051、最決平6．9．16第三小法廷　刑集48・6・420、最判平15．2．14第二小法廷　刑集57・2・121、もっとも、最後の判例は、違法逮捕中に採取された尿の鑑定書については重大な違法があるとして証拠能力を否定し、令状により差し押さえられた覚せい剤については、重大な違法ではないとして証拠能力を認めている。）はもとより、下級審レベルでも同一の理論により、その多くは、重大な違法はないとして、証拠物の証拠能力を認めている。

2　本決定も、前記一連の最高裁判例と同一の理論に属するものであるが、多くの判例が被疑者の身体に向けられた違法な強制捜査であるのに対し、自動車内の無令状捜索という場所に向けられたものだけに、違法性の程度は比較的軽いといえる。

3　本件では、現行犯逮捕そのものの違法性を検察官も意識していたようで、逮捕に伴って押収された覚せい剤について、所持罪での起訴は行われず、逮捕後に任意に提出された尿に覚せい剤が存在したとして使用罪のみで起訴されている。本決定の前段で、自動車内を調べた行為について、違法の程度は低いとしているので、所持罪についても、覚せい剤の証拠能力は認められたかもしれない。

　本決定は、現行犯逮捕後に、被告人が警察署への同行に任意に応じていること、採尿手続が自由意思に基づくことを認定したうえ、自動車内を調べた行為の違法性の程度が大きくないことを論拠としているので、同行についてはともかく（逮捕後のことである。）、強制的な採尿が令状なしに行われていたとすれば重大な違法として証拠能力を否定された可能性がある。

48 強制採尿のための連行と留め置き

(最決平6．9.16第三小法廷 刑集48・6・420、判時1510・154)
(覚せい剤取締法違反)

● 決定要旨 ●

要旨1
　任意同行を求めるため被疑者を職務質問の現場に長時間違法に留め置いたとしてもその後の強制採尿手続により得られた尿の鑑定書の証拠能力は否定されない。

要旨2
　いわゆる強制採尿令状により採尿場所まで連行することができる。

決定理由　【要旨1】　右職務質問の過程においては、警察官が行使した有形力は、エンジンキーを取り上げてこれを返還せず、あるいは、エンジンキーを持った被告人が車に乗り込むのを阻止した程度であって、さほど強いものでなく、被告人に運転させないため必要最小限度の範囲にとどまるものといえる。また、路面が積雪により滑りやすく、被告人自身、覚せい剤中毒をうかがわせる異常な言動を繰り返していたのに、被告人があくまで磐越自動車道で宮城方面に向かおうとしていたのであるから、任意捜査の面だけでなく、交通危険の防止という交通警察の面からも、被告人の運転を阻止する必要性が高かったというべきである。しかも、被告人が、自ら運転することに固執して、他の方法による任意同行をかたくなに拒否するという態度を取り続けたことを考慮すると、結果的に警察官による説得が長時間に及んだのもやむを得なかった面があるということができ、右のような状況からみて、警察官に当初から違法な留め置きをする意図があったものとは認められない。これら諸般の事情を総合してみると、前記のとおり、警察官が、早期に令状を請求することなく長時間にわたり被告人を本件現場に留め置いた措置は違法であるといわざるを得ないが、その違法の程度は、いまだ令状主義の精神を没却するような重大なものとはいえない。

【要旨2】 身柄を拘束されていない被疑者を採尿場所へ任意に同行することが事実上不可能であると認められる場合には、強制採尿令状の効力として、採尿に適する最寄りの場所まで被疑者を連行することができ、その際、必要最小限度の有形力を行使することができるものと解するのが相当である。

解　説

1　職務質問は、多くの犯罪者を摘発する極めて有効な手段（地域警察官による刑法犯検挙率は、警察による総検挙人員の80.9パーセントを占める。平成16年版警察白書11）であるが、行政警察手続から（強制）捜査手続に移行するか否かの判断は必ずしも簡単ではなく、そのため、職務質問という名の留め置きが長時間に及び、令状によらない違法な捜査と批判される事例が多い。

本件も、その一事例であり、当初被告人の異常な行動から、その運転する自動車のキーを引き抜いた行為は適法とされた（最決昭53．9．22第一小法廷　刑集32・6・1774）が、その後現場で約6時間半以上職務質問の現場に留め置いて任意同行を求めた説得行為を違法な任意捜査とした。ただ、その違法の程度については、⑤最高裁判決（昭53．9．7第一小法廷）の趣旨にのっとり、令状主義の精神を没却するような重大な違法ではないとした。被告人が運転に固執したため説得の必要性が高かったことが考慮されている。

先行手続が違法であっても、その後に適法になされた行為については、従来の判例は適法とするのが一般的傾向といってよい（㉑、㊲）。その前提には、先行手続の違法が、手続自体を無効とする程の高度のものではないことがあるといえるようである。本件の場合も、6時間半以上の留め置きが違法であることは明らかであろうが、その後に令状を得て行った適法な採尿手続までをも違法とするものではないことを明らかにしたものである。強制採尿そのものは、令状を得て行っているのであり、当然の結論といえる。

2　強制採尿については、最高裁が捜索差押令状によるべきもの（㊷最決昭55．10．23第一小法廷　刑集34・5・300）として、実務的には確立されたものの、「医師をして医学的に相当と認められる方法」という限定が付されたため、医師の居る場所まで、どうして連れて行くかが、実務上大きな問題となっていた。この点について、この令状の効力として連行できるとする考え（東京高判平3．3．12　判時1385・129）と刑訴法222条1項の準用する111条の必要

な処分によるとする考え（東京高判平2.8.29 判時1374・136）等が対立していたが、本決定は、強制採尿令状の効力によることを認め、そのための必要最小限度の有形力の行使も是認した。本件の場合は、暴れて抵抗する相手を複数の警官で両腕を制圧して警察車両に乗車させて病院まで連行し、病院ではベッドに寝かせて医師がカテーテルを使用して尿を採取している。

3 　道路運送車両法違反の被疑者に対して、任意同行を説得してから3時間余り留め置いた事件について、一審が違法だがその際押収した覚せい剤の鑑定書に証拠能力があるとしたのを破棄して、任意同行のための説得行為として適法とした東京高判平8.9.3 判タ935・267があるが、当然の結論といえる。

49 　捜索現場での警察官による暴行と証拠物の証拠能力

（最決平8.10.29第三小法廷 刑集50・9・683、判タ924・155）
覚せい剤取締法違反被告事件

● 決定要旨 ●

令状に基づく捜索の現場で警察官が被告人に暴行を加えた違法があっても、その暴行の時点は証拠物たる覚せい剤発見の後であり、被告人の発言に触発されて行われたものであって、証拠物の発見を目的とし捜索に利用するために行われたものとは認められないなど判示の事実関係の下においては、右証拠物を警察官の違法行為の結果収集された証拠として証拠能力を否定することはできない。

決定理由　　警察官が捜索の過程において関係者に暴力を振るうことは許されないことであって、本件における右警察官らの行為は違法なものというほかはない。しかしながら、前記捜索の経緯に照らし本件覚せい剤の証拠能力について考えてみると、右警察官の違法行為は捜索の現場においてなされているが、その暴行の時点は証拠物発見の後であり、被告人の発言に触発されて行われたものであって、証拠物の発見を目的とし捜索に利用する

ために行われたものとは認められないから、右証拠物を警察官の違法行為の結果収集された証拠として、証拠能力を否定することはできない。

解　説

1　違法収集証拠の証拠能力については、5と67判例によって、最高裁の判断は確立されており、違法な捜査手続により収集された証拠について、令状主義の精神を没却するような重大なものがあること、将来における違法捜査抑制の見地から相当でないものについては証拠能力を否定するものとされている。本件のように捜査官の暴行があったような場合については、公訴権濫用を認めた簡裁判決（大森簡判昭40.4.5　下刑集7・4・596）があるものの、上級審で破棄されており（東京高判昭41.1.27　下刑集8・1・11）、最高裁も、従来の判例（最判昭23.6.9大法廷　刑集2・7・658、最判昭23.12.1大法廷　刑集2・13・1679）を引用して、逮捕手続に違法があったとしても、公訴提起の手続が憲法31条に違反して無効となるものではない（最判昭41.7.21第一小法廷　刑集20・6・696）と判示している。

2　違法収集証拠の観点から違法な捜査手続があっても、重大な違法でないと判示したものとしては、57判例があるが、本件もこの系列に属するものといえる。ただ、本件の場合は、証拠物の発見が暴行の前であり、暴行が証拠物発見の目的で行われたものでないことを主たる理由としている点で、57判例とはやや理由付けが異なる。

　違法収集証拠の証拠能力を否定するアメリカ連邦最高裁の判例においても、「不可避的発見の理論」、「独立源泉の理論」、「単純観察（Plain View）の理論」等があり、証拠物発見と違法捜査とに因果関係がない場合には、証拠能力を認めている点が参考になる。

50 捜索差押令状の記載事項

(最決昭33.7.29大法廷 刑集12・12・2776)
(準抗告申立棄却決定に対する特別抗告事件)

● 決定要旨 ●

　憲法第35条は、捜索、押収については、その令状に、捜索する場所および押収すべき物を明示することを要求しているにとどまり、その令状が正当な理由に基いて発せられたことを明示することまでは要求していないものと解すべく、捜索差押許可状に被疑事件の罪名を、適用法条を示して記載することは憲法の要求するところではない。

決定理由　　憲法35条は、捜索、押収については、その令状に、捜索する場所及び押収する物を明示することを要求しているにとどまり、その令状が正当な理由に基いて発せられたことを明示することまでは要求していないものと解すべきである。されば、捜索差押許可状に被疑事件の罪名を、適用法条を示して記載することは憲法の要求するところではなく、捜索する場所及び押収する物以外の記載事項はすべて刑訴法の規定するところに委ねられており、刑訴219条1項により右許可状に罪名を記載するに当っては、適用法条まで示す必要はないものと解する。

　そして本件許可状における捜索すべき場所の記載は、憲法35条の要求する捜索する場所の明示として欠くところはないと認められ、また、本件許可状に記載された「本件に関係ありと思料せられる一切の文書及び物件」とは、「会議議事録、斗争日誌、指令、通達類、連絡文書、報告書、メモ」と記載された具体的な例示に附加されたものであって、同許可状に記載された地方公務員法違反被疑事件に関係があり、且つ右例示の物件に準じられるような闘争関係の文書、物件を指すことが明らかであるから、同許可状が物の明示に欠くところがあるということもできない。

解　説

1　本決定が、「その令状が正当な理由に基いて発せられたことを明示することまでは要求していない」と判示するのは、文字どおり正当な理由の明示は憲法上の要請ではないとするにとどまり、当然のことながら、正当な理由なしに発すること自体は、憲法35条違反になることまでを否定したものではない。

2　憲法35条は、捜索する場所及び押収する物を明示することを要求しているが、これを受けた刑訴法219条は、被疑者若しくは被告人の氏名、罪名、差し押えるべき物、捜索すべき場所、身体若しくは物、検証すべき場所若しくは物又は検査すべき身体及び身体の検査に関する条件、有効期間……発付の年月日その他裁判所の規則で定める事項の記載と裁判官の記名押印を求めている。つまり、本決定の判示するとおり、適用法条の記載は要件となっていない。この判示に対しては、物の特定に罰条の記載が必要であるとする批判があるが、一般的にいう限り、本判示のように例示的な物の記載があれば、物の特定に不足はないといえよう。

　確かに、刑法犯の場合には、罪名自体で被疑事実や物の特定が大幅に可能であるのに対し、特別法犯の場合には、○○法違反とするのみのため、物の特定が必ずしも十分でない場合もあろう。といって、罰条を記載したからといって、専門家以外の人間が（特に第三者の場合）、直ちに犯罪事実とそれに関する物の特定を理解できるとは限らない。そのため、被疑事実の記載が必要ではないかという考えが出てくる。

　この点について、逮捕状の場合には、令状請求書に罪名と犯罪事実の要旨の記載を要件としながら（刑訴規則155条1項4号）捜索差押状には要件となっていないため、法的には、犯罪事実の記載は不要である（国税犯則取締法2条4項と対比せよ。）。これは、逮捕に比べて捜索・差押えが捜査の初期の段階で行われるため、捜査の秘密保持の視点から考慮されたものといえるが、裁判所、裁判官によっては、犯罪事実を令状に記載することに固執する人もいるため、実務では、必ずしも一貫性はないようである。

　問題は、罰条や犯罪事実の記載が、どれだけ物の特定に必要かの観点から考えるべきであろう。物の特定に不必要なのにこれらの記載を要するとすれ

ば、捜査の秘密を害し、その後の証拠物の隠滅毀損をもたらすことになる。その可能性があれば、令状請求の却下に対して、準抗告で争う以外にないであろう。
3 例示的記載は、どのような証拠物があるのか必ずしも明らかでない捜査の初期の段階ではやむを得ないところであり、本決定は当然の結論といえる。

51 緊急逮捕前の捜索・差押え

(最判昭36.6.7大法廷 刑集15・6・915)
麻薬取締法違反被告事件

● 判決要旨 ●

要旨1
司法警察員の職務を行う麻薬取締官が麻薬不法譲渡罪の被疑者を緊急逮捕すべくその自宅に赴いたところ、被疑者が他出中であったが、帰宅次第逮捕する態勢をもって同人宅の捜索を開始し、麻薬を押収し、捜索の殆んど終る頃帰宅した同人を適法に緊急逮捕した本件の場合の如く（判文参照）、捜索差押が緊急逮捕に先行したとはいえ、時間的にはこれに接着し、場所的にも逮捕の現場でなされたものであるときは、その捜索差押を違憲違法とすべき理由はない。

要旨2
右麻薬取締官作成の右捜索差押調書および捜索差押にかかる右麻薬に対する鑑定書につき、被告人および弁護人が第一審公判廷において、これを証拠とすることに同意し、異議なく適法な証拠調を経たときは、右各書面は、捜索差押手続の違法であったかどうかにかかわらず証拠能力を有する。

（1、2につき補足意見、意見および少数意見がある。）

判決理由 【要旨1】 刑訴の規定について解明を要するのは、「逮捕する場合において」と「逮捕の現場で」の意義であるが、前者

は、単なる時点よりも幅のある逮捕する際をいうのであり、後者は、場所的同一性を意味するにとどまるものと解するを相当とし、なお、前者の場合は、逮捕との時間的接着を必要とするけれども、逮捕着手時の前後関係は、これを問わないものと解すべきであって、このことは、同条１項１号の規定の趣旨からも窺うことができるのである。従って、例えば、緊急逮捕のため被疑者方に赴いたところ、被疑者がたまたま他出不在であっても、帰宅次第緊急逮捕する態勢の下に捜索、差押がなされ、且つ、これと時間的に接着して逮捕がなされる限り、その捜索、差押は、なお、緊急逮捕する場合その現場でなされたとするのを妨げるものではない。

そして緊急逮捕の現場での捜索、差押は、当該逮捕の原由たる被疑事実に関する証拠物件を収集保全するためになされ、且つ、その目的の範囲内と認められるものである以上、同条１項後段のいわゆる「被疑者を逮捕する場合において必要があるとき」の要件に適合するもの解すべきである。

ところで、本件捜索、差押の経緯に徴すると、麻薬取締官等４名は、昭和30年10月11日午後８時30分頃路上において職務質問により麻薬を所持していた瀬上ミツヱを現行犯として逮捕し、同人を連行の上麻薬の入手先である被疑者有馬喜市宅に同人を緊急逮捕すべく午後９時30分頃赴いたところ、同人が他出中であったが、帰宅次第逮捕する態勢にあった麻薬取締官等は、同人宅の捜索を開始し、第一審判決の判示第１の(1)の麻薬の包紙に関係ある雑誌及び同(2)の麻薬を押収し、捜索の殆んど終る頃同人が帰って来たので、午後９時50分頃同人を適式に緊急逮捕すると共に、直ちに裁判官の逮捕状を求める手続をとり、逮捕状が発せられていることが明らかである。

してみると、本件は緊急逮捕の場合であり、また、捜索、差押は、緊急逮捕に先行したとはいえ、時間的にはこれに接着し、場所的にも逮捕の現場と同一であるから、逮捕する際に逮捕の現場でなされたものというに妨げなく、右麻薬の捜索、差押は、緊急逮捕する場合の必要の限度内のものと認められるのであるから、右いずれの点からみても、違憲違法とする理由はないものといわなければならない。

【要旨２】　第一審判決の判示第１の(2)の事実（昭和30年10月11日被告人宅における麻薬の所時）に関する被告人の自白の補強証拠に供した麻薬取締官作成の昭和30年10月11日付捜索差押調書及び右麻薬を鑑定した厚生技官中川雄三作成

の昭和30年10月17日付鑑定書は、第一審第1回公判廷において、いずれも被告人及び弁護人がこれを証拠とすることに同意し、異議なく適法な証拠調を経たものであることは、右公判調書の記載によって明らかであるから、右各書面は、捜索、差押手続の違法であったかどうかにかかわらず証拠能力を有するものであって、この点から見ても、これを証拠に採用した第一審判決には、何ら違法を認めることができない。

解説

1 14人の裁判官のうち、少数意見は2人だけだが、補足意見やら意見が錯綜していて問題の難しさを表わしている。そのため、学説のうち、相当数は、この判決に疑問を投げかけているが、実務においては、この判決はいわば救った判例という考えが強く、現実の逮捕に伴う捜索・差押えの場合、逮捕を前提とする実務が行われている。

 とはいえ、令状なしの捜索・差押えの場合の時間的、場所的接着性については、本判決が指導的役割を果たしていることは否定できない。

2 本件の場合、捜索・差押えに着手してから被疑者が帰宅し、これを緊急逮捕するまでの時間は、20分間にすぎない。本判決は、帰宅次第緊急逮捕する態勢がとられていたこと、時間的に接着していること、場所が同一であることを要件としているが、その前提として刑訴法220条1項1号が、緊急逮捕の場合もいるかいないか不明な被疑者の捜索のために人の住居に入ることを法文上許していることを理論的根拠としている。確かに、住居内に入る時には、相手がいるかいないか分からぬままに入って捜索できることは間違いなく、それに伴って差押えをすることも理論上あり得ないことではない。だが、被疑者を捜索して結局発見できなかった場合には、捜索自体は適法としても、差押えは、逮捕をしていない以上なし得ないことになる。逮捕以前の差押えが本判決の判示するとおりに適法と認められるのは、差押えと逮捕の時間的接着性が要件となることは当然である。この場合、帰宅が予定されていたか否かは関係なく、差押えが逮捕時の差押えと評価できるか否かという時間的接着性のみで判断すべきであろう。

3 違法な捜索・差押えの結果、収集した証拠の証拠能力については、判例5、67参照。

本判決は、前記最判昭53．9．7第一小法廷 刑集32・6・1672以前の判決であり、横田喜三郎裁判官の意見にも証拠物の性質は手続によって変わらない旨の見解が示されている。しかし、違法収集証拠について証拠能力を否定する見解は、今や通説判例といってよく、問題は、その違法性の程度が、憲法の令状主義の精神を没却するか否かにかかっている。

さて、刑訴法326条の同意は、反対尋問権の放棄である（最決昭26．5．25第二小法廷 刑集5・6・1201）と考えられるが、憲法違反の手続が反対尋問権の放棄があったからといって、刑事訴訟法上認められるとすれば、少なくとも右昭和53年判決には相反することになる（それ以前の最高裁判例ならば矛盾はない。）。そこで、現時点においては、反対尋問権の放棄があっても憲法上当事者が放棄できない令状主義については、同意があっても、証拠能力を有しないという結論になる。

本判決は、捜索・差押え自体を合憲適法としているので、その意味では、前記最判昭53．9．7第一小法廷 刑集32・6・1672の限定の範囲内で判例としての価値が残っているといえよう。

なお、東京高判昭44．6．20判時575・85は、本判決に依拠して、1時間20分ないし45分の緊急逮捕以前の捜索・差押えを適法としている。

52 フロッピーディスクの差押え

最決平10．5．1第二小法廷 刑集52・4・275、判時1643・192
捜索差押え許可の裁判及び司法警察職員の処分に対する準抗告棄却決定に対する特別抗告事件

● 決定要旨 ●

フロッピーディスク等につき内容を確認せずに差し押さえることが許されるとした事例

決定理由　　令状により差し押さえようとするパソコン、フロッピーディスク等の中に被疑事実に関する情報が記録されている蓋然性が認められる場合において、そのような情報が実際に記録されているかをその

場で確認していたのでは記録された情報を損壊される危険があるときは、内容を確認することなしに右パソコン、フロッピーディスク等を差し押さえることが許されるものと解される。したがって、前記のような事実関係の認められる本件において、差押え処分を是認した原決定は正当である。

解　説

1　コンピュータの発達は、従来のように文書とか帳簿という形で情報を管理せず、テープ、ディスク、ドラムなどのフロッピーに記録保存活用するのが、企業、団体、個人を問わず一般的となっている。

　従来型の文書の場合には、捜索・差押えの際、容易にその内容を確認できるから、被疑事実と全く無関係な資料を差し押さえることはなかったし、差し押さえたとしても準抗告により直ちに所持人に返還されるのが普通であった。

　しかし、現状では、限られた時間内にフロッピー類の内容を確かめて差し押さえることは不可能な場合が多いし、被差押側の協力がなければコンピュータを操作すること自体が不可能な場合もある。それに、フロッピー内の情報は、消去、加工が容易であるため、捜索・差押えの際、そのすべてを押収しない限り捜査の目的を達し得ない場合が少なくない。

　そういった現実を考える以上、この最高裁の決定は当然の結論というべきである。

2　フロッピーのみならず、パソコンもその中に多くの情報が内蔵されていて、これを差し押さえなければ、証拠隠滅、偽造等が容易となるから、フロッピー同様、とりあえず関係場所にあるすべてのパソコンを差し押さえることも可能と解される。

3　差押え後内容を確認して事実と無関係と判明したら、刑訴法222条1項、123条により、還付、仮還付ということになる。

【参考判例】
　[27]の判例の解説参照

53 被疑者の留置と国家賠償

(最判平8.3.8第二小法廷 民集50・3・408、判タ908・273)
損害賠償請求事件

● 判決要旨 ●

司法警察員による被疑者の留置は、司法警察員が、留置時において、捜査により収集した証拠資料を総合勘案して刑訴法203条1項所定の留置の必要性を判断する上において、合理的根拠が客観的に欠如していることが明らかであるにもかかわらず、あえて留置したと認め得るような事情がある場合に限り、国家賠償法1条1項の適用上違法の評価を受ける。
（反対意見がある。）

判決理由

1　司法警察員による被疑者の留置については、司法警察員が、留置時において、捜査により収集した証拠資料を総合勘案して刑訴法203条1項所定の留置の必要性を判断する上において、合理的根拠が客観的に欠如していることが明らかであるにもかかわらず、あえて留置したと認め得るような事情がある場合に限り、右の留置について国家賠償法1条1項の適用上違法の評価を受けるものと解するのが相当である。

2　そして、司法警察員が現行犯逮捕された被疑者を受け取ったときは、直ちに犯罪事実の要旨及び弁護人を選任することができる旨を告げた上、弁解の機会を与え、留置の必要がないと思料するときは直ちにこれを釈放し、留置の必要があると思料するときは被疑者が身体を拘束された時から48時間以内に書類及び証拠物とともにこれを検察官に送致する手続をしなければならないが（刑訴法216条、203条1項）、ここにいう「留置の必要性」は、犯罪の嫌疑のほか、「逃亡のおそれ」又は「罪証隠滅のおそれ」等から成るものである。

解　説

1　重大な犯罪の場合ならばともかく、罰金以下の刑罰しかない犯罪について、

被疑者を逮捕、留置するのはむしろ例外とするのが法の趣旨といえる。刑訴法は、通常逮捕について刑法、暴力行為等処罰法、経済関係罰則整備法については30万円以下の罰金、その他の罪については2万円以下の罰金、拘留又は科料に当たる場合には、住居不定や呼出しに対する正当理由のない出頭拒否の時のみ可能であるとし（199条1項）、現行犯逮捕の場合にも同様に刑法等については30万円以下、その他の罪については2万円以下の罰金、拘留、科料の場合には、住居、氏名が不明か又は逃亡のおそれのある場合を除いて現行犯逮捕の規定を適用しない（217条）としている。つまり、いったん現行犯逮捕しても、前記の理由がない場合には、直ちに釈放することとなっている（216条、203条1項）。

本件は、罰金5万円以下と規定する京都市屋外広告物条例違反の現行犯に関するものであるが、本件原告（死亡後、遺族が承継）は、逮捕後一貫して完全黙秘しており、刑訴法の前記各条文から留置すること自体には問題がない。

2　本件では、警察における44時間10分にわたる留置後検察庁に身柄送致され、約5時間後に留置の必要がないとして釈放されている。

原告は、本件条例の憲法違反、逮捕の違法性、引致後4時間後以降の留置の違法性を主張して国家賠償を求めたが、一審の京都地裁は、請求を棄却したのに対し、二審の大阪高裁は、憲法違反、逮捕の違法性の主張を排斥したものの引致から約26時間後以降の留置については、刑訴法203条1項違反として30万円の支払いを京都府に命じた。これに対する京都府からの上告に対する判断が本判決である。

3　本判決は、無罪事件についての起訴の違法性についての職務基準説（最決昭53.10.20第二小法廷　民集32・7・1367、最判平元.6.29第一小法廷　民集43・6・664、最判平2.7.20第二小法廷　民集44・5・938）、つまり、起訴時に合理的に判断して有罪の嫌疑があれば違法ではないという考え方と同じ考えをとり、「合理的根拠が客観的に欠如していることが明らかであるにもかかわらず、あえて留置したと認め得る場合に限り」違法と判断した。従来の判例の流れからは当然の結論というべきであろう。

4　本判決は、刑訴法203条1項の留置の必要性について、「犯罪の嫌疑のほか、『逃亡のおそれ』又は『証拠隠滅のおそれ』等から成る」と判示している。

これは、刑訴法199条1項、2項の逮捕の必要性と217条の逃亡のおそれを具体化したものであり、60条1項1号の条件をそのまま判示したものといえる。ただ、ここでいう「等」が何を意味するか必ずしも明らかでないが、おそらく、住居不定、氏名不詳という場合を想定していると思われる。

5 　本件は、いわゆる事例判決であり、比較的軽微な犯罪についても、原告の「留置の必要性が消滅していたことが客観的に明らかであったとまでいうことはできない。」と判示しており、捜査側の「あえて留置したと認め得るような事情がある場合に限り」違法の評価を受けるという主文と対称されている。挙証責任が原告にある以上、この結論は支持し得よう。

第2章　公訴の提起

54　共同正犯中の1人のみの起訴と憲法14条

（最判昭33.10.24第二小法廷　刑集12・14・3385
詐欺覚せい剤取締法違反被告事件）

● 判決要旨 ●

共同正犯者中1人のみが、起訴処罰されたとしても憲法第14条に違反しない。

判決理由　　弁護人板倉正の上告趣意第1点は共同正犯者中被告人のみが起訴処罰されたのは憲法14条に違反すると主張するのであるが、所論は原審で主張判断のない事項で不適法であるのみならず、犯情の類似した被告人間の処罰の差異が憲法14条に違反しないことは、当裁判所の判例（昭和23年（れ）第435号、同年10月6日大法廷判決、集2巻11号1275頁）とするところであって、この趣旨に照し所論は理由がないものといわねばならない。同第2点は単なる法令違反、事実誤認及び量刑不当の主張に帰し、刑訴405条の上告理由に当らない。また記録を調べても同411条を適用すべきものとは認

められない。

解　説

1　共同正犯者のうちの1人のみを起訴し、その者が処罰された場合に、起訴されなかった者は、当然処罰もされないから、実質的にも形式的にも、大きな不公平があると一般的に考えられるであろう。その不公平が、法の許す以上のものであれば、憲法14条の保障する法の下の平等に反し、起訴ないし処罰は違法無効となることが考えられる。

　本判決は、犯情の類似した被告人間の処罰の差異は憲法14条に違反しないとして簡単に前記の主張を排斥している。

2　本判決の引用する昭和23年10月6日大法廷判決は、差別自体が禁止されるものではなく、根拠のある合理的な差別ならば憲法14条に違反しないことを理由とするものであり、本判決もその一事例となるわけである。

　本判決以前の最高裁の判例で、前記大法廷判決の趣旨と同旨ないしこれを踏まえて憲法14条に違反しないとしたものは、執行猶予は情状による（最判昭23.5.26大法廷　刑集2・5・517）、追徴を一部の共犯者が受けても不公平ではない（最判昭33.3.5大法廷　刑集12・3・384）、多数の同種違反者が起訴処罰されなくても不公平ではない（最判昭26.9.14第二小法廷　刑集5・10・1933）、公民権停止も同様である（最判昭30.5.10第三小法廷　刑集9・6・1006）とするものであり、本判決後も、公訴提起の効力に関し不公平でないとするものがつづいている（4最決昭55.12.17第一小法廷　刑集34・7・672、最判昭41.7.21第一小法廷　刑集20・6・696、最判昭56.6.26第二小法廷　刑集35・4・426）。

3　前記の昭和56年6月26日判決は、対向的な共犯者の一部が警察段階で不当に有利な扱いを受け事実上刑事訴追を免れることがあったとしても憲法14条、31条には相反せず、公訴権濫用とはならないとしたもの、4の判例は、検察官の訴追裁量権の逸脱が極限的な場合には、憲法14条に違反して公訴の提起そのものが公訴権の濫用となることを理論的には認めたが、事実上否定したものである。

55 公訴権の濫用

4の判例（12頁参照）

解　説

1　公訴権の濫用を理由として、公訴提起の効力がないと主張する公訴権濫用論には、3形態がある。その1は、捜査や公訴提起の手続に重大な違法があって公訴の提起そのものが違法となるとするもの、その2は、犯罪として成立はするが、通常なら起訴猶予となるような軽微なものなのに、検察官が訴追裁量権を逸脱して起訴したような場合には、公訴の提起そのものが違法となるとするもの、その3は、犯罪の嫌疑が十分でないのに公訴が提起された場合で、公訴の提起そのものが違法であるとするものであり、いずれも公訴棄却のような形式判決で処理すべきであるとする議論である。

このうち、第3類型については、理論上認める判例（東京地判昭42.7.27下刑集9・7・924）もあるが、嫌疑がなければ無罪判決で落着するため被告人のためにはかえって不利であるとしてあまり議論の対象とならない。第1類型については、逮捕手続に違法があっても公訴提起の手続は憲法31条に違反しないとする判例（最判昭41.7.21第一小法廷　刑集20・6・696）でほぼ否定されており、第2類型については本決定で、理論上職務犯罪を構成するような極限的な場合のみに限定され、事実上否定された。

2　この決定のほか、他の同様事例が起訴されていないのに自分だけ起訴されたのは公平性を欠くと主張した第2類型に属する公訴権濫用論を排斥している判例もある（最判昭56.6.26第二小法廷　刑集35・4・426）。

56 公訴時効の起算点

(最決昭63.2.29第三小法廷 刑集42・2・314)
業務上過失致死、同傷害被告事件

● 決定要旨 ●

[要旨1]
　公訴提起が事件発生から相当の長年月を経過した後になされたとしても、複雑な過程を経て発生した未曾有の公害事犯であってその解明に格別の困難があったこと等の特殊事情があるときは、迅速な裁判の保障との関係において、いまだ公訴提起の遅延が著しいとまではいえない。

[要旨2]
　業務上の過失により、胎児に病変を発生させ、これに起因して出生後その人を死亡させた場合も、人である母体の一部に病変を発生させて人を死に致したものとして、業務上過失致死罪が成立する。

[要旨3]
　刑訴法253条1項にいう「犯罪行為」には、刑法各本条所定の結果も含まれる。

[要旨4]
　業務上過失致死罪の公訴時効は、被害者の受傷から死亡までの間に業務上過失傷害罪の公訴時効期間が経過したか否かにかかわらず、その死亡の時点から進行する。

[要旨5]
　結果の発生時期を異にする各業務上過失致死傷罪が観念的競合の関係にある場合につき公訴時効完成の有無を判定するに当たっては、その全部を一体として観察すべきであり、最終の結果が生じたときから起算して同罪の公訴時効期間が経過していない以上、その全体について公訴時効は未完成である。

　（1、2につき補足意見がある。）

第 2 章　公訴の提起　**161**

決定理由　〔要旨1　略〕　所論にかんがみ、職権をもって検討する。

1　上村耕作を被害者とする業務上過失致死罪の成否について

一、二審判決の認定によれば、被告人らが業務上の過失により有毒なメチル水銀を含む工場廃水を工場外に排出していたところ、被害者の一人とされている上村耕作は、出生に先立つ胎児段階において、母親が右メチル水銀によって汚染された魚介類を摂食したため、胎内で右メチル水銀の影響を受けて脳の形成に異常を来し、その後、出生はしたものの、健全な成育を妨げられた上、12歳9か月にしていわゆる水俣病に起因する栄養失調・脱水症により死亡したというのである。ところで、弁護人大江兵馬の所論は、右のとおり上村耕作に病変の発生した時期が出生前の胎児段階であった点をとらえ、出生して人となった後の同人に対する関係においては業務上過失致死傷罪は成立しない旨主張する。

【要旨2】　しかし、現行刑法上、胎児は、堕胎の罪において独立の行為客体として特別に規定されている場合を除き、母体の一部を構成するものと取り扱われていると解されるから、業務上過失致死罪の成否を論ずるに当たっては、胎児に病変を発生させることは、人である母体の一部に対するものとして、人に病変を発生させることにほかならない。そして、胎児が出生し人となった後、右病変に起因して死亡するに至った場合は、結局、人に病変を発生させて人に死の結果をもたらしたことに帰するから、病変の発生時において客体が人であることを要するとの立場を採ると否とにかかわらず、同罪が成立するものと解するのが相当である。したがって、本件においても、前記事実関係のもとでは、上村耕作を被害者とする業務上過失致死罪が成立するというべきであるから、これを肯定した原判断は、その結論において正当である。

2　公訴時効完成の有無について

一、二審判決の認定によれば、上村耕作の出生は昭和35年8月28日であり、その死亡は昭和48年6月10日であって、出生から死亡までの間に12年9か月という長年月が経過している。

【要旨3】　しかし、公訴時効の起算点に関する刑訴法253条1項にいう「犯罪行為」とは、刑法各本条所定の結果をも含む趣旨と解するのが相当であるから、

【要旨4】　上村耕作を被害者とする業務上過失致死罪の公訴時効は、当該犯罪の終了時である同人死亡の時点から進行を開始するのであって、出生時に同人を被害者とする業務上過失傷害罪が成立したか否か、そして、その後同罪の公訴時効期間が経過したか否かは、前記業務上過失致死罪の公訴時効完成の有無を判定するに当たっては、格別の意義を有しないものというべきである。したがって、同人死亡の時点から起算して公訴時効期間が満了する前の昭和51年5月4日に公訴が提起されている前記業務上過失致死罪につき、その公訴時効の完成を否定した原判断の結論は、正当である。

　次に、本件公訴事実によれば、本件における各死傷の結果発生の時期は、それぞれ昭和34年7月（中村末義死亡）、同年9月（緒方ひとみ傷害）、同年11月（緒方福松、篠原保各死亡）、同年12月（船場藤吉死亡）、昭和46年12月（船場岩蔵死亡）、昭和48年6月（上村耕作死亡）であって、相当の時間的な広がりがあったものとされてはいるが、一、二審判決の認定によれば、これらの結果は、昭和33年9月初旬から昭和35年6月末ころまでの間に行われた継続的な1個の過失行為によって引き起こされたというのである。以上の前提のもとにおいて、原判決は、各罪が観念的競合の関係にある場合において、一つの罪の公訴時効期間内に他の罪の結果が発生するときは、時効的連鎖があるものとし、これらを一体的に観察して公訴時効完成の有無を判定すべきであるが、時効的連鎖が認められないときは、それぞれを分割して各別に公訴時効完成の有無を判定すべきであるとの解釈を示した上、個別的にみて公訴時効が完成していない上村耕作を被害者とする業務上過失致死罪との間で時効的連鎖が認められるのは、船場岩蔵を被害者とする業務上過失致死罪のみであり、右2名を被害者とする各業務上過失致死罪とその余の5名を被害者とする各業務上過失致死傷罪との間には、時効的連鎖が存在しないとして、後者につき公訴時効の完成を肯定する判断を示しているのである。

【要旨5】　しかし、前記前提のもとにおいても、観念的競合の関係にある各罪の公訴時効完成の有無を判定するに当たっては、その全部を一体として観察すべきものと解するのが相当であるから（最高裁昭和40年(あ)第1318号同41年4月21日第一小法廷判決・刑集20巻4号275頁参照）、上村耕作の死亡時から起算して業務上過失致死罪の公訴時効期間が経過していない以上、本件各業務上過失致死傷罪の全体について、その公訴時効はいまだ完成していないも

のというべきである。したがって、原判決が上村耕作及び船場岩蔵を被害者とする各業務上過失致死罪について公訴時効の完成を否定した点は、その結論において正当であり、他方、右2名以外の5名を被害者とする各業務上過失致死傷罪について公訴時効の完成を肯定した点は、法令の解釈適用を誤ったものであるが、その部分については、第一審判決の理由中において公訴時効完成による免訴の判断が示され、同判決に対しては検察官による控訴の申立がなかったものであって、右部分は、原審当時既に当事者間においては攻防の対象からはずされていたものとみることができるから（最高裁昭和41年(あ)第2101号同46年3月24日大法廷決定・刑集25巻2号293頁、同昭和42年(あ)第582号同47年3月9日第一小法廷判決・刑集26巻2号102頁参照）、結局、原判決の右誤りは、判決に影響を及ぼさない。

解　説

1　憲法37条1項は、被告人に対して、公平な裁判所の迅速な公開裁判を受ける権利を保障しているが、事件によっては、事件発生時においては、それが果たして犯罪となるのか否か不明な場合があり、公訴の提起や審判が客観的には著しく遅れて、被告人となった者に必要以上の負担をかける場合が少なくない。その場合、迅速な裁判を受ける被告人の権利を侵害したとして公訴の提起自体を違法無効とすることもあり得る（3の判例）が、事件が複雑その他事件の解明に特別な困難があった場合にまで違法無効とすることは、かえって法の下の平等（憲法14条1項）に相反することとなりかねない。

2　本決定は、いわゆる水俣病に関する加害者側を被告人とした刑事事件であり、有機水銀の排出という業務上の過失行為の発生から、その影響を受けて死亡するまでの間12年9か月という長期間が経過する等しているほか公訴の提起も過失行為から約17年等という長期間を経た後であることもあって、公訴提起の効力自体が争われたのに対し、事件の特殊性から、憲法37条1項の違反はないとしたものである。

3　公訴時効は、他の時効制度と同様、期間の経過による事実関係の非明確化、社会一般に与える影響の稀薄化、証拠の散逸、現在の事実状態の尊重等といった観点から、犯罪行為が終った時から進行する（刑訴法253条1項）とされている。この犯罪行為が何を意味するのか、いわゆる結果犯との関係で問題

となるが、本決定は、業務上過失致死罪について、過失行為を犯罪行為の終期とせず結果である致死の点から公訴時効が進行するとした。
4　業務上過失傷害罪の傷害を受けた者が、その傷害により死亡するに至った場合に、傷害を受けた時点から公訴時効が進行するため死亡以前に過失の時効が完成することがあり得るが、本決定は、その場合も、死亡の時から公訴時効が進行するとしたものである。
5　過失行為が同一で、結果の発生が時期を異にする業務上過失致死傷罪について、個々の結果をみると公訴時効が満了していても、全部が観念的競合の関係にある限り、全体を一体としてみるべきで、最終の結果が生じた時から公訴時効が進行するとした方が、科刑上一罪である観念的競合の趣旨にも合致する（最判昭41.4.21第一小法廷 刑集20・4・275）ため、本決定の判示は妥当である。

57　訴因の特定

（最決昭56.4.25第一小法廷 刑集35・3・116　覚せい剤取締法違反被告事件）

● 決定要旨 ●

覚せい剤使用の日時を「昭和54年9月26日ころから同年10月3日までの間」、その場所を「広島県高田郡吉田町内及びその周辺」、その使用量、使用方法を「若干量を自己の身体に注射又は服用して施用し」との程度に表示してある公訴事実の記載は、検察官において起訴当時の証拠に基づきできる限り特定したものである以上、覚せい剤使用罪の訴因の特定に欠けるところはない。

決定理由　職権により判断すると、「被告人は、法定の除外事由がないのに、昭和54年9月26日ころから同年10月3日までの間、広島県高田郡吉田町内及びその周辺において、覚せい剤であるフェニルメチルアミノプロパン塩類を含有するもの若干量を自己の身体に注射又は服用して施用

し、もって覚せい剤を使用したものである。」との本件公訴事実の記載は、日時、場所の表示にある程度の幅があり、かつ、使用量、使用方法の表示にも明確を欠くところがあるとしても、検察官において起訴当時の証拠に基づきできる限り特定したものである以上、覚せい剤使用罪の訴因の特定に欠けるところはないというべきである。

解　説

1　覚せい剤の使用については、本人の自白もなく、唯一の証拠が、本人から強制的に採尿した尿の中から現われた反応である場合が少なくない（強制採尿につき、42の判例）。尿の中の覚せい剤をいつ、どこで、どれだけ、どのような方法で使用したことは分からなくても、尿に現われた反応による限り、若干量を採尿の1週間前位に、住居ないし逮捕場所の近くで使用したことは、覚せい剤の性質から確実なので、その限度では証明できる。その程度の事実しか判然としない場合に、刑訴法256条3項の訴因の特定があると言えるかが問題となる。

2　本決定は、前記のような幅のある訴因であっても、訴因の特定として有効であるとした。

　これは刑訴法自体が、「できる限り、日時、場所及び方法を以て罪となるべき事実を特定」すればよいとしている関係から、起訴当時の証拠により特定できるのが、その程度であってもやむを得ないとしたもので、その判断の背後には、覚せい剤事件の重大性、証拠収集の困難さ、犯罪を犯したことの確実さ等に対する考慮が働いていると思われる。

　したがって、もう少し、日時、場所、方法等を特定するのが必ずしも困難ではない事件なのに、いわば証拠収集を手抜きして、訴因を曖昧のままに表示したような場合については、同じような結論になるものではあるまい。

3　覚せい剤取締法19条本文は、「……何人も、覚せい剤を使用してはならない。」とするのみで、注射してはならないとか飲用してはならない等と行為の類型を犯罪構成要件としていないので、この程度の漠然とした訴因でも、構成要件的には問題とならない。

4　もともと、訴因は、審判の対策を明確にし、公訴提起の及ぶ範囲や既判力の及ぶ範囲を明らかにし、反面、被告人の防禦の範囲を限定するためのもの

であるから（最判昭37.11.28大法廷　刑集16・11・1633）、その範囲内でできる限り特定されていれば、違法の問題は生じないわけである。

【参考判例】
　　最判昭37.11.28大法廷　刑集16・11・1633　最決昭63.10.25第三小法廷　刑集42・8・1100

58　訴因変更の要否

（最決昭55.3.4第三小法廷　刑集34・3・89
　道路交通法違反被告事件）

● 決定要旨 ●

　道路交通法117条の2第1号の酒酔い運転の訴因に対し訴因変更手続を経ずに同法119条1項7号の2〔筆者注：現117条の4第3号〕の酒気帯び運転を認定しても、運転当時の身体内のアルコール保有量につき被告人の防禦が尽されている場合には、違法ではない。

決定理由　　道路交通法117条の2第1号の酒酔い運転も同法119条1項7号の2〔筆者注：現117条の4第3号〕の酒気帯び運転も基本的には同法65条1項違反の行為である点で共通し、前者に対する被告人の防禦は通常の場合後者のそれを包含し、もとよりその法定刑も後者は前者より軽く、しかも本件においては運転開始前の飲酒量、飲酒の状況等ひいて運転当時の身体内のアルコール保有量の点につき被告人の防禦は尽されていることが記録上明らかであるから、前者の訴因に対し原判決が訴因変更の手続を経ずに後者の罪を認定したからといって、これにより被告人の実質的防禦権を不当に制限したものとは認められず、原判決には所論のような違法はない。

解　説

1　訴因変更の要否の基準としては、事実記載説と法律構成説とが対立しており、前者が通説、判例とされている。前者は、具体的事実に変更があった場

合、後者は法律的構成に変更があった場合に変更を要するとするものであるが、いずれの説も、実質的に被告人の防禦権に支障がない場合に、訴因変更の必要がない場合があることを認めている。
2 　実質的に被告人の防禦に支障がない場合として、訴因に含まれるがそれより縮小された事実を認定する場合、つまり大は小を兼ねる場合と現実の訴訟において、認定される事実についても、防禦が尽くされている場合が従来考えられていた。

　　本決定は、酒酔い運転の訴因に対して酒気帯び運転の事実を認定するにつき、訴因変更を不要としたが、その理由は、前記の大は小を兼ねる理論と具体的に防禦が尽くされている理論をあげたほか、法定刑が軽くなることを理由としている。

　　しかし、この点は、他の2つの理論程の重要性を持たず、補助的な理由にすぎないと解すべきであろう。
3 　訴因の中に認定事実が包含され切る場合には、前記のような大は小を兼ねる理論が妥当だと言えても、相互に重なり合うが、一部は包含されない部分があるような場合に、大は小を兼ねる理論だけでは、まかない切れない。その場合、具体的防禦説によってその足りない部分を補完し得るのか、本決定からは必ずしも明らかでない。具体的防禦が尽くされていれば、被告人に対する不意打ちにはならないであろうが、審判上範囲を明確にするという訴因の本質からは、訴因変更を要するとするのが一般的な考え方であろう。

59　公訴事実の同一性

最決昭53.3.6第一小法廷　刑集32・2・218
道路交通法違反、贈賄、自転車競技法違反、賭博開帳図利、傷害被告事件

●決定要旨●

　「被告人甲は、公務員乙と共謀のうえ、乙の職務上の不正行為に対する謝礼の趣旨で、丙から賄賂を収受した」という枉法収賄の訴因と、「被告人甲は、丙と共謀のうえ、右と同じ趣旨で、公務員乙に対して賄賂を供与した」という贈賄の訴因とは、収受したとされる賄賂と供与したとされる

賄賂との間に事実上の共通性がある場合には、公訴事実の同一性を失わない。
（補足意見がある。）

決定理由 職権により判断するに、「被告人甲は、公務員乙と共謀のうえ、乙の職務上の不正行為に対する謝礼の趣旨で、丙から賄賂を収受した」という枉法収賄の訴因と、「被告人甲は、丙と共謀のうえ、右と同じ趣旨で、公務員乙に対して賄賂を供与した」という贈賄の訴因とは、収受したとされる賄賂と供与したとされる賄賂との間に事実上の共通性がある場合には、両立しない関係にあり、かつ、一連の同一事象に対する法的評価を異にするに過ぎないものであって、基本的事実関係においては同一であるということができる。したがって、右の２つの訴因の間に公訴事実の同一性を認めた原判断は、正当である。

解説

1　公訴事実の同一性は、訴因変更の限界（刑訴法312条１項）であるとともに、既判力の及ぶ範囲、二重起訴の禁止の及ぶ範囲としての意味を持っている。

2　公訴事実の同一性については、基本的な事実が同一であればよいとする基本的事実同一説が判例のとるところであるが、学説は、多岐にわたっており、必ずしも通説的立場のものがないものの、その結論においては、判例とさして変わらないのが実情で、基本的事実に構成要件、更には訴因とか罪質とかいった要素を加えて総合的に評価する立場であっても、さして結論は異ならない。

3　公訴事実の同一性の判断基準として「非両立の理論」が初めて判例に現われたのは、10月14日ころ、静岡県内のホテルで甲所有の背広等を窃取したという窃盗の事実と同月19日ころ、東京都内で自称甲から前記背広の処分を依頼されて入質し、贓物を牙保したという贓物牙保の事実について、「一方の犯罪が認められるときは、他方の犯罪の成立を認め得ない関係」にあるとして基本的事実が同一であるとしたもの（最判昭29．5．14第二小法廷　刑集８・

5・676）で、それ以来、択一的関係（最判昭33.5.20第三小法廷 刑集12・7・1416）とか、一方が有罪となれば他方はその不可罰的事後行為（最判昭34.12.11第二小法廷 刑集13・13・3195）といった形でこの理論が支持されてきている。
4 本決定も、基本的事実同一性に立ち、この非両立の理論を中心に据えたうえで、法的評価を異にしても、事実が同一であるから公訴事実は同一であり訴因の変更が可能であると判断している。大審院以来の判例の立場からは、当然の結論といえる。

60 付審判請求事件以外の犯罪に対する有罪認定

（最決昭49.4.1第二小法廷 刑集28・3・17）
暴行被告事件

● 決定要旨 ●

準起訴裁判所が、相当な嫌疑のもとに刑訴法262条1項に掲げる罪が成立すると判断し公訴提起すべきものとして審判に付した以上、公判審理の結果それ以外の罪の成立が認められるにすぎないことになったとしても、審判に付された事件と公訴事実の同一性が認められるかぎり、この罪で処罰することができる。
（補足意見及び反対意見がある。）

決定理由 所論第3は、原判決には準起訴手続によって審判に付された事件において準起訴事件以外の事実を認定し有罪とした違法があるというものであるが、準起訴裁判所が、相当な嫌疑のもとに刑訴法262条1項に掲げる罪が成立すると判断し公訴提起すべきものとして審判に付した以上、その後の審理の結果それ以外の罪の成立が認められるにすぎないことになったとしても、これが審判に付された事件と公訴事実の同一性が認められるかぎり、この事実を認定し処断することが許されないわけではない。なぜならば、準起訴裁判の制度は、同法262条1項に掲げる罪が成立する相当な嫌疑が

あり起訴すべき場合であると認められるのにかかわらず、検察官が公訴を提起しないことの是正を目的とするものであるから、準起訴裁判所が、相当な嫌疑のもとに右の罪が成立すると判断し起訴すべき場合であるとして審判に付した以上、検察官の公訴提起と同じく、その後の訴因の変更、事実認定等について差異がないと解すべきであるからである。

解説

1　刑訴法262条１項は、刑法193条ないし196条の職権濫用罪と破防法45条の職権濫用罪について、告訴、告発をした者は、検察官の不起訴処分を不服とするとき所轄の地方裁判所に事件を審判に付することを請求できるとする、いわゆる付審判請求である。
　　この付審判請求に対して、裁判所は合議体で審理及び裁判をし（刑訴法265条１項）、請求に理由があれば、事件を管轄地方裁判所の審判に付することとなる（刑訴法266条２号）。この付審判決定は、検察官の公訴権の独占（刑訴法247条）の唯一の例外であり、決定があったとき、公訴の提起があったとみなされる（刑訴法267条）。手続の全体を、準起訴手続という由縁である。
2　準起訴手続の対象となるのは、前記のように公務員の職権濫用罪のみであり、それ以外の犯罪については、許されないが、付審判決定があって、審理が行われた結果、職権濫用罪以外の犯罪の成立しか認められない場合に、公訴提起の手続が、その規定に違反したため無効であり、判決で公訴を棄却しなければならないのではないか（刑訴法338条４号）という問題がある。
3　本決定は、準起訴裁判所が、相当な嫌疑のもとに職権濫用罪が成立するとして付審判決定をした以上、その後の審理で他の事実しか認められなくても、公訴事実の同一性がある限り、職権濫用罪以外の犯罪で処罰することができるとし、その理由として、準起訴手続の検察官の公訴不提起に対する是正機能を掲げ、検察官の公訴提起と同一に解すべきであるとした。
4　前記の相当な嫌疑がどの程度の嫌疑を意味するのか問題の多いところである。検察官の起訴に準ずるという制度の建前からいけば、検察官の起訴の際の嫌疑と同程度のものが要求されようし、それ以下の嫌疑で足りるとすると公訴権濫用の問題が入ってくる（55の「解説」参照）。
5　本決定のような考えに対して、準起訴手続は、職権濫用罪に限られている

のであるから、公訴裁判所の終局判断でこれに当たらないことが明白となったなら、公訴を棄却すべしとする見解もあり得る。

第3章 公　　判

61 被告人の確定

（最決昭60.11.29第三小法廷　刑集39・7・532
刑の執行猶予言渡取消請求に関する特別抗告事件）

● 決定要旨 ●

　執行猶予の言渡しがあった事件において、被告人が、捜査官に対しことさら知人である甲女の氏名を詐称し、かねて熟知していた同女の身上及び前科をも正確詳細に供述するなどして、あたかも甲女であるかのように巧みに装ったため、捜査官が全く不審を抱かず、指紋の同一性の確認をしなかったことにより、当該判決の確定前に被告人自身の前科を覚知できなかったという場合には、検察官は刑法26条3号による執行猶予の取消請求権を失わない。

（補足意見がある。）

決定理由　判例違反をいうが、所論引用の判例は事案を異にして本件に適切でなく、適法な抗告理由に当たらない。なお、原決定の認定するところによれば、本件においては、申立人が、捜査官に対し、ことさら知人幡中ひさ美の氏名を詐称し、かねて熟知していた同女の身上及び前科をも正確に詳しく供述するなどして同女であるかのように巧みに装ったため、捜査官は、申立人が右幡中であることについて全く不審を抱かず、両者の指紋の同一性の確認をしなかった結果、執行猶予の判決確定前には申立人の前科を覚知できなかったというのであるから、検察官が執行猶予取消請求権を失わないとした原審の判断は正当である。

解　説

1　刑法25条1項は、刑の執行猶予の条件を定めているが、その2号は、「前に禁錮以上の刑に処せられたことがあっても、その執行を終わった日又はその執行の免除を得た日から5年以内に禁錮以上の刑に処せられたことがない者」と規定している。

　被告人がこの前科を述べず、検察官もそれを知らずに裁判所に対して、前科を証明しない場合に、裁判所が、誤って、執行猶予をつけることがあり得る。その場合を想定して、刑法26条は、刑の執行猶予の必要的取消を規定し、その事由の1つとして、3号で、一定の者を除いて、「猶予の言渡し前に他の罪について禁錮以上の刑に処せられたことが発覚したとき。」と規定している。

2　本決定は、直接的には、被告人が捜査官に対して知人の氏名を詐称し、検察官も手抜かりで指紋により同一性の確認をしなかったため、執行猶予を付し得ない前科があったことを裁判所に立証しなかった場合に、前記の必要的執行猶予の取消請求を、検察官ができるかという問題について、積極に解したものであるが、その前提として、本件で、起訴された被告人は、被告人として行動した本人か、それとも、氏名を詐称された者かという被告人の確定の問題がある。

3　いわゆる略式命令（刑訴法461条）のように、被告人として公的に裁判の場で行動することなく、書面審理だけで、命令が発せられるような場合については、起訴状に記載された氏名の者に対して、略式命令の効力が及び、被告人として行動し、事実上命令を受けて、罰金を納入した行為者については、被告人ではなく、略式命令の効力が及ばないとするのが判例（最決昭50．5．30第三小法廷　刑集29・5・360）である（表示説）が、公判請求事件の場合には、だれが被告人となるのかは、前記のような表示説に直ちによることはできない。

4　被告人確定については、意思説、表示説、行動説等が主張されるが、これらを総合して解釈するのが一般であり、本件に即して言えば、表示は、被詐称者であっても、意思と行動は、詐称者といえるから、詐称者を被告人としたのは、当然であろう。

第3章　公　　判

【参考判例】
　　最決昭50.5.30第三小法廷　刑集29・5・360

62　国選弁護

15の判例（40頁参照）

解　説

1　弁護人の法廷における地位を、法廷の必要的構成員として、司法機関としての弁護人としてみることが必要である。単に被告人の利益の擁護者にしか過ぎないとすれば、弁護人は、自らの立場を倭小化することになりかねない。
2　15の「解説」を参照のこと。

【参考判例】
　　最判昭63.7.8第二小法廷　刑集42・6・841

63　裁判の公開

（最判平元.3.8大法廷　民集43・2・89）
（メモ採取不許可国家賠償請求事件）

● 判決要旨 ●

要旨1
　憲法82条1項は、法廷で傍聴人がメモを取ることを権利として保障しているものではない。

要旨2
　法廷で傍聴人がメモを取ることは、その見聞する裁判を認識、記憶するためにされるものである限り、憲法21条1項の精神に照らし尊重に値し、故なく妨げられてはならない。

要旨3
　法廷警察権の行使は、裁判長の広範な裁量に委ねられ、その行使の要

否、執るべき措置についての裁判長の判断は、最大限に尊重されなければならない。

|要旨4|
　法廷でメモを取ることを司法記者クラブ所属の報道機関の記者に対してのみ許可し、一般傍聴人に対して禁止する裁判長の措置は、憲法14条1項に違反しない。

|要旨5|
　法廷警察権の行使は、法廷警察権の目的、範囲を著しく逸脱し、又はその方法が甚だしく不当であるなどの特段の事情のない限り、国家賠償法1条1項にいう違法な公権力の行使ということはできない。
（2につき意見がある。）

判決理由

一　原審の確定した事実関係は、次のとおりである。
　上告人は、米国ワシントン州弁護士の資格を有する者で、国際交流基金の特別研究員として我が国における証券市場及びこれに関する法的規制の研究に従事し、右研究の一環として、昭和57年10月以来、東京地方裁判所における被告人加藤暠に対する所得税法違反被告事件の各公判期日における公判を傍聴した。右事件を担当する裁判長（以下「本件裁判長」という。）は、各公判期日において傍聴人がメモを取ることをあらかじめ一般的に禁止していたので、上告人は、各公判期日に先立ちその許可を求めたが、本件裁判長はこれを許さなかった。本件裁判長は、司法記者クラブ所属の報道機関の記者に対しては、各公判期日においてメモを取ることを許可していた。

二　憲法82条1項の規定は、裁判の対審及び判決が公開の法廷で行われるべきことを定めているが、その趣旨は、裁判を一般に公開して裁判が公正に行われることを制度として保障し、ひいては裁判に対する国民の信頼を確保しようとすることにある。

【要旨1】　裁判の公開が制度として保障されていることに伴い、各人は、裁判を傍聴することができることとなるが、右規定は、各人が裁判所に対して傍聴することを権利として要求できることまでを認めたものでないことはもと

より、傍聴人に対して法廷においてメモを取ることを権利として保障しているものでないことも、いうまでもないところである。

三1　憲法21条1項の規定は、表現の自由を保障している。そうして、各人が自由にさまざまな意見、知識、情報に接し、これを摂取する機会をもつことは、その者が個人として自己の思想及び人格を形成、発展させ、社会生活の中にこれを反映させていく上において欠くことのできないものであり、民主主義社会における思想及び情報の自由な伝達、交流の確保という基本的原理を真に実効あるものたらしめるためにも必要であって、このような情報等に接し、これを摂取する自由は、右規定の趣旨、目的から、いわばその派生原理として当然に導かれるところである（最高裁昭和52年(オ)第927号同58年6月22日大法廷判決・民集37巻5号793頁参照）。市民的及び政治的権利に関する国際規約（以下「人権規約」という。）19条2項の規定も、同様の趣旨にほかならない。

2　筆記行為は、一般的には人の生活活動の1つであり、生活のさまざまな場面において行われ、極めて広い範囲に及んでいるから、そのすべてが憲法の保障する自由に関係するものということはできないが、さまざまな意見、知識、情報に接し、これを摂取することを補助するものとしてなされる限り、筆記行為の自由は、憲法21条1項の規定の精神に照らして尊重されるべきであるといわなければならない。

　　裁判の公開が制度として保障されていることに伴い、傍聴人は法廷における裁判を見聞することができるのであるから、

【要旨2】傍聴人が法廷においてメモを取ることは、その見聞する裁判を認識、記憶するためになされるものである限り、尊重に値し、故なく妨げられてはならないものというべきである。

四　もっとも、情報等の摂取を補助するためにする筆記行為の自由といえども、他者の人権と衝突する場合にはそれとの調整を図る上において、又はこれに優越する公共の利益が存在する場合にはそれを確保する必要から、一定の合理的制限を受けることがあることはやむを得ないところである。しかも、右の筆記行為の自由は、憲法21条1項の規定によって直接保障されている表現の自由そのものとは異なるものであるから、その制限又は禁止には、表現の自由に制約を加える場合に一般に必要とされる厳格な基準が要求されるもの

ではないというべきである。

　これを傍聴人のメモを取る行為についていえば、法廷は、事件を審理、裁判する場、すなわち、事実を審究し、法律を適用して、適正かつ迅速な裁判を実現すべく、裁判官及び訴訟関係人が全神経を集中すべき場であって、そこにおいて最も尊重されなければならないのは、適正かつ迅速な裁判を実現することである。傍聴人は、裁判官及び訴訟関係人と異なり、その活動を見聞する者であって、裁判に関与して何らかの積極的な活動をすることを予定されている者ではない。したがって、公正かつ円滑な訴訟の運営は、傍聴人がメモを取ることに比べれば、はるかに優越する法益であることは多言を要しないところである。してみれば、そのメモを取る行為がいささかでも法廷における公正かつ円滑な訴訟の運営を妨げる場合には、それが制限又は禁止されるべきことは当然であるというべきである。適正な裁判の実現のためには、傍聴それ自体をも制限することができるとされているところでもある（刑訴規則202条、123条2項参照）。

　メモを取る行為が意を通じた傍聴人によって一斉に行われるなど、それがデモンストレーションの様相を呈する場合などは論外としても、当該事件の内容、証人、被告人の年齢や性格、傍聴人と事件との関係等の諸事情によっては、メモを取る行為そのものが、審理、裁判の場にふさわしくない雰囲気を醸し出したり、証人、被告人に不当な心理的圧迫などの影響を及ぼしたりすることがあり、ひいては公正かつ円滑な訴訟の運営が妨げられるおそれが生ずる場合のあり得ることは否定できない。

　しかしながら、それにもかかわらず、傍聴人のメモを取る行為が公正かつ円滑な訴訟の運営を妨げるに至ることは、通常はあり得ないのであって、特段の事情のない限り、これを傍聴人の自由に任せるべきであり、それが憲法21条1項の規定の精神に合致するものということができる。

五1　法廷を主宰する裁判長（開廷をした1人の裁判官を含む。以下同じ。）には、裁判所の職務の執行を妨げ、又は不当な行状をする者に対して、法廷の秩序を維持するため相当な処分をする権限が付与されている（裁判所法71条、刑訴法288条2項）。右の法廷警察権は、法廷における訴訟の運営に対する傍聴人等の妨害を抑制、排除し、適正かつ迅速な裁判の実現という憲法上の要請を満たすために裁判長に付与された権限である。しかも、

裁判所の職務の執行を妨げたり、法廷の秩序を乱したりする行為は、裁判の各場面においてさまざまな形で現れ得るものであり、法廷警察権は、右の各場面において、その都度、これに即応して適切に行使されなければならないことにかんがみれば、

【要旨3】　その行使は、当該法廷の状況等を最も的確に把握し得る立場にあり、かつ、訴訟の進行に全責任をもつ裁判長の広範な裁量に委ねられて然るべきものというべきであるから、その行使の要否、執るべき措置についての裁判長の判断は、最大限に尊重されなければならないのである。

2　裁判所法71条、刑訴法288条2項の各規定により、法廷において裁判所の職務の執行を妨げ、又は不当な行状をする者に対し、裁判長が法廷の秩序を維持するため相当な処分をすることが認められている以上、裁判長は、傍聴人のメモを取る行為といえども、公正かつ円滑な訴訟の運営の妨げとなるおそれがある場合は、この権限に基づいて、当然これを禁止又は規制する措置を執ることができるものと解するのが相当であるから、実定法上、法廷において傍聴人に対してメモを取る行為を禁止する根拠となる規定が存在しないということはできない。

　また、人権規約19条3項の規定は、情報等の受領等の自由を含む表現の自由についての権利の行使に制限を課するには法律の定めを要することをいうものであるから、前示の各法律の規定に基づく法廷警察権による傍聴人のメモを取る行為の制限は、何ら人権規約の右規定に違反するものではない。

3　裁判長は傍聴人がメモを取ることをその自由に任せるべきであり、それが憲法21条1項の規定の精神に合致するものであることは、前示のとおりである。裁判長としては、特に具体的に公正かつ円滑な訴訟の運営の妨げとなるおそれがある場合においてのみ、法廷警察権によりこれを制限又は禁止するという取扱いをすることが望ましいといわなければならないが、事件の内容、傍聴人の状況その他当該法廷の具体的状況によっては、傍聴人がメモを取ることをあらかじめ一般的に禁止し、状況に応じて個別的にこれを許可するという取扱いも、傍聴人がメモを取ることを故なく妨げることとならない限り、裁判長の裁量の範囲内の措置として許容されるものというべきである。

六　本件裁判長が、各公判期日において、上告人に対してはメモを取ることを禁止しながら、司法記者クラブ所属の報道機関の記者に対してはこれを許可していたことは、前示のとおりである。

　憲法14条１項の規定は、各人に対し絶対的な平等を保障したものではなく、合理的理由なくして差別することを禁止する趣旨であって、それぞれの事実上の差異に相応して法的取扱いを区別することは、その区別が合理性を有する限り、何ら右規定に違反するものではないと解すべきである（最高裁昭和55年（行ツ）第15号同60年３月27日大法廷判決・民集39巻２号247頁等参照）とともに、報道機関の報道は、民主主義社会において、国民が国政に関与するにつき、重要な判断の資料を提供するものであって、事実の報道の自由は、表現の自由を定めた憲法21条１項の規定の保障の下にあることはいうまでもなく、このような報道機関の報道が正しい内容をもつためには、報道のための取材の自由も、憲法21条の規定の精神に照らし、十分尊重に値するものである（最高裁昭和44年(し)第68号同年11月26日大法廷決定・刑集23巻11号1490頁）。

【要旨４】　そうであってみれば、以上の趣旨が法廷警察権の行使に当たって配慮されることがあっても、裁判の報道の重要性に照らせば当然であり、報道の公共性、ひいては報道のための取材の自由に対する配慮に基づき、司法記者クラブ所属の報道機関の記者に対してのみ法廷においてメモを取ることを許可することも、合理性を欠く措置ということはできないというべきである。

　本件裁判長において執った右の措置は、このような配慮に基づくものと思料されるから、合理性を欠くとまでいうことはできず、憲法14条１項の規定に違反するものではない。

七１　原審の確定した前示事実関係の下においては、本件裁判長が法廷警察権に基づき傍聴人に対してあらかじめ一般的にメモを取ることを禁止した上、上告人に対しこれを許可しなかった措置（以下「本件措置」という。）は、これを妥当なものとして積極的に肯認し得る事由を見出すことができない。上告人がメモを取ることが、法廷内の秩序や静穏を乱したり、審理、裁判の場にふさわしくない雰囲気を醸し出したり、あるいは証人、被告人に不当な影響を与えたりするなど公正かつ円滑な訴訟の運営の妨げとなるおそれがあったとはいえないのであるから、本件措置は、合理的根拠を欠いた

法廷警察権の行使であるというべきである。

過去においていわゆる公安関係の事件が裁判所に多数係属し、荒れる法廷が日常であった当時には、これらの裁判の円滑な進行を図るため、各法廷において一般的にメモを取ることを禁止する措置を執らざるを得なかったことがあり、全国における相当数の裁判所において、今日でもそのような措置を必要とするとの見解の下に、本件措置と同様の措置が執られてきていることは、当裁判所に顕著な事実である。しかし、本件措置が執られた当時においては、既に大多数の国民の裁判所に対する理解は深まり、法廷において傍聴人が裁判所による訴訟の運営を妨害するという事態は、ほとんど影をひそめるに至っていたこともまた、当裁判所に顕著な事実である。

裁判所としては、今日においては、傍聴人のメモに関し配慮を欠くに至っていることを率直に認め、今後は、傍聴人のメモを取る行為に対し配慮をすることが要請されることを認めなければならない。

もっとも、このことは、法廷の秩序や静穏を害したり、公正かつ円滑な訴訟の運営に支障を来したりすることのないことを前提とするものであることは当然であって、裁判長は、傍聴人のいかなる行為であっても、いやしくもそれが右のような事態を招くものであると認めるときには、厳正かつ果断に法廷警察権を行使すべき職務と責任を有していることも、忘れられてはならないであろう。

2　法廷警察権は、裁判所法71条、刑訴法288条2項の各規定に従って行使されなければならないことはいうまでもないが、前示のような法廷警察権の趣旨、目的、更に遡って法の支配の精神に照らせば、その行使に当たっての裁判長の判断は、最大限に尊重されなければならない。

【要旨5】　したがって、それに基づく裁判長の措置は、それが法廷警察権の目的、範囲を著しく逸脱し、又はその方法が甚だしく不当であるなどの特段の事情のない限り、国家賠償法1条1項の規定にいう違法な公権力の行使ということはできないものと解するのが相当である。このことは、前示のような法廷における傍聴人の立場にかんがみるとき、傍聴人のメモを取る行為に対する法廷警察権の行使についても妥当するものといわなければならない。

本件措置が執られた当時には、法廷警察権に基づき傍聴人がメモを取ることを一般的に禁止して開廷するのが相当であるとの見解も広く採用され、相当数の裁判所において同様の措置が執られていたことは前示のとおりであり、本件措置には前示のような特段の事情があるとまではいえないから、本件措置が配慮を欠いていたことが認められるにもかかわらず、これが国家賠償法1条1項の規定にいう違法な公権力の行使に当たるとまでは、断ずることができない。

八　以上説示したところと同旨に帰する原審の判断は、結局これを是認することができる。原判決に所論の違憲、違法はなく、論旨は、いずれも採用することができない。

解　説

1　本件は、民事事件についての判決であるが、その判示するところは、法廷警察権であり、裁判の公開、表現の自由等刑事裁判一般にも妥当するものである。

2　憲法82条1項は、「裁判の対審及び判決は、公開法廷でこれを行ふ。」として、裁判の公開の原則を明らかにする。この裁判の公開は、裁判の公正さの担保となるものであるが、すべての国民に裁判の傍聴を権利として認めることは、物理的に不可能であるばかりか、裁判の公正の確保という目的からも不要であるのは当然であるし、傍聴人がメモを取ることを権利としてまでも保障するものでないことは、前記の目的からも当然の結論となる。

3　一方、表現の自由を保障する憲法21条1項から法廷でのメモ行為も憲法上の権利といえるかという問題も、情報を収集する一手段として考えれば、直接表現の自由の範囲内には入らないまでも、表現の自由の精神に照らして尊重されるべき行為とみることはできよう。報道の自由が表現の自由に入り、そのための取材の自由が、表現の自由の精神に照らして尊重されるべきとされるのと似た関係にある（25最決昭44.11.26大法廷　刑集23・11・1490の「解説」を参照のこと。）。とはいえ、個人的筆記行為は、表現の自由との関係では、更に報道のための取材より遠いのも事実であり、他の公共の福祉と衝突する場合には、制約を受けるのも当然といえる。本決定が、司法記者クラブ員のメモ行為と一般人のそれとを区別した点は報道の公共性から合理的

な判断といえよう。
4 　法廷警察権の行使は、裁判長の広範な裁量に委ねられているが、これは、この権限の性格上当然のことであり、この行使は、臨機応変になされるべきものであるから、裁判長の判断は最大限に尊重されるべきである。その行使が、法廷警察権の目的や範囲を著しく超えたり、その方法が甚だしく不当でない限り、違法な公権力の行使と評価すべきものでない。
5 　一私人のメモをとる行為も、本判決が判示するように、憲法21条１項の精神からそれなりに尊重はされるが、その行為によって、証人が心理的圧迫を受けるとか、傍聴人が一斉にメモをとって、裁判の場を闘争の場にする等の行為があれば、これが法廷警察権によって禁止され得るのは当然である。

【参考判例】
　　最決昭33.２.17大法廷　刑集12・２・253

64　迅速な裁判

③の判例（６頁参照）

【解説】

1 　具体的事件において、憲法37条１項違反となっているか否かの判断基準は、遅延期間のみではなく、その原因と理由等から遅延がやむを得ないものか、利益の比較衡量等を考慮して決するとした点は、判断基準を明示したものとして評価されている。
2 　本判決が、免訴判決を結論とした点は、実体関係的形式判決としての免訴判決の効果を考えてのことといえる。
3 　③の「解説」参照のこと。

65 証拠開示

(最決昭44.4.25第二小法廷 刑集23・4・248
証拠書類閲覧に関する命令に対し検察官のした異議を棄却する決定に対する特別抗告事件)

● 決定要旨 ●

　裁判所は、証拠調の段階に入った後、弁護人から、具体的必要性を示して、一定の証拠を弁護人に閲覧させるよう検察官に命ぜられたい旨の申出がなされた場合、事案の性質、審理の状況、閲覧を求める証拠の種類および内容、閲覧の時期、程度および方法、その他諸般の事情を勘案し、その閲覧が被告人の防禦のため特に重要であり、かつこれにより罪証隠滅、証人威迫等の弊害を招来するおそれがなく、相当と認めるときは、その訴訟指揮権に基づき、検察官に対し、その所持する証拠を弁護人に閲覧させることを命ずることができる。

決定理由　所論のうち、判例違反をいう点は、所論引用の当裁判所昭和34年(し)第60号同年12月26日第三小法廷決定は、いまだ冒頭手続にも入らない段階において、検察官に対し、その手持証拠全部を相手方に閲覧させるよう命じた事案に関するものであり、また昭和34年(し)第71号同35年2月9日第三小法廷決定は、裁判所が、検察官に対し、相手方に証拠を閲覧させるべき旨の命令を発しなかった事案において、検察官にはあらかじめ進んで相手方に証拠を閲覧させる義務がなく、弁護人にもその閲覧請求権がないことを判示したものであるから、証拠調の段階において、特定の証人尋問調書につき、裁判所が、訴訟指揮権に基づいて、検察官に対し、これを弁護人に閲覧させることを命じた事案に関する本件とは、いずれも事案を異にし、適切な判例とはいえず、その余の点は、単なる法令違反の主張であって、以上すべて適法な抗告理由にあたらない（裁判所は、その訴訟上の地位にかんがみ、法規の明文ないし訴訟の基本構造に違背しないかぎり、適切な裁量により公正な訴訟指揮を行ない、訴訟の合目的的進行をはかるべき権限と職責を有するものであるから、本件のように証拠調の段階に入った後、弁護人から、具体的必要性を示して、

一定の証拠を弁護人に閲覧させるよう検察官に命ぜられたい旨の申出がなされた場合、事案の性質、審理の状況、閲覧を求める証拠の種類および内容、閲覧の時期、程度および方法、その他諸般の事情を勘案し、その閲覧が被告人の防禦のため特に重要であり、かつこれにより罪証隠滅、証人威迫等の弊害を招来するおそれがなく、相当と認めるときは、その訴訟指揮権に基づき、検察官に対し、その所持する証拠を弁護人に閲覧させるよう命ずることができるものと解すべきである。そうして、本件の具体的事情のもとで、右と同趣旨の見解を前提とし、所論証人尋問調書閲覧に関する命令を維持した原裁判所の判断は、検察官においてこれに従わないときはただちに公訴棄却の措置をとることができるとするかのごとき点を除き、是認することができる。)。

解 説

1 　刑訴法294条は、「公判期日における訴訟の指揮は、裁判長がこれを行う。」としている。一方、同法299条1項は、検察官、被告人又は弁護人が「証拠書類、又は証拠物の取調を請求するについては、あらかじめ、相手方にこれを閲覧する機会を与えなければならない。」と規定している。
　　前記の条文からは、検察官が取調べを請求する予定の証拠書類については当然相手方に閲覧させなければならないものの、取調べを請求する予定のない証拠書類については何らふれておらず、そのような義務もないといえよう。
2 　本件は、取調べ請求予定のない刑訴法226条の裁判官面前調書について弁護側が証拠開示するように裁判所を通じて検察側に働きかけ、裁判所もこの要求を入れて、裁判長の訴訟指揮として、「検察官は弁護人に対し、直ちに裁判官の証人A、B、C、Dに対する各証人尋問調書を閲覧させること」という命令を出したため、検察側が最高裁に特別抗告をした事件である。
3 　本決定は、裁判所の訴訟指揮権を重く見て、刑訴法299条によらず、294条によって証拠開示を命じうるとしたものである。ただ、この命令に検察側が従わないときに、原決定では、公訴棄却ができるとした部分は、否定している。
4 　刑訴法は、予断排除の原則からいわゆる起訴状1本主義をとり、裁判所は、当事者の立証をまって判断することとなっている関係から、いかなる証拠が当事者の手許にあるのか立証されるまでは分からない立場に置かれている。

このことは、当事者間においても同様で、相手方が立証する予定の証拠については、事前に刑訴法299条1項で開示されるとしても、それ以外については開示の義務がない（最決昭34.12.26第三小法廷 刑集13・13・3372）関係から、自分にとって有利な証拠が相手方の手許にあった場合にその内容を知ることができないことになる。

本決定は、具体的状況を勘案したうえで、個別的証拠についての開示命令を認めたものであり、訴訟指揮権を理由とする関係から、手持証拠の全面開示命令まで認める趣旨を含むものではない。

第4章 証　　拠

66 厳格な証明と自由な証明

(最決昭58.12.19第一小法廷 刑集37・10・1753
身代金目的拐取、監禁、拐取者身代金要求被告事件)

●決定要旨●

電報電話局長に対し、逆探知資料の送付嘱託を行うことの当否等を判断するため、右資料の存否という訴訟法的事実を認定するには、いわゆる自由な証明で足りる。

決定理由　原審が刑訴法323条3号に該当する書面として取り調べた水海道電報電話局長作成にかかる取手警察署長宛昭和57年5月11日付回答書は、弁護人申請にかかる送付嘱託の対象物（守谷局0393番の加入電話へ架電された電話についての逆探知資料）は存在しないという事実を立証趣旨とするものであって、原審が右逆探知資料の送付嘱託を行うことの当否又は右逆探知に関する証人申請の採否等を判断するための資料にすぎないところ、右のような訴訟法的事実については、いわゆる自由な証明で足りるから、右回答書が刑訴法323条3号の書面に該当すると否とにかかわらず、これを取り調

べた原審の措置に違法はないというべきである。また記録を調べても、第一審判決の事実認定を肯認した原判決に誤りがあるとは認められない。

> **解　説**

1　刑訴法317条は、「事実の認定は証拠による。」とする。この事実は、犯罪事実やそれに準ずる事実を指し、また、この証拠は、刑訴法の認める証拠能力を有する証拠で、適法な証拠調べを経た証拠をいい、このような証拠による犯罪事実の証明を「厳格な証明」と呼んでいるのが通説判例（最判昭33．5．28大法廷　刑集12・8・1718、最判昭38.10.17第一小法廷　刑集17・10・1795）である。
2　このような厳格な証明に対し、犯罪事実に関する証明のためではない証明、換言すれば、犯罪事実やそれに準ずる事実以外の事実、特に訴訟法上の事実を認定するための証拠については、前記のような厳格な証拠による証明ではなく自由に証明することが許されている。証拠能力について、刑訴法の定める要件が不要となるわけである。このような証拠による証明を「自由な証明」という。
3　本決定は、弁護人申請にかかる証拠資料は存在しないという事実を証明するための証拠書類について、前記証拠資料の送付嘱託を行うことの当否、それに関する証人申請を認めるかどうかの判断の資料にしかすぎず、それは訴訟法的事実を証明するためのものであるから、自由な証明で足りるとして、刑訴法323条3号の書面に該当するかどうかの判断を不要としたものである。
4　自由な証明の場合、全く証拠能力を不要とするのか、証拠調べ自体からも開放されるのか等の問題がある。

67　違法収集証拠の証拠能力

（最決昭63．9．16第二小法廷　刑集42・7・1051）
覚せい剤取締法違反被告事件

> ● **決定要旨** ●
>
> 警察官が被告人をその意思に反して警察署に連行したうえ、その状況を

直接利用して所持品検査及び採尿を行った場合に、その手続に違法があっても、連行の際に被告人が落とした紙包みの中味が覚せい剤であると判断され、その時点で被告人を逮捕することが許された本件事情の下では（判文参照）、その違法の程度はいまだ重大であるとはいえず、右手続により得られた覚せい剤等の証拠の証拠能力は否定されない。
（反対意見がある。）

決定理由　本件覚せい剤等の証拠物並びに覚せい剤及び尿に関する各鑑定書を違法収集証拠として排除すべきであるとする所論にかんがみ、以下職権により検討する。
一　原判決の是認する一審判決の認定によれば、次の経過が認められる。
(1)　昭和61年6月14日午前1時ころ、警視庁第二自動車警ら隊所属の宮澤巡査部長と福田巡査が東京都台東区内の通称浅草国際通りをパトカーで警ら中、暗い路地から出て来た一見暴力団員風の被告人を発見し、宮澤巡査部長がパトカーを降りて被告人に近づいて見ると、覚せい剤常用者特有の顔つきをしていたことから、覚せい剤使用の疑いを抱き、職務質問をすべく声をかけたところ、被告人が返答をせずに反転して逃げ出したため、被告人を停止すべく追跡した。(2)　途中から応援に駆けつけた付近の交番の洞ケ瀬巡査と那須巡査らも加わって追跡し、被告人が自ら転倒したところに追いつき、福田巡査を加えた4名の警察官が、その場で暴れる被告人を取り押さえ、凶器所持の有無を確かめるべく、着衣の所持品検査を行ったが、凶器等は発見されなかった。(3)　そのころ、多くの野次馬が集まってきたため、宮澤巡査部長は、その場で職務質問を続けるのが適当でないと判断し、取り押さえている被告人に対し、車で2、3分の距離にある最寄りの浅草署へ同行するよう求めたが、被告人が片手をパトカーの屋根上に、片手をドアガラスの上に置き、突っ張るような状態で乗車を拒むので、説得したところ、被告人は、渋々ながら手の力を抜いて後部座席に自ら乗車した。(4)　その際、被告人の動静を近くから注視していた宮澤巡査部長は、被告人が紙包みを路上に落とすのを現認し、被告人にこれを示したが、同人が知らない旨答えたため、中味を見分したところ、覚せい剤様のものを

発見し、それまでの捜査経験からそれが覚せい剤であると判断して、そのまま保管した。(5) 被告人が乗車後も肩をゆすり、腕を振るなどして暴れるため、警察官が両側から被告人の手首を握るなどして制止する状態のまま、浅草署に到着し、両側から抱えるような状態で同署4階の保安係の部屋まで被告人を同行した。(6) 同室では、被告人の態度も落ち着いてきたため、宮澤巡査部長が職務質問に当たり、被告人の氏名、生年月日等を尋ねたところ、被告人が着衣のポケットから自ら身体障害者手帳等を取り出して机の上に置き、次いで所持品検査を求めると、被告人がふてくされた態度で上衣を脱いで投げ出したので、所持品検査についての黙示の承諾があったものと判断し、宮澤巡査部長が右上衣を調べ、福田、那須の両巡査が被告人の着衣の上から触れるようにして所持品検査をするうち、外部から見て被告人の左足首付近の靴下の部分が脹らんでいるのを見つけ、そのまま中のものを取り出して確認したところ、覚せい剤様のもの1包みや注射器、注射針等が発見された。(7) 右(4)及び(6)の覚せい剤様のものの試薬検査を実施したところ、覚せい剤特有の反応が出たため、同日午前1時20分ころ、被告人を覚せい剤所持の現行犯人として逮捕するとともに、右覚せい剤2包みと注射器等を差し押さえた。(8) その後、被告人に排尿とその尿の提出を求めたところ、被告人は当初弁護人の立ち会いを求めるなどして応じなかったが、警察官から説得され、納得して任意に尿を出し提出したため、右尿を領置した。

二　以上の経過に即して、警察官の捜査活動の適否についてみるに、右(3)及び(5)の浅草署への被告人の同行は、被告人が渋々ながら手の力を抜いて後部座席に自ら乗車した点をいかに解しても、その前後の被告人の抵抗状況に徴すれば、同行について承諾があったものとは認められない。次に、浅草署での(6)の所持品検査（以下、「本件所持品検査」という。）についても、被告人がふてくされた態度で上衣を脱いで投げ出したからといって、被告人がその意思に反して警察署に連行されたことなどを考えれば、黙示の承諾があったものとは認められない。本件所持品検査は、被告人の承諾なく、かつ、違法な連行の影響下でそれを直接利用してなされたものであり、しかもその態様が被告人の左足首付近の靴下の脹らんだ部分から当該物件を取り出したものであることからすれば、違法な所持品検査といわざるを得ない。次に、(8)の採

尿手続自体は、被告人の承諾があったと認められるが、前記一連の違法な手続によりもたらされた状態を直接利用して、これに引き続いて行われたものであるから、違法性を帯びるものと評価せざるを得ない（最高裁昭和60年(あ)第427号同61年4月25日第二小法廷判決・刑集40巻3号215頁参照）。

三　所持品検査及び採尿手続が違法であると認められる場合であっても、違法手続によって得られた証拠の証拠能力が直ちに否定されると解すべきではなく、その違法の程度が令状主義の精神を没却するような重大なものであり、証拠として許容することが、将来における違法な捜査の抑制の見地からして相当でないと認められるときに、その証拠能力が否定されるというべきである（最高裁昭和51年(あ)第865号同53年9月7日第一小法廷判決・刑集32巻6号1672頁参照）。

　これを本件についてみると、職務質問の要件が存在し、所持品検査の必要性と緊急性とが認められること、宮澤巡査部長は、その捜査経験から被告人が落とした紙包みの中味が覚せい剤であると判断したのであり、被告人のそれまでの行動、態度等の具体的な状況からすれば、実質的には、この時点で被告人を右覚せい剤所持の現行犯人として逮捕するか、少なくとも緊急逮捕することが許されたといえるのであるから、警察官において、法の執行方法の選択ないし捜査の手順を誤ったものにすぎず、法規からの逸脱の程度が実質的に大きいとはいえないこと、警察官らの有形力の行使には暴力的な点がなく、被告人の抵抗を排するためにやむを得ずとられた措置であること、警察官において令状主義に関する諸規定を潜脱する意図があったとはいえないこと、採尿手続自体は、何らの強制も加えられることなく、被告人の自由な意思での応諾に基づいて行われていることなどの事情が認められる。これらの点に徴すると、本件所持品検査及び採尿手続の違法は、未だ重大であるとはいえず、右手続により得られた証拠を被告人の罪証に供することが、違法捜査抑制の見地から相当でないとは認められないから、右証拠の証拠能力を肯定することができる。なお、右(4)の被告人が落とした覚せい剤の差押手続には、何ら違法な点はないのであるから、その証拠能力を肯定することができる。

解 説

1 所持品検査（⑤の判例参照）や採尿（強制採尿につき㊷の判例参照）の手続が違法と評価された場合でも、これらの手続によって得られた証拠物の証拠能力が常に否定されるものではない。

　その違法の程度が令状主義の精神を没却するような重大なもので、将来における違法の捜査を抑制する見地から相当でない場合にのみ証拠能力が否定される（⑤の判例）。

2 本決定は、前記の⑤の判例を引用して、違法だが証拠能力があるとしたものであり、捜査官が、法の執行方法の選択ないし捜査の手順を誤ったにすぎず、違法の程度が低いことを理由としている。

【参考判例】
　⑤の判例（15頁参照）

68 嘱託証人尋問調書の証拠能力
　　内閣総理大臣の職務権限

(最判平 7.2.22大法廷 刑集49・2・1、判時1527・3
外国為替及び外国貿易管理法違反、贈賄、議院における証人の宣誓及び証言等に関する法律違反被告事件)

●判決要旨●

【要旨1】
　いわゆる刑事免責を付与して得られた供述を録取した嘱託証人尋問調書には証拠能力がない。

【要旨2】
　内閣総理大臣が運輸大臣に対し民間航空会社に特定機種の航空機の選定購入を勧奨するよう働き掛けることは賄賂罪における職務行為に当たる。

判決理由　【要旨1】 1㈠ 刑事免責の制度は、自己負罪拒否特権に基づく証言拒否権の行使により犯罪事実の立証に必要な供述を

獲得することができないという事態に対処するため、共犯等の関係にある者のうちの一部の者に対して刑事免責を付与することによって自己負罪拒否特権を失わせて供述を強制し、その供述を他の者の有罪を立証する証拠としようとする制度であって、本件証人尋問が嘱託されたアメリカ合衆国においては、一定の許容範囲、手続要件の下に採用され、制定法上確立した制度として機能しているものである。

(二)　我が国の憲法が、その刑事手続等に関する諸規定に照らし、このような制度の導入を否定しているものとまでは解されないが、刑訴法は、この制度に関する規定を置いていない。この制度は、前記のような合目的的な制度として機能する反面、犯罪に関係のある者の利害に直接関係し、刑事手続上重要な事項に影響を及ぼす制度であるところからすれば、これを採用するかどうかは、これを必要とする事情の有無、公正な刑事手続の観点からの当否、国民の法感情からみて公正感に合致するかどうかなどの事情を慎重に考慮して決定されるべきものであり、これを採用するのであれば、その対象範囲、手続要件、効果等を明文をもって規定すべきものと解される。しかし、我が国の刑訴法は、この制度に関する規定を置いていないのであるから、結局、この制度を採用していないものというべきであり、刑事免責を付与して得られた供述を事実認定の証拠とすることは、許容されないものといわざるを得ない。

(三)　このことは、本件のように国際司法共助の過程で右制度を利用して獲得された証拠についても、全く同様であって、これを別異に解すべき理由はない。けだし、国際司法共助によって獲得された証拠であっても、それが我が国の刑事裁判上事実認定の証拠とすることができるかどうかは、我が国の刑訴法等の関係法令にのっとって決せられるべきものであって、我が国の刑訴法が刑事免責制度を採用していない前示のような趣旨にかんがみると、国際司法共助によって獲得された証拠であるからといって、これを事実認定の証拠とすることは許容されないものといわざるを得ないからである。

2　以上を要するに、我が国の刑訴法は、刑事免責の制度を採用しておらず、刑事免責を付与して獲得された供述を事実認定の証拠とすることを許容していないものと解すべきである以上、本件嘱託証人尋問調書については、その

証拠能力を否定すべきものと解するのが相当である。

【要旨2】 1 賄賂罪は、公務員の職務の公正とこれに対する社会一般の信頼を保護法益とするものであるから、賄賂と対価関係に立つ行為は、法令上公務員の一般的職務権限に属する行為であれば足り、公務員が具体的事情の下においてその行為を適法に行うことができたかどうかは、問うところではない。けだし、公務員が右のような行為の対価として金品を収受することは、それ自体、職務の公正に対する社会一般の信頼を害するからである。

2 田中が内閣総理大臣として運輸大臣に対し全日空にL1011型機の選定購入を勧奨するよう働き掛ける行為が、田中の内閣総理大臣としての職務権限に属する行為であるというためには、右行為が、田中が運輸大臣を介して全日空に働き掛けるという間接的なものであることからすると、(1) 運輸大臣が全日空にL1011型機の選定購入を勧奨する行為が運輸大臣の職務権限に属し、かつ、(2) 内閣総理大臣が運輸大臣に対し右勧奨をするよう働き掛けることが内閣総理大臣の職務権限に属することが必要であると解される。

㈠ そこで、まず、運輸大臣の職務権限について検討する。

民間航空会社が運行する航空路線に就航させるべき航空機の機種の選定は、本来民間航空会社がその責任と判断において行うべき事柄であり、運輸大臣が民間航空会社に対し特定機種の選定購入を勧奨することができるとする明文の根拠規定は存在しない。しかし、一般に、行政機関は、その任務ないし所掌事務の範囲内において、一定の行政目的を実現するため、特定の者に一定の作為又は不作為を求める指導、勧告、助言等をすることができ、このような行政指導は公務員の職務権限に基づく職務行為であるというべきである。

そして、運輸大臣がその長である運輸省の任務ないし所掌事務についてみると、運輸省設置法（昭和47年法律第105号による改正前のもの）は、運輸省の任務の一つとして「航空」に関する国の行政事務を一体的に遂行することを規定し（3条11号）、航空局の所掌事務として、「航空運送事業、利用航空運送事業及び航空機使用事業に関する免許、許可又は認可に関すること」（28条の2第1項13号）などを、運輸省の権限として、「航空運送事業、利用航空運送事業及び航空機使用事業を免許し、又は許可し、並びにこれらの事業の業務に関し、許可し、認可し、又は必要な命令をするこ

と」（4条1項44号の9）などを定めている。

　また、航空法（昭和48年法律第113号による改正前のもの）は、運輸大臣に対し、定期航空運送事業を経営しようとする者に対する免許権限（100条1項）のほか、定期航空運送事業者の事業計画変更の認可権限（109条、101条）を付与しているところ、定期航空運送事業者である民間航空会社が新機種の航空機を選定購入して路線に就航させようとするときは、使用航空機の総数、型式、登録記号、運航回数、整備の施設等の変更を伴うため事業計画の変更が必要となり（航空法施行規則（昭和48年運輸省令第59号による改正前のもの）220条、210条1項参照）、運輸大臣の認可を受けなければならないこととなる。そして、運輸大臣は、事業計画変更申請に際し、「公衆の利用に適応するものであること、当該路線における航空輸送力が航空輸送需要に対し、著しく供給過剰にならないこと、事業計画が経営上及び航空保安上適切なものであること、申請者が当該事業を適確に遂行するに足る能力を有するものであること」などの認可基準（航空法109条2項、101条）に適合するかどうかを審査し、新機種の路線への就航の可否を決定しなければならないものとされている。

　このような運輸大臣の職務権限からすれば、航空会社が新機種の航空機を就航させようとする場合、運輸大臣に右認可権限を付与した航空法の趣旨にかんがみ、特定機種を就航させることが前記認可基準に照らし適当であると認められるなど、必要な行政目的があるときには、運輸大臣は、行政指導として、民間航空会社に対し特定機種の選定購入を勧奨することも許されるものと解される。したがって、特定機種の選定購入の勧奨は、一般的には、運輸大臣の航空運輸行政に関する行政指導として、その職務権限に属するものというべきである。そうすると、本件において、運輸大臣が全日空に対しＬ1011型機の選定購入を勧奨する行政指導をするについて必要な行政目的があったかどうか、それを適法に行うことができたかどうかにかかわりなく、右のような勧奨は、運輸大臣の職務権限に属するものということができる。

㈡　次に、内閣総理大臣の職務権限について検討する。

　内閣総理大臣は、憲法上、行政権を行使する内閣の首長として（66条）、国務大臣の任免権（68条）、内閣を代表して行政各部を指揮監督する職務

権限（72条）を有するなど、内閣を統率し、行政各部を統轄調整する地位にあるものである。そして、内閣法は、閣議は内閣総理大臣が主宰するものと定め（4条）、内閣総理大臣は、閣議にかけて決定した方針に基づいて行政各部を指揮監督し（6条）、行政各部の処分又は命令を中止させることができるものとしている（8条）。このように、内閣総理大臣が行政各部に対し指揮監督権を行使するためには、閣議にかけて決定した方針が存在することを要するが、閣議にかけて決定した方針が存在しない場合においても、内閣総理大臣の右のような地位及び権限に照らすと、流動的で多様な行政需要に遅滞なく対応するため、内閣総理大臣は、少なくとも、内閣の明示の意思に反しない限り、行政各部に対し、随時、その所掌事務について一定の方向で処理するよう指導、助言等の支持を与える権限を有するものと解するのが相当である。したがって、内閣総理大臣の運輸大臣に対する前記働き掛けは、一般的には、内閣総理大臣の指示として、その職務権限に属することは否定できない。

(三)　以上検討したところによれば、運輸大臣が全日空に対しＬ1011型機の選定購入を勧奨する行為は、運輸大臣の職務権限に属する行為であり、内閣総理大臣が運輸大臣に対し右勧奨行為をするよう働き掛ける行為は、内閣総理大臣の運輸大臣に対する指示という職務権限に属する行為ということができるから、田中が内閣総理大臣として運輸大臣に前記働き掛けをすることが、賄賂罪における職務行為に当たるとした原判決は、結論において正当として是認することができるというべきである。

解　説

1　いわゆるロッキード事件丸紅ルートに対する最高裁の大法廷判決である。アメリカの航空機会社ロッキード社が日本の代理店丸紅を介して、昭和48年、当時5億円を時の内閣総理大臣に提供して、民間会社である全日空がロッキード社製のトライスター航空機を購入するように働きかけることを請託したという事件であり、時の政治、社会を震撼させた事件である。5億円の資金は、ロッキード社から丸紅側に渡された関係で、前記元総理を起訴するためには、アメリカ在住のアメリカ国籍のロッキード社関係者を取り調べることが、捜査上当然必要と考えられた。

わが国の司法権が及ぶ範囲内に前記アメリカ人が存在するのならば、逮捕状を得るだけの相当な理由があり、逮捕、取調べも可能であったろうが、アメリカにいるアメリカ人を逮捕することは、アメリカの主権を侵害するもので、国際法上許されない。そのため考えられた手段は、担当検事をアメリカに派遣して直接被疑者3人のアメリカ人を取り調べることであった。刑訴法198条1項に基づいて外国で捜査をすることについては、当該国の承認があれば可能であり、検察官としての職務執行を認めた判例（東京地判昭36.5.13 下刑集3・5＝6・469）もあり、実体法と違って、手続法は全世界に適用されると考えられので、相手の応諾を条件とするアメリカ政府の承認もあり、任意捜査である限り法的に問題なく、2人が派遣された。しかし、3人とも取調べを拒否したため、不可能となった。そこで考えられた次の手段は、刑訴法198条1項に基づいて彼らをアメリカから呼び出すことであった。その前提として、わが国法務省とアメリカ連邦司法省との間で、ロッキード事件の両国の捜査に関して、両国は協力する旨の協定（メモランダム）が作成されていて、これが条約に準ずるものとして扱われ、わが国からの呼出しも、アメリカ司法省を通じてなされた。

　この呼出しに対し、アメリカ人3人はいずれも出頭を拒否した。民事事件については、司法共助に関する法令が存在していたが、刑事事件については、前記メモランダムによることとなり、次の手段として、刑訴法226条に基づいてアメリカの裁判官に対して証人尋問を請求することが考えられ、東京地裁を経由して、アメリカ司法省にその旨の文書が提出された。

　刑訴法226条は、その文言上わが国の裁判官の行う証人尋問を想定しているようにみえるが、国際化時代についての見識を持つ裁判官が、本条によりアメリカ政府に尋問を嘱託した。この点について、本判決の控訴審は、国内の他の裁判所の裁判官に嘱託する場合と同一の要件のもとに外国の裁判所に対しても証人尋問の嘱託をすることができる（東京高判昭62.7.29 高刑集40・2・77）と判示しており、この点は、本判決でも問題とされておらず、むしろそれを前提として立論されているので、判例としては確立されているといえる。

2　嘱託尋問の請求をアメリカ政府が受け入れ、相手方3人の居住するカリフォルニア州において、退役裁判官が執行官となって証人尋問が行われることに

なったが、3人は、証言によって日本において訴追されるおそれがあることを理由として、アメリカ連邦憲法上の自己帰罪の特権を主張し、証言を拒絶した。

　捜査を進めていた東京地検特捜部の担当官は、この主張を覆すためには、アメリカの裁判上認められている免責制度を利用することとしたが、わが刑訴法には、そのような条文も慣行もなく、やむを得ず刑訴法248条を根拠として、3人を起訴猶予にする旨の東京地検検事正、更に検事総長の意思表示をし、その後アメリカの裁判官の要請にこたえて、最高裁が司法行政事務として、前記検事総長らの起訴猶予の宣言が有効であることをアメリカ側に告知した。

　このような背景の上に立って、3人の証人尋問が行われ、アメリカ司法省の担当検事の質問に対して、3人とも贈賄の事実を認めた。

3　本判決は、以上の事実を踏まえて、嘱託尋問の結果を記載した調書の証拠能力を否定したものである。

　その論拠とするところは、刑事免責を与えて自己帰罪の特権を失わせて供述を強制するような制度は、憲法上その導入を否定するものではないが、刑訴法は規定を置いておらず、「犯罪に関係のある者の利害に直接関係し、刑事手続上重要な事項に影響を及ぼす制度」であるから、この採用には公正な刑事手続、国民の公正感などの事情を慎重に考慮すべきであって、明文のない限りこの制度を採用していないというべく、刑事免責を付与して得られる供述を事実認定の証拠とすることは許容されないというものであり、極めて抽象的で、端的にいうと、明文がないから証拠能力がないということに帰する。

　しかし、これだけでは説得力がないと考えたのか、国際司法共助により得られた証拠でも、証拠能力があるかは、「我が国の刑訴法等の関係法令にのっとって決せられるべき」であるとして、刑訴法が刑事免責制度を採用していない以上、証拠とし得ないという一種のタウトロジーを展開する。

4　この最高裁の論拠が薄弱な点についてはすでに他で論じている（拙稿・判時1527・154）が、端的にいうと、憲法上も刑訴法上も重大なミスを犯している。

　まず、この刑事免責により得られた供述は、上記のように条約に準ずる協定によって得られたものであり、憲法98条2項により、これを誠実に遵守す

る義務を国の機関が負っていたのであり、裁判所といえどその例外ではなかったことである。この協定に基づく供述が、憲法違反というのならば、国会の批准を経ていない点が問題となろうが、本判決は憲法違反でないことをわざわざ明言している。

その上、免責制度は、アメリカでは合法的に行われているものであり、本件もその例外ではない。それを否定したわけである。このことは、憲法上他国の制度を国際礼譲に反して否定したにとどまらず、刑訴法上も、わが国に存在しない制度下で採られた証拠についてその証拠能力を否定するという誤ちを犯している。例えば、フランス内務省が合法的に予審判事の命令により取得した証拠物には証拠能力がないというようなものである。

さすがに他国の合法的行為により得られた証拠の証拠能力を否定することの愚かさは、その後の最高裁判例によって、さりげなく訂正されている。すなわち、アメリカの公証人の面前において、偽証罪の制裁の下で、日米の捜査官にした供述内容が真実であると言明して署名された供述者の証拠能力を認めている（⑥⑨最決平12.10.31第二小法廷　刑集54・8・735）。

国際化時代という今日、犯罪の国際化も著しく、これに対応する捜査共助、司法共助も従来の理論の枠を越えている。だからこそ、下級審では、本件ばかりでなく、主判決後もいまだ電話傍受が認められていない時期にオーストラリアの連邦警察が行った現地での合法的電話傍受の結果を合憲であり、刑訴法上も有効とする判決を出しているのである（大阪高判平8．7．16　判時1585・157、判例評論・渥美東洋473・58）。

5　内閣総理大臣が民間航空会社の飛行機の機種の選定にどれだけの職務権限があるのかは、必ずしも自明の理とするほどのものではなく、議論のあるところである。

だが、本判決は、機種選定について運輸大臣（現国土交通大臣）に職務権限を認め、総理大臣が運輸大臣（現国土交通大臣）に働きかける行為も職務行為であるとしてこれを認めた。詳しくは判文に当たられたいが、閣議の方針が決定されていない場合にも総理大臣の職務権限内とした判示は、総理大臣が現実に持つ力を考えれば肯定できる。

なお、総理大臣が直接民間会社に働きかけ得る権限を有するかの論点は、前記のように職務権限がある以上、判断しないとしているが、前記の論旨か

らは、積極に解し得よう。

69 外国で取り調べた供述調書の証拠能力

(最決平12.10.31第二小法廷 刑集54・8・735、判タ1046・107)
(麻薬及び向精神薬取締法違反、関税法違反、業務上横領被告事件)

● 決定要旨 ●

　日本国からアメリカ合衆国に対する捜査共助の要請に基づき、同国に在住する者が、黙秘権の告知を受け、同国の捜査官及び日本の検察官の質問に対して任意に供述し、公証人の面前において、偽証罪の制裁の下で、記載された供述内容が真実であることを言明する旨を記載するなどして作成した供述書は、刑訴法321条1項3号にいう特に信用すべき情況の下にされた供述に当たる。

決定理由　原判決の認定によれば、Dの宣誓供述書は、日本国政府からアメリカ合衆国政府に対する捜査共助の要請に基づいて作成されたものであり、アメリカ合衆国に在住するDが、黙秘権の告知を受け、同国の捜査官及び日本の検察官の質問に対して任意に供述し、公証人の面前において、偽証罪の制裁の下で、記載された供述内容が真実であることを言明する旨を記載して署名したものである。このようにして作成された右供述書が刑訴法321条1項3号にいう特に信用すべき情況の下にされた供述に当たるとした原判断は、正当として是認することができる。

解　説

1　犯罪の国際化に伴い、わが国捜査官の外国における捜査（任意捜査）結果、外国官憲の行った捜査結果をわが国の裁判において用いる必要性が高まっている。このうち、外国官憲の行った裁判の際の証言調書については、最高裁は、刑事免責というわが国に存在しない制度を用いた点を重視して証拠能力を否定している（最判平7．2．22大法廷 刑集49・2・1）が、米軍の捜査

官による参考人の取調べ結果の供述調書（東京高判昭29.7.24 高刑集7・7・1105）、アメリカ連邦地裁の大陪審における参考人の証言（東京高決昭58.10.28 刑月15・10・515）については証拠能力を認めるのが従来の下級審判例の傾向であった。実務的には、フランス内務省の押収した証拠物の証拠能力を認めるなどの事例が散見される。

　一方、わが国捜査官が外国において行った捜査結果については、比較的主権についておおらかな英米法系の国、特にアメリカでは、任意捜査である限り、捜査権の行使を認めている（東京地判昭36.5.13 下刑集3・5＝6・469）。

2　本件も、わが国検察官がアメリカの捜査官と共に供述調書を作成し、それを公証人の面前で偽証罪の制裁の下で、記載内容が真実であるとして署名したものの証拠能力を認めた事例である。

　わが国の公証人の下では、このような制度は存在しないが、アメリカでは合衆国法典28篇1782条、1746条がかかる制度を認めており、本件二審判決はこの点を刑訴法321条1項3号の特信性があると判断し、本決定もこれを支持したものである。

　わが捜査共助法は、直接的には、外国官憲からの捜査共助要請に応えるものであるが、その当然の帰結として、外国に対する捜査共助を前提としており、本件も日米政府間の捜査共助要請によったものである。

　本決定は、直接的には、刑訴法321条1項3号の特信情況に関するものであるが、アメリカにあって、わが国にはない制度を認めている点でロッキード事件最高裁判決とは矛盾はしないものの、一歩国際化時代に向かって進んだものといえる。

第4章 証　　拠　**199**

70　いわゆるＤＮＡ型鑑定の証拠としての許容性

(最決平12．7．17第二小法廷　刑集54・6・550、判時1726・177)
(わいせつ誘拐、殺人、死体遺棄被告事件)

●決定要旨●

MCT118DNA鑑定には、証拠能力がある。

決定理由　本件で証拠の一つとして採用されたいわゆるMCT118DNA型鑑定は、その科学的原理が理論的正確性を有し、具体的な実施の方法も、その技術を習得した者により、科学的に信頼される方法で行われたと認められる。したがって、右鑑定の証拠価値については、その後の科学技術の発展により新たに解明された事項等も加味して慎重に検討されるべきであるが、なお、これを証拠として用いることが許されるとした原判断は相当である。

解　説

1　1985年にイギリスのアレック・ジェフリー博士が「ＤＮＡ鑑定」の手法を開発し、それ以来、世界各国に拡がり、わが国でも1990年ごろから鑑定に用いられるようになった。原理は、毛髪、体液等からＤＮＡを特定し、人によって遺伝子の並び方に差異があるところから、現場遺留物と犯人とを結び付けうるとするものである。

　現在、わが国警察鑑識科学が統一的に利用しているＤＮＡ鑑定は、本件で問題とされたMCT118DNA型とHLADQaDNA型の2種類といわれている。その他にも新しい手法が開発されているが、すべてに共通することは、証拠物の毛髪、体液等から精製して遺伝子を増幅してその配列等の特徴から個人識別のために分析することである。

　横田めぐみさんの骨とされる焼かれた人骨からＤＮＡ鑑定で別人と断定できたように、ＤＮＡ鑑定の手法は日進月歩で、しかもその信頼性は極めて高い。

2 本決定は、MCT118DNA型鑑定について、その科学的原理が理論的正確性を有することと、本件鑑定が技術を習得した者により科学的に信頼される方法で具体的に実施されたことを認め、この2つの条件を充足していることを条件に証拠能力と証拠価値を認めたものである。

ただ、「科学的技術の発展により」、「慎重に検討されるべき」という文章を付しているように、現時点では、指紋のように絶対的な証拠能力と証拠価値を認めたものではなく、本件におけるように、捜査中、公判中の自白（自白後否認に転じている。）と総合しての判断を行っていることに留意する必要がある。

71 指紋照合書の証拠能力

（札幌高判平10.5.12 判時1652・145）
（建造物侵入被告事件）

● 判決要旨 ●
現場指紋対照結果通知書は刑訴法321条4項書面に準ずる書面である。

判決理由 本件の場合のように、事件捜査の過程で、事件現場で採用された指紋を専門的知識・経験を有する者が分析・対照し、これにより容疑者を特定する手法が用いられた場合、右指紋の分析・対照の経過・内容・結果等が記載された文書は、その性格・内容等からして、刑訴法323条1号該当の書面ではなく、同法321条4項の鑑定書に準じた書面とみるべきであり、これを被告人側が不同意とした場合には、公判期日においてその作成者を証人として尋問し、その作成が真正になされたものであることの立証がなされなければならないものと解されるから、右対照結果通知書を、このような作成の真正の立証を経ずに証拠として採用した原審の訴訟手続には、刑訴法の右条項の解釈・適用を誤ったことによる訴訟手続の法令違反があるものといわざるを得ない。

第4章 証　　拠　201

> **解　説**

1　現場遺留指紋については、採取した鑑識課の責任者による被告人（被疑者）の指紋と一致する旨の指紋対照結果通知書（報告書）が作成され、公判において証拠として申請されるのが通常であるが、この書面については、刑訴法321条4項の準用を認める点で通説判例は一致している。

本判決は、この点を明確に判示したが、被告人側がその書面を刑訴法326条により不同意にした場合、書面の成立の真正を証明するために公判期日においてその作成者を証人として尋問することを必要とした。確かに、一審がこの手続を取っていなければ、違法として証拠から排斥されるのはやむを得ない。

72　ポリグラフ検査結果の証拠能力

（最決昭43.2.8第一小法廷　刑集22・2・55）
（窃盗私文書偽造同行使詐欺被告事件）

> **● 決定要旨 ●**
>
> 　刑訴法第326条第1項の同意のあったポリグラフ検査結果回答書は、その検査結果が検査者の技術経験、検査器具の性能に徴して信頼できるものであり、かつ、検査の経過および結果を忠実に記載したものであるとき（原判文参照）は、証拠能力がある。

決定理由　判例違反をいう点は、引用の昭和35年（う）第472号、同年12月8日仙台高等裁判所判決は、ポリグラフ検査結果回答書の証拠能力についてはなんらの判断も示していないものであるから、所論は前提を欠き、その余は、単なる法令違反、事実誤認の主張であって、いずれも上告適法の理由に当らない（ポリグラフの検査結果を、被検査者の供述の信用性の有無の判断資料に供することは慎重な考慮を要するけれども、原審が、刑訴法326条1項の同意のあった警視庁科学検査所長作成の昭和39年4月13日付ポ

リグラフ検査結果回答についてと題する書面〔鈴木貞夫作成の検査結果回答書添付のもの〕および警視庁科学検査所長作成の昭和39年4月14日付鑑定結果回答についてと題する書面〔鈴木貞夫作成のポリグラフ検査結果報告についてと題する書面添付のもの〕について、その作成されたときの情況等を考慮したうえ、相当と認めて、証拠能力を肯定したのは正当である。)

解　説

1　科学捜査が首唱されながら、現実には被疑者の取調べがいまだに重要な捜査手段であることは、「自白は証拠の王である。」ことから、ある意味ではやむをえないところである。もちろん、血液鑑定、ＤＮＡ鑑定といった科学捜査が一方では用いられているが、取調べについては科学的手法をとり入れたものとして、ポリグラフ検査、アミタール・インタビューがある。

2　ポリグラフ検査は、その際の被疑者の供述自体を証拠とするものではなく、質問に対する被疑者の生理的変化を非供述証拠として用いるものであるので、その検査結果を分析した書面（ポリグラフ検査結果回答書）について、その証拠能力をどの規定によって認めるか説の分かれるところである。

　　検査結果の正確性に全面的な信頼を寄せれば、被検査者の心理についての鑑定書として刑訴法321条4項を準用して証拠能力を認め得る（東京高決昭41．6．30　高刑集19・4・447）し、信頼が薄ければ、刑訴法328条の反証としてしか用い得ないことになる（東京高判昭37．9．26　東高刑13・9・235）。だが、全く証拠としての価値がないとか信頼性が低いものでなければ、刑訴法326条1項の同意のある限り証拠能力を認めて差し支えない。

3　本決定は、ポリグラフ検査の信頼性を肯定し、被検査者の供述の信用性の有無の判断に供し得るとしたもので、「証明力が著しく低い等の事由があれば証拠能力を取得しない」（最決昭29．7．14第二小法廷　刑集8・7・1078）とする判例の立場から言えば、この検査回答書に一定の信頼性を認め、証明力があるとしたものと言える。

第4章 証　　拠　203

73　警察犬による臭気選別結果の証拠能力

（最決昭62.3.3第一小法廷　刑集41・2・60）
（強姦致傷、道路交通法違反被告事件）

●　決定要旨　●

　警察犬による本件臭気選別の結果は、右選別につき専門的な知識と経験を有する指導手が、臭気選別能力が優れ選別時においても右能力のよく保持されている警察犬を使用して実施したものであり、かつ、臭気の採取、保管の過程や選別の方法に不適切な点がないから、これを有罪認定の用に供することができる。

決定理由　所論にかんがみ、警察犬による本件各臭気選別の結果を有罪認定の用に供した原判決の当否について検討するに、記録によると、右の各臭気選別は、右選別につき専門的な知識と経験を有する指導手が、臭気選別能力が優れ、選別時において体調等も良好でその能力がよく保持されている警察犬を使用して実施したものであるとともに、臭気の採取、保管の過程や臭気選別の方法に不適切な点のないことが認められるから、本件各臭気選別の結果を有罪認定の用に供しうるとした原判断は正当である（右の各臭気選別の経過及び結果を記載した本件各報告書は、右選別に立ち会った司法警察員らが臭気選別の経過と結果を正確に記載したものであることが、右司法警察員らの証言によって明らかであるから、刑訴法321条3項により証拠能力が付与されるものと解するのが相当である。）。

解　説

1　科学捜査の一手段として、警察犬による臭気選別の方法がとられ、その結果の証拠としての信頼性が問題とされていたが、本決定は、一定の条件のもとに、刑訴法321条3項により証拠能力を認めたものである。
2　警察犬を捜査に利用する形態としては、犯人の足跡追及、遺留品の発見が他にもあるが、これらは、直接証拠として用いられるものではないので、証

拠能力が問題となるのは現場の犯人に関連すると思われる遺留品に付着している臭気と被疑者の臭気とが同一か否かを犬に判定させる臭気選別の結果のみが、証拠としての自然的関連性、つまり、証明しようとする事実を推認させるに必要な最小限度の証明力があるかどうかの問題として論議されることになる。

3　従来の下級審判例は、積極、消極に分かれていて、学説も二分されていたが、本決定は、臭気選別手続がきちんとしていて、選別能力の優れた警察犬を使っていることを条件として、自然的関連性を認めて証拠能力を肯定した。

74　約束による自白の証拠能力

(最判昭41.7.1第二小法廷　刑集20・6・537)
(収賄被告事件)

● 判決要旨 ●

自白をすれば起訴猶予にする旨の検察官のことばを信じた被疑者が、起訴猶予になることを期待してした自白は、任意性に疑いがあるものと解するのが相当である。

判決理由　論旨は、原判決が、被告人の司法警察員および検察官に対する各供述調書の任意性の有無について、被告人に賄賂を贈った国富祺一郎の弁護人である弁護士岡崎耕三が、「昭和36年8月28日岡山地方検察庁において本件の担当検察官である三笠検事に面談した際、被告人のため陳弁したところ、同検事より、被告人が見えすいた虚構の弁解をやめて素直に金品収受の犯意を自供して改悛の情を示せば、検挙前金品をそのまま返還しているとのことであるから起訴猶予処分も十分考えられる案件である旨内意を打ち明けられ、且つ被告人に対し無益な否認をやめ卒直に真相を自供するよう勧告したらどうかという趣旨の示唆を受けたので、被告人の弁護人である弁護士楠朝男を伴って児島警察署へ赴き留置中の被告人に面接し、『検事は君が見えすいた嘘を言っていると思っているが、改悛の情を示せば起訴猶予にしてやる

と言っているから、真実貰ったものなら正直に述べたがよい。馬鹿なことを言って身体を損ねるより、早く言うて楽にした方がよかろう。』と勧告したところ、被告人は、同弁護士の言を信じ起訴猶予になることを期待した結果、その後の取調べ即ち同日第2回目の取調べから順次金品を貰い受ける意図のあったことおよび金銭の使途等について自白するに至ったものである。」旨の事実を認定したうえ、「自白の動機が右のような原因によるものとしても、捜査官の取調べそれ自体に違法が認められない本件においては、前記各供述調書の任意性を否定することはできない。」と判示したのが、所論引用の昭和29年3月10日福岡高等裁判所判例（高裁刑事判決特報26号71頁）に相反するというのである。

よって案ずるに、右福岡高等裁判所の判決は、所論の点について、「検察官の不起訴処分に附する旨の約束に基く自白は任意になされたものでない疑のある自白と解すべきでこれを任意になされたものと解することは到底是認し得ない。従って、かかる自白を採って以て罪証に供することは採証則に違反するものといわなければならない。」と判示しているのであるから、原判決は、右福岡高等裁判所の判例と相反する判断をしたこととなり、刑訴法405条3号後段に規定する、最高裁判所の判例がない場合に控訴裁判所である高等裁判所の判例と相反する判断をしたことに当るものといわなければならない。そして、本件のように、被疑者が、起訴不起訴の決定権をもつ検察官の、自白をすれば起訴猶予にする旨のことばを信じ、起訴猶予になることを期待してした自白は、任意性に疑いがあるものとして、証拠能力を欠くものと解するのが相当である。

しかしながら、右被告人の司法警察員および検察官に対する各供述調書を除外しても、第一審判決の挙示するその余の各証拠によって、同判決の判示する犯罪事実をゆうに認定することができるから、前記判例違反の事由は、同410条1項但書にいう判決に影響を及ぼさないことが明らかな場合に当り、原判決を破棄する事由にはならない。

解　説

1　憲法38条2項は、「強制、拷問若しくは脅迫による自白又は不当に長く抑留若しくは拘禁された後の自白は、これを証拠とすることができない。」とし、これを受けて刑訴法319条1項は、前記の憲法の規定する自白の後に「その他任意にされたものでない疑のある自白は」証拠とすることができな

2 この任意にされたものでない疑いのある自白として、本判決は、約束による自白ないしは利益誘導による自白がこれに当たると解したのであるが、その判示からは、いかなる理由によって、かかる自白の証拠能力を否定したのか必ずしも明らかでない。

　すなわち、自白の証拠能力を否定する根拠として、かかる自白は虚偽の自白を誘発することを理由とする虚偽排除説、かかる自白を証拠として用いることは、被疑者の人権を侵害することになるとする人権擁護説、かかる自白は違法な手続によって収集されたものであり、違法手続の結果はその内容が真実としても、排除すべきであるとする違法排除説が対立しているが、判文上、いかなる考えによったか明らかでない。

3　判例は、伝統的には虚偽排除説に立っていると考えられているが、最近では、虚偽排除と人権擁護更には違法排除をも総合して考える折衷説が通説と言われるものの、違法排除説も有力である。いずれの立場も本判決を自己に有利に援用している。だが、本判決後の偽計による自白の証拠能力を否定した最高裁大法廷判決（昭45.11.25 刑集24・12・1670）が、手続の適正を述べたうえ、虚偽の自白の誘発されることを強調している関係から、折衷説をとるのが、最高裁の立場といえよう。

75　自白の補強証拠

(最判昭42.12.21第一小法廷　刑集21・10・1476)
(業務上過失致死道路交通法違反被告事件)

---- 判決要旨 ----

要旨1
　憲法第38条第3項にいう「本人の自白」には、その判決をした裁判所の公判廷における被告人の自白を含まない。

要旨2
　道路交通法第64条、第118条第1項第1号〔筆者注：現117条の4第2号〕のいわゆる無免許運転の犯罪事実を認定するにあたっては、運転行

為のみならず、運転免許を受けていなかったという点についても、被告人の自白のほかに、補強証拠の存在することを要するものと解すべきである。

判決理由　【要旨1】　弁護人元村和安の上告趣意は、憲法38条3項違反を主張するが、判決裁判所の公判廷における被告人の自白が、同条項にいわゆる「本人の自白」に含まれないことは、当裁判所大法廷判決（昭和23年（れ）第168号同年7月29日、集2巻9号1012頁。昭和26年（れ）第2495号同27年6月25日、集6巻6号806頁）の明らかにするところであり、本件においては、第一審公判廷において被告人が自白しているのであるから、所論は理由がない。

その余の論旨は、憲法31条違反を主張する点もあるが、実質は、すべて単なる法令違反、事実誤認、量刑不当の主張であって、刑訴法405条の上告理由に当らない。

【要旨2】（原判決は、道路交通法64条、118条1項1号〔筆者注：現117条の4第2号〕のいわゆる無免許運転の罪について「無免許という消極的身分の如きその主観的側面については、被告人の自白だけでこれを認定して差支えないと解するのが相当」であると判示し、被告人が免許を受けていなかった事実については、補強証拠を要しない旨の判断を示している。しかしながら、無免許運転の罪においては、運転行為のみならず、運転免許を受けていなかったという事実についても、被告人の自白のほかに、補強証拠の存在することを要するものといわなければならない。そうすると、原判決が、前記のように、無免許の点については、弁護人の自白のみで認定しても差支えないとしたのは、刑訴法319条2項の解釈をあやまったものといわざるを得ない。ただ、本件においては、第一審判決が証拠として掲げた坂本光弘の司法巡査に対する供述調書に、同人が被告人と同じ職場の同僚として、被告人が運転免許を受けていなかった事実を知っていたと思われる趣旨の供述が記載されており、この供述は、被告人の公判廷における自白を補強するに足りるものと認められるから、原判決の前記違法も、結局、判決に影響を及ぼさないものというべきである。）

解説

1　憲法38条3項は、「何人も、自己に不利益な唯一の証拠が本人の自白である場合には、有罪とされ、又は刑罰を科せられない。」と規定し、これを受けて刑訴法319条2項は、「被告人は、公判廷における自白であると否とを問わず、その自白が自己に不利益な唯一の証拠である場合には、有罪とされない。」と規定する。

　この刑訴法の条文の解釈から、公判廷における自白については、憲法38条2項の適用がないのではないかという考え方が立ち得、事実、最高裁は、本判決が引用するように、古くから、判決裁判所の公判廷における自白には、憲法の本人の自白が含まれないと判示しており（最判昭23．7．29大法廷 刑集2・9・1012、最判昭27．6．25大法廷 刑集6・6・806）、本判決も、この立場を踏襲するものである。

2　自白の補強証拠として、どの程度の証拠があればよいのかという補強証拠については、補強証拠として用い得ない証拠があるのかという補強証拠能力の問題、犯罪事実のどの範囲について補強証拠が必要かという補強証拠の範囲の問題、補強する証拠はどの程度を証明するべきなのかという補強証拠の証明力の問題があり、本判決は、このうち直接的には、補強証拠の範囲の問題を扱うが、同じ職場の同僚のこの程度の供述に証明力を認めているので、証明力の程度についてもふれるものといえる。

　補強証拠能力の問題は、被告人の自白について補強証拠能力がないとする判例（最判昭25．7．12大法廷 刑集4・7・1298）に収約されよう。（なお、共犯者の自白につき、判例76を参照のこと。）

　補強証拠の範囲については、判例は従来から繰り返し、自白にかかる事実の真実性を保障し得るものであれば足りるとして、罪体の全部か少なくても重要部分に必要とする通説の立場と対立してきていた（最判昭24．4．30第二小法廷 刑集3・5・691、最判昭25．11．29大法廷 刑集4・11・2402、最判昭28．10．16 裁判集刑事89・151）。

　しかし、本判決は、無免許運転罪の無免許という事実について、補強証拠を要するとし、前記の伝統的最高裁の立場を事実上変更した。

　その結果、下級審レベルで、この判決に従い、通説と同様、罪体の重要部

分については補強証拠を要するとする判例がつづいており、その後は、最高裁がこの点を判断していないため、果たして、従来の最高裁の考え方が変更されたのか否か、現時点では明確でない。
3　補強証拠の証明力の程度は、この程度のもので足りるとされたが、原判決では、この証拠を引用していなかったのを、一審判決が証拠として掲げていることを理由に、違法ではあるが、判決に影響を及ぼさないとしており、実質的に判断を加えている。

76　共犯者の自白

（最判昭51.10.28第一小法廷　刑集30・9・1859
詐欺、同未遂被告事件）

● 判決要旨 ●

共犯者2名以上の自白により被告人を有罪と認定しても憲法38条3項に違反しない。
（補足意見がある。）

判決理由　弁護人森山喜六の上告趣意第1点は、憲法38条3項違反を主張するが、当裁判所大法廷判決（昭和23年(れ)第112号同年7月14日・刑集2巻8号876頁、昭和23年(れ)第167号同年7月19日・刑集2巻8号952頁、昭和29年(あ)第1056号同33年5月28日・刑集12巻8号1718頁）の趣旨に徴すると、共犯者2名以上の自白によって被告人を有罪と認定しても憲法38条3項に違反しないことが明らかであるから、共犯者3名の自白によって本件の被告人を有罪と認定したことは、違憲ではない。のみならず、原判決がその基礎とした第一審判決の証拠の標目によると、共犯者らの自白のみによって被告人の犯罪事実を認定したものでないことも、明らかである。所論は、これを採用することができない。同弁護人のその余の上告趣意は、単なる法令違反、事実誤認の主張であって、刑訴法405条の上告理由にあたらない。

> 解説

1　憲法38条3項や刑訴法319条2項にいう自白に共犯者の自白は含まれないとすれば、本人の自白と共犯者の自白とがあれば、相互に自白の補強証拠となって、有罪を前記各法条に違反しないで認定できる。本判決は、その立場を明らかにしたものである。

換言すれば、共犯者の自白に補強証拠能力を認めたと言ってよい。

この点については、本判決の引用する判例のほか、最判昭51.2.19第一小法廷　刑集30・1・25がある。

2　共犯者の1人が自白し、他の1人が否認した場合に、自白者については、刑訴法の規定から有罪とし得ず、否認者については、共犯者の供述（自白）だけで有罪とし得るとすると、法的公平性を害するおそれがあり、共犯者の自白については、完全な証明力を与えるか問題がある。実務では、本判決が判示するように、他の客観的証拠を認定に用いるのが通常である。

【参考判例】

最判平元.6.22第一小法廷　刑集43・6・427

77　再伝聞の証拠能力

（最判昭32.1.22第三小法廷　刑集11・1・103）
（強盗殺人未遂等被告事件）

● 判決要旨 ●

要旨1

公判期日に証人が証言を拒否したため刑訴第321条第1項第2号によりその検察官に対する供述調書を証拠として取り調べた後、右証人が公判廷で真実を述べるといっているからとの理由で再度の尋問の請求があっても、裁判所は必ず右尋問請求を許容しなければ違法であるということはできない。

要旨2

被告人甲の検察官に対する供述調書中に共同被告人乙からの伝聞の供

述が含まれているときは、刑訴第321条第1項第2号同第324条によりこれを被告人乙に対する証拠とすることができる。

[要旨3]
右のように伝聞の供述を含む供述調書を証拠とすることは憲法第37条第2項によって許されないものではない。

[要旨4]
独立した犯罪事実でなく、犯行の謀議の一過程に属する事実について共同被告人中の1人の自白だけで認定しても、憲法第38条第3項に違反するものではない。

判決理由 所論は単なる訴訟法違反の主張であって、刑訴405条の上告理由に当らない。記録によれば、第一審において、弁護人から三浦正也が従来の自白は虚偽であったと告白し、公判廷で事実を述べるといっているからとの理由で、三浦正也の再度の尋問の請求がなされていることが認められる。

【要旨1】 しかし、右のような理由で再度の尋問の請求があったというだけで、別にこれについて疏明の提出もなく、法廷に顕出された全証拠及び記録に徴し再度尋問の必要が認められない場合でも、裁判所は必ず右尋問請求を許容しなければ違法であるということはできない。それ故第一審がその請求を採用しなかったのは相当である。

同第4点について（弁護人佐藤義弥の上告趣意補充を含む）。

所論は被告人伊藤の検察官に対する供述調書中の被告人山畑から同人外3名が関口直之助方に火焔瓶を投げつけて来たということを聞いたとの被告人伊藤の供述は、伝聞の供述であるから刑訴321条1項2号により証拠とすることはできず、又公判期日において反対尋問を経たものではないから、同324条によっても証拠とすることはできない。然るにこれを証拠とすることは憲法37条2項に違反するというに帰する。

【要旨2】 しかし、原審が弁護人の論旨第6点に対する判断において説示する理由によって、刑訴321条1項2号及び同324条により右供述調書中の所論の部分についての証拠能力を認めたことは正当である。

【要旨3】　そして、これが反対尋問を経ない被告人伊藤の供述の録取書であるからという理由で、憲法37条2項によって証拠とすることが許されないものではないことは当裁判所の判例の趣旨に徴して明らかである（昭和23年（れ）第833号同24年5月18日言渡大法廷判決、刑集3巻6号789頁、昭和23年（れ）第1069号同25年9月27日言渡大法廷判決、刑集4巻9号1775頁参照）。又右伝聞の供述の原供述者に対する反対尋問権について考えるに、この場合反対尋問をなすべき地位にある者は被告人山畑であり、反対尋問をされるべき地位にある原供述者もまた被告人山畑であるから、結局被告人山畑には憲法37条2項の規定による原供述者に対する反対尋問権はないわけである。従ってその権利の侵害ということもありえないことは明白である（被告人山畑は、欲すれば、任意の供述によってその自白とされる供述について否定なり弁明なりすることができるのであるから、それによって自らを反対尋問すると同一の効果をあげることができるのである）。

【要旨4】　そして右違憲の主張については、所論第一審判決判示第5の(二)は、横川重次方における強盗殺人未遂の犯行の謀議の一過程の判示で、独立した犯罪事実ではないのであって、このような謀議の一過程に属する事実のみについて被告人の自白だけで認定しても、憲法38条3項に違反するものでないことは当裁判所の判例（昭和22年（れ）153号昭和23年6月9日言渡大法廷判決、昭和23年（れ）1426号昭和24年10月5日言渡大法廷判決参照）の趣旨に徴し明らかであって、所論は理由がない。

解　説

1　本判決は、証人が証言を拒否した後に検察官面前調書が証拠として採用された場合には、再度の証人尋問請求を認めなくてもよいとする点について判示しているが、この点は裁判所の職権証拠調べの必要性の判断（刑訴法298条2項）についての判示で正当である。すでに提出された証拠で十分とするか否かは、裁判所の判断事項なのである。

2　本判決の犯行の謀議の一過程に属する事実についての共同被告人中の1人の自白による認定が憲法38条3項に違反しないとする点は、自白の補強証拠の範囲と補強証拠の証明力に関するもの（76と78のコメント参照のこと。）で当然の判示である。

3　問題は、要旨2、3の再伝聞に関する判示部分である。

刑訴法は、320条1項で、伝聞証拠については、原則として証拠能力がないとしながら、321条から328条までの例外を規定して、伝聞証拠に証拠能力を認めている。しかし、この伝聞証拠中に別の伝聞証拠を含む場合のそれについては、刑訴法は何らふれておらず、解釈によって決する以外にない。

本件は、伝聞証拠である甲の検察官に対する供述調書（1次伝聞）の中に乙からの伝聞供述（再伝聞）が含まれている場合であるが、本判決は、刑訴法321条1項2号、324条により乙に対する証拠として認めた。判例や学説の中には、刑訴法322条によるべきで、その場合には被告人乙の署名押印が必要とするとするものがあるが、本判決は、検察官面前調書について、公判期日における伝聞供述に準ずることを認めたわけである。

4　憲法37条2項の保障する反対尋問権については、本判決は、従来の最高裁判例と同じ立場に立ち、憲法37条2項は、反対尋問を経ていない証言や供述調書について絶対的に証拠能力を認めないものではないとしている。刑訴法321条以下の条文を考えれば、当然の結論であろう。

5　もっとも、本件では、相被告人甲に対して、乙は、甲を分離して証人として反対尋問をすることができるし、再伝聞の原供述者は乙自身であるから、自分に対する反対尋問は意味を持たないので問題とならない。

78　現場写真の証拠能力

（最決昭59.12.21第二小法廷　刑集38・12・3071
騒擾指揮、騒擾助勢、威力業務妨害、公務執行妨害被告事件）

● 決定要旨 ●

犯行の状況等を撮影したいわゆる現場写真は、非供述証拠に属し、当該写真自体又は他の証拠により事件との関連性を認めうる限り証拠能力を具備する。

決定理由　犯行の状況等を撮影したいわゆる現場写真は、非供述証拠に属し、当該写真自体又はその他の証拠により事件との関連性を認めうる限り証拠能力を具備するものであって、これを証拠として採用するためには、必ずしも撮影者らに現場写真の作成過程ないし事件との関連性を証言させることを要するものではない。

解説

1　捜査上の必要による写真撮影については31の判例があり、それが最高裁の一般的な考え方であると言ってよい。

　問題は、犯行状況を撮影したいわゆる現場写真について、いかなる法的根拠で証拠能力を認めるかである。

　一般に、警察官が撮影した写真ならば、その撮影者が公判廷に証人として出廷して、その撮影について証言をすれば、刑訴法321条3項によって、証拠能力を有することになる点は問題ない。しかし、撮影者が証人として出廷することを承知しなかったり、不明であったりする場合に、この写真の犯罪事実との関連性、撮影の真実性をどのように解するかによって、証拠能力を認めるか否かについて結論に差が出る。

2　現場写真について、編集過程での人為的作為の混入の可能性を不安とする立場は、前記のように刑訴法321条3項によらなければ証拠能力がないとする。つまり、写真を伝聞証拠とみる。その旨の判例もある。

　これに対して、圧倒的多数の判例は、写真について、非供述証拠であるとして、伝聞法則の適用がないとする。つまり、写真は、光学的・化学的原理で作成されるものであるから、人為的なものが混入しても、証明力の問題として考えればよいとする。

　本決定は、前記の非供述証拠説をとって、下級審判例の分裂を統一したものである。

3　本決定は、写真自体又はその他の証拠により事件との関連性が明らかになればよいとする。写真自体から関連性が分かるだけで、証拠となり得るとした点は、犯罪の証明の上では大きな力となっている。また、その他の証拠も、証拠能力に関するものであるから、訴訟上の事実に対する自由な証明で足りる（66の「解説」参照）から、伝聞証拠その他であってもよいということに

第 4 章 証　　拠

4　本決定は、現場写真が何故非供述証拠になるかについて理由を欠いているため、必ずしも明確ではないが、写真を証拠物と見たのではなく、写真から看取される内容を証拠と見たものと思われる。その意味で、書面の意義が証拠となる証拠物（刑訴法306条1項）に準ずるものとしたと考えられよう。

79　治療目的で救急患者から採取して薬物検査をした医師から通報を受けて押収した尿の証拠能力

（最決平17.7.19第一小法廷　刑集59・6・600、判時1905・144）
（覚せい剤取締法違反被告事件）

●決定要旨●

医師が、治療の目的で救急患者の尿を採取して薬物検査をしたところ、覚せい剤反応があったため、その旨警察官に通報し、これを受けて警察官が上記尿を押収したなどの事実関係の下では（判文参照）、警察官が上記尿を入手した過程に違法はない。

決定理由　所論は、担当医師が被告人から尿を採取して薬物検査をした行為は被告人の承諾なく強行された医療行為であって、このような行為をする医療上の必要もない上、同医師が被告人の尿中から覚せい剤反応が出たことを警察官に通報した行為は、医師の守秘義務に違反しており、しかも、警察官が同医師の上記行為を利用して被告人の尿を押収したものであるから、令状主義の精神に反する重大な違法があり、被告人の尿に関する鑑定書等の証拠能力はないという。

しかしながら、上記の事実関係の下では、同医師は、救急患者に対する治療の目的で、被告人から尿を採取し、採取した尿について薬物検査を行ったものであって、医療上の必要があったと認められるから、たとえ同医師がこれにつき被告人から承諾を得ていたと認められないとしても、同医師のした上記行為は、医療行為として違法であるとはいえない。

また、医師が、必要な治療又は検査の過程で採取した患者の尿から違法な薬物の成分を検出した場合に、これを捜査機関に通報することは、正当行為として許容されるものであって、医師の守秘義務に違反しないというべきである。

以上によると、警察官が被告人の尿を入手した過程に違法はないことが明らかである。

解 説

1 医師は、刑訴法149条で職業上の秘密について証言拒絶権を持ち、また、同法105条で捜査機関からの押収に対して拒絶権を持っている。だが、実際の医療行為の中で患者が覚せい剤を使用している疑いが生じ、治療上その事実を確認するため薬物検査をした結果、覚せい剤の使用が認められたときに、警察に通報すべきか否か医師としては判断に迷うところといってよい。法律は通報しなくても違法でないことを明らかにしているが、一方において覚せい剤の使用のように違法性が強く、反社会的な行為をそのまま見逃すのが正しいのかという疑問が出てくる。刑訴法がこのような条文を置いたのは、個人のプライバシーの保護を主として念頭に置いたものであるが、一方において違法行為を抑制できるのにそのまま放置してよいのか、社会にとってかかる違法行為を検挙することが治安維持のために必要ではないか、違法行為を犯している人間のプライバシーをどこまで守るべきなのか、といった問題が出てくる。

2 本件は国立病院の医師にかかる事案であり、公務員として当然刑訴法239条2項に定める犯罪の告発義務があるが、公務員か否かにかかわらずプライバシーと社会的正義の調和の問題が存在する。この点について下級審判例の中には、医師の尿の提出を適法としたものがあり（東京高判平9.10.15 東高刑48・1－12・67）、極めて常識的な結論が維持されてきている。

3 だが、本判例が説示するように、あくまで治療目的での血液採取であること、尿検査も治療方針の確定のためであることが適法性の要件であろう。もちろん、そのような要件を満たしていても警察にそれを通報することは医師の守秘義務との関係で問題が無いわけではない。だが、犯罪、それも社会的に違法性の強い犯罪を認知しながら守秘義務があるとするのは守秘義務の本来の目的を逸脱するおそれがあり、本決定の結論は妥当というべきであろう。

80 犯行再現調書の証拠能力

(最決平17.9.27第二小法廷 刑集59・7・753、判時1910・154
大阪府公衆に著しく迷惑をかける暴力的不良行為等の防止に関する条例違反、器物損壊被告事件)

● 決定要旨 ●

　捜査官が被害者や被疑者に被害・犯行状況を再現させた結果を記録した実況見分調書等で、実質上の要証事実が再現されたとおりの犯罪事実の存在であると解される書証が刑訴法326条の同意を得ずに証拠能力を具備するためには、同法321条3項所定の要件が満たされるほか、再現者の供述録取部分については、再現者が被告人以外の者である場合には同法321条1項2号ないし3号所定の要件が、再現者が被告人である場合には同法322条1項所定の要件が、写真部分については、署名押印の要件を除き供述録取部分と同様の要件が満たされる必要がある。

決定理由　本件両書証は、捜査官が、被害者や被疑者の供述内容を明確にすることを主たる目的にして、これらの者に被害・犯行状況について再現させた結果を記録したものと認められ、立証趣旨が「被害再現状況」、「犯行再現状況」とされていても、実質においては、再現されたとおりの犯罪事実の存在が要証事実になるものと解される。このような内容の実況見分調書や写真撮影報告書等の証拠能力については、刑訴法326条の同意が得られない場合には、同法321条3項所定の要件を満たす必要があることはもとより、再現者の供述の録取部分及び写真については、再現者が被告人以外の者である場合には同法321条1項2号ないし3号所定の、被告人である場合には同法322条1項所定の要件を満たす必要があるというべきである。もっとも、写真については、撮影、現像等の記録の過程が機械的操作によってなされることから前記各要件のうち再現者の署名押印は不要と解される。

　本件両書証は、いずれも刑訴法321条3項所定の要件は満たしているものの、各再現者の供述録取部分については、いずれも再現者の署名押印を欠くため、

その余の要件を検討するまでもなく証拠能力を有しない。また、本件写真撮影報告書中の写真は、記録上被告人が任意に犯行再現を行ったと認められるから、証拠能力を有するが、本件実況見分調書中の写真は、署名押印を除く刑訴法321条1項3号所定の要件を満たしていないから、証拠能力を有しない。

解　説

1　捜査段階の過程で被害者や被疑者の供述が現実に可能なのか、現場で調べる必要がある場合が多い。また、被疑者が自白している場合、犯行当時の行動を現場でさせて証拠として保全する手法がしばしばとられている。いわゆる犯行再現状況であり、被害再現状況である。この調書の法的性格については、刑訴法326条の同意があれば証拠能力を認めることができるが、その同意が無い場合、その調書の内容が問題になる。これらの調書は一般には実況見分調書として法廷に検出されるが、被害者や被疑者の供述が現場を指示したものなのか、現場で事件当時の状況を話したものなのかによって証拠能力が違ってくる。

2　現場指示は実況見分に際して供述者が見分するべき対象を捜査官に指示して記録に残させるものであって、実況見分の中核をなすものとして、事件との関連性のある限り、刑訴法321条3項の書面として証拠能力を認めるのが従来からの判例である（最判昭36.5.26第二小法廷　刑集15・5・893）。もっとも、その指示内容が実況見分に当てはまるべきものであることはいうまでもない。判例もその趣旨を明らかにしている（最決昭48.6.5第三小法廷　裁判集刑事189・253）。

3　一方、現場供述は、現場において供述者が語ったことを記録したにすぎないため、その証拠能力は通常の供述調書と本質的には変わりがない。つまり、供述者が警察官に供述したものならば、刑訴法321条1項3号によるし、検察官に供述したものならば同条1項2号により証拠能力を持つことになる。その場合、当然これらの条文が要件としている供述者の署名押印が必要となってくる。もっとも写真については、撮影も現像も機械的なもので信用性が高いため、署名押印はいらないことになる。

4　本決定は、以上のことをこまごまと説示しているが、その結論は写真撮影報告書の写真については現場指示と解して証拠能力を認め、実況見分調書中

の写真については現場供述と解して証拠能力を否定している。

なお、これらの調書類が証拠能力がないとして排斥されたが、それ以外の証拠によって第一審以来の有罪を維持できるとしている。

81 伝聞証言につき異議申立のない場合の証拠能力

32の判例（90頁参照）

解説

1 伝聞証拠が証拠能力を持つに至る例外として、相手方の同意がある場合（刑訴法326条）がある。
　その場合でも、その証拠が作成ないし供述された時の状況から「相当と認められる」ものであることを要し、全くの虚偽の証拠が相手方の同意だけで証拠能力を取得することのないように配意されている。
2 同意するということは、反対尋問権を放棄したことに通ずるから、伝聞法則の例外となることは当然といえる。
3 32の「解説」3を参照のこと。

第5章　一審の裁判

82　有罪判決の事実判示の程度

(最決昭58．5．6第二小法廷　刑集37・4・375)
殺人未遂被告事件

● 決定要旨 ●

「未必の殺意をもって、被害者の身体を、有形力を行使して、被告人方屋上の高さ約0.8メートルの転落防護壁の手摺り越しに約7.3メートル下方のコンクリート舗装の路上に落下させて路面に激突させた」旨判示し、被害者を屋上から落下させた手段・方法を右以上に具体的に摘示していない場合でも、右判示は、殺人未遂罪の罪となるべき事実中の犯罪行為の判示として、不十分とはいえない。

決定理由　弁護人梶川俊吉の上告趣意のうち、判例違反をいう点は、第一審判決は、罪となるべき事実中の被告人の本件行為として、被告人が、未必の殺意をもって、「被害者の身体を、有形力を行使して、被告人方屋上の高さ約0.8メートルの転落防護壁の手摺り越しに約7.3メートル下方のコンクリート舗装の被告人方北側路上に落下させて、路面に激突させた」旨判示し、被告人がどのようにして被害者の身体を右屋上から道路に落下させたのか、その手段・方法については、単に「有形力を行使して」とするのみで、それ以上具体的に摘示していないことは、所論のとおりであるが、前記程度の判示であっても、被告人の犯罪行為としては具体的に特定しており、第一審判決の罪となるべき事実の判示は、被告人の本件犯行について、殺人未遂罪の構成要件に該当すべき具体的事実を、右構成要件に該当するかどうかを判定するに足りる程度に具体的に明白にしているものというべきであり、これと同旨の原判断は相当であるから、所論は前提を欠き、その余は、事実誤認、単なる法

令違反の主張であって、いずれも刑訴法405条の上告理由にあたらない。

解　説

1　刑訴法335条1項は、「有罪の言渡をするには、罪となるべき事実、証拠の標目及び法令の適用を示さなければならない。」とする。

　この罪となるべき事実は、起訴状の公訴事実（刑訴法256条2項2号、3項）に対応するものであるが、予断排除の原則に制約されている公訴事実と異なり、被告人の経歴や生育歴、犯行に至る事情、動機、犯行後の状況等極めて詳細に認定されるのが実務の扱いとなっている。

2　現実に犯罪構成要件が証拠によって証明された場合でも、犯行の具体的状況については、被告人自身も記憶がなかったり、供述しなかったりして、判然としない場合が少なくなく、そのような場合に、抽象的な認定になることもあり得る。

　本決定は、構成要件に該当するかどうかを判定するに足りる程度に具体的に明白にすればよいとしているが、これは、罪となるべき事実の記載の程度についての判示ではあるが、実質的には、有罪判決の証拠の程度についても、同じことを判示したといえよう。

83　余罪と量刑

（最判昭42.7.5大法廷　刑集21・6・748）
（窃盗被告事件）

● 判決要旨 ●

[要旨1]
　起訴されていない犯罪事実で、被告人の捜査官に対する自白のほかに証拠のないものを、いわゆる余罪として認定し、これをも実質上処罰する趣旨のもとに重い刑を科することは、憲法第31条、第38条第3項に違反する。

[要旨2]
　右のような憲法違反を犯している第一審判決を違法ではないとして認容した違憲が原判決にあっても、原判決が、結論において、第一審判決

の量刑を不当としてこれを破棄し、自判する際に、余罪を犯罪事実として認定しこれを処罰する趣旨を含めて量刑したものとは認められないときは、右違憲は判決に影響を及ぼさない。

判決理由 　刑事裁判において、起訴された犯罪事実のほかに、起訴されていない犯罪事実をいわゆる余罪として認定し、実質上これを処罰する趣旨で量刑の資料に考慮し、これがため被告人を重く処罰することが、不告不理の原則に反し、憲法31条に違反するのみならず、自白に補強証拠を必要とする憲法38条3項の制約を免れることとなるおそれがあって、許されないことは、すでに当裁判所の判例（昭和40年（あ）第878号同41年7月13日大法廷判決、刑集20巻6号609頁）とするところである。（もっとも、刑事裁判における量刑は、被告人の性格、経歴および犯罪の動機、目的、方法等すべての事情を考慮して、裁判所が法定刑の範囲内において、適当に決定すべきものであるから、その量刑のための一情状として、いわゆる余罪をも考慮することは、必ずしも禁ぜられるところでないと解すべきことも、前記判例の示すところである。）

【要旨1】　ところで、本件について、これを見るに、第一審判決は、「被告人が郵政監察官及び検察官に対し供述するところによれば、被告人は本件と同様宿直勤務の機会を利用して既に昭和37年5月ごろから130回ぐらいに約3,000通の郵便物を窃取し、そのうち現金の封入してあったものが約1,400通でその金額は合計約66万円に、郵便切手の封入してあったものが約1,000通でその金額は合計約23万円に達しているというのである。被告人は、当公判廷においては、犯行の始期は昭和37年5月ごろではなくて昭和38年5月ごろからであり、窃取した現金は合計20万円ぐらい、郵便切手は合計4、5万円ぐらいのものであると弁解しているのであるが、」被告人の前記弁解は措信し難く、むしろ、「郵政監察官及び検察官に対し供述したところが真実に略々近いものである」とし、「これによれば、被告人の犯行は、その期間、回数、被害数額等のいずれの点よりしても、この種の犯行としては他に余り例を見ない程度のものであったことは否定できないことであり、事件の性質上量刑にあたって、この事実を考慮に入れない訳にはいかない。」と断定しているのであって、この判示は、本件

公訴事実のほかに、起訴されていない犯罪事実をいわゆる余罪として認定し、これをも実質上処罰する趣旨のもとに、被告人に重い刑を科したものと認めざるを得ない。したがって、第一審判決は、前示のとおり、憲法31条に違反するのみでなく、右余罪の事実中には、被告人の郵政監察官および検察官に対する自供のみによって認定したものもあることは記録上明らかであるから、その実質において自己に不利益な唯一の証拠が本人の自白であるのにこれに刑罰を科したこととなり、同38条3項にも違反するものといわざるを得ない。

そうすると、原判決は、この点を理由として第一審判決を破棄すべきであったにかかわらずこれを破棄することなく、右判示を目して、たんに本件起訴にかかる「被告人の本件犯行が1回きりの偶発的なものかあるいは反覆性のある計画的なものかどうか等に関する本件犯行の罪質ないし性格を判別する資料として利用する」趣旨に出たにすぎないものと解すべきであるとして、「証拠の裏づけのないため訴追することができない不確実な事実を量刑上の資料とした違法がある」旨の被告人側の主張を斥けたことは、第一審判決の違憲を看過し、これを認容したもので、結局において、憲法38条3項に違反する判断をしたことに帰着する。

【要旨2】 しかしながら、原判決は、結論においては、第一審判決の量刑は重きに失するとして、これを破棄し、改めて被告人を懲役10月に処しているのであって、その際、余罪を犯罪事実として認定しこれを処罰する趣旨をも含めて量刑したものでないことは、原判文上明らかであるから、右憲法違反は、刑訴法410条1項但書にいう判決に影響を及ぼさないことが明らかな場合にあたり、原判決を破棄する理由とはならない。

解　説

1 　裁判所は、起訴されていない事件について、審判することはできない（不告不理の原則）。このことは、刑訴法が、絶対的控訴理由の1つとして、「審判の請求を受けない事件について判決をしたこと」（刑訴法378条3号後段）と規定していることからも明らかであり、この原則に反すれば、憲法31条に違反することになる。

2 　窃盗、詐欺、横領等のいわゆる財産犯は、通常複数の同種事犯を犯す場合が多く、中には、数十回、数百回に及ぶため、訴訟経済を考えて、そのすべ

てを起訴することなく、一部代表的な犯罪だけを起訴する場合が屢々ある。

このような場合に、証拠上、起訴されていないいわゆる余罪についても裁判所は証拠上認定できることが多いが、それを認定して、実質的にこれを処罰する趣旨で量刑をすれば、前記不告不理の原則に相反することになる。

3 といって、量刑は、被告人の起訴されている犯罪事実のみでなく、全人格的なものを判断して決すべきものであるから、起訴されていない余罪もまた重要な量刑資料といえる。

本判決は、前記の不告不理の原則を考慮しつつ、かっこ内で、「その量刑のための一情状として、いわゆる余罪をも考慮すること」を可能としたもので、妥当な判示であろう。

もっとも、実質的に両者にどれだけの違いが生ずるかは、問題として残る。

84 形式裁判の内容的確定力

(最決昭56.7.14第三小法廷 刑集35.5.497)
公正証書原本不実記載、同行使被告事件

● 決定要旨 ●

要旨1

公訴事実の記載に不備があって、実体審理を継続するのに十分な程度に訴因が特定していない起訴状による公訴提起であっても、それが特定の事実について検察官が訴追意思を表明したものと認められるときは、右事実と公訴事実を同一にする範囲において、公訴時効の進行を停止する効力を有する。

要旨2

建物の所有名義を偽って不実の登記をさせたことなどを内容とする公正証書原本不実記載・同行使の旧起訴状公訴事実の記載に不備があって、旧起訴が、右建物の表示登記と保存登記のいずれの不実記載についてされたのか一見まぎらわしく訴因の特定が十分でない場合であっても、旧起訴状の公訴事実に記載された犯行の日時、場所、方法及び不実登記の対象となる建物がすべて表示登記の不実記載に関する本件公訴事実第1

のそれと同一であることなどの事情があるときは（判文参照）、右旧起訴は、本件公訴事実第1につき公訴時効の進行を停止する効力を有する。

要旨3

訴因の不特定を理由とする公訴棄却の確定判決が、右判断を導くための根拠の1つとして、旧起訴状の公訴事実によっては併合罪関係に立つ建物の表示登記と保存登記に関する各公正証書原本不実記載・同行使罪のいずれについて起訴がされたのか一見明らかでないという趣旨に解しうる判断を示している場合において、再起訴を審理する裁判所が、旧起訴により表示登記の不実記載に関する本件公訴事実第1につき公訴時効の進行が停止されたと判断することは、右確定判決のいわゆる内容的確定力に抵触しない。

（3につき反対意見がある。）

決定理由 所論にかんがみ、職権をもって判断すると、記録によれば、被告人3名は、昭和50年12月26日、別紙2記載の公正証書原本不実記載・同行使の事実により、大阪地方裁判所に公訴を提起されたが（以下、「旧起訴」という。）、同地方裁判所は、昭和51年11月18日、右公訴事実の記載中、罪となるべき事実を特定するに当り最も重要である公正証書原本不実記載の内容として「保存登記」と記載されている部分が、文字通りに不実の「保存登記」をなさしめた点を示しているのか「表示登記」の誤記であるのかが、一見して明らかでなく、併合罪関係に立つと考えられる右2つの登記に関する不実記載のいずれともとれるような記載の存することなどの理由5点を挙げたうえ、「全体として、その訂正ないし補正の許される余地のないほど訴因が不特定である。」として、右公訴を棄却する判決をし、右判決はそのころ確定したこと、その後昭和53年6月28日、検察官が別紙1記載の本件各公訴事実につき、被告人3名をあらためて起訴したところ、第一審判決は、前記旧起訴には、公訴提起の不存在と目される程度の重大な瑕疵があって本件各公訴事実につき公訴時効の進行を停止する効力がなく、同各公訴事実については本件起訴当時すでに公訴時効が完成しているとして、被告人3名をいずれも免訴したこと、これに対し、検察官が控訴を申し立てたところ、原判決は、旧起訴は本

件公訴事実第2については公訴時効の進行を停止する効力を有しないが、同第1については右時効の進行停止の効力を有するとして、第一審判決のうち公訴事実第1に関する部分を破棄して右部分を第一審裁判所に差し戻し、同第2に関する検察官の各控訴を棄却する判決をしたことが明らかである。

ところで、刑訴法254条が、公訴時効の停止を検察官の公訴提起にかからしめている趣旨は、これによって、特定の罪となるべき事実に関する検察官の訴追意思が裁判所に明示されるのを重視した点にあると解されるから、

【要旨1】 起訴状の公訴事実の記載に不備があって、実体審理を継続するのに十分な程度に訴因が特定していない場合であっても、それが特定の事実について検察官が訴追意思を表明したものと認められるときは、右事実と公訴事実を同一にする範囲において、公訴時効の進行を停止する効力を有すると解するのが相当である。

【要旨2】 本件についてこれをみると、旧起訴状公訴事実中には、本件公訴事実第1を特定するうえで重要な「表示登記」という文言が一度も使用されておらず、かえって、同第2を特定するうえで重要な「保存登記」という文言がくり返し使用されていて、そのいずれについてなされた公訴提起であるのか一見まぎらわしく、訴因の特定が十分でないことは否定することができないけれども、右起訴状公訴事実に記載された犯行の日時、場所、方法及び不実登記の対象となる建物は、すべて本件公訴事実第1のそれと同一であること、その結果としてなされた不実登記の内容も、建物の所有名義を偽るという点で両者は共通していること、さらに、旧起訴審において、検察官が、公訴事実中「保存登記」とあるのは「表示登記」の誤記であるとの釈明をし、その旨の訴因補正の申立をしていることなどを総合考察すると、旧起訴によって検察官が本件公訴事実第1と同一性を有する事実につき公訴を提起する趣旨であったと認めるに十分であるから、これにより右事実に関する公訴時効の進行が停止されたとする原審の判断は、正当である。

なお、所論は、本件旧起訴に対する前記確定判決のいわゆる内容的確定力を援用し、前記確定判決の判断内容と異る判断をした原判決に法令解釈の誤りがあるとするのであるが、

【要旨3】 前記確定判決の理由中本件の受訴裁判所を拘束するのは、旧起訴は実体審理を継続するのに十分な程度に訴因が特定されていないという判断のみ

第5章　一審の裁判　227

であり、右判断を導くための根拠の1つとして挙げられた、旧起訴状の公訴事実によっては併合罪関係に立つ建物の表示登記と保存登記に関する各公正証書原本不実記載・同行使罪のいずれについて起訴がなされたのか一見明らかでない、という趣旨に解し得る部分は、本件の受訴裁判所を拘束しないと解すべきであるから、旧起訴によって、本件公訴事実第1と同一性を有する事実につき公訴時効の進行が停止されたとする原審の判断が、右確定判決のいわゆる内容的確定力に抵触するものとはいえない。

解　説

1　現行刑訴法は、公訴時効の中断の制度をとらず、公訴時効の停止の制度をとって、「時効は、当該事件についてした公訴の提起によつてその進行を停止し、管轄違又は公訴棄却の裁判が確定した時からその進行を始める。」（刑訴法254条1項）と規定している。
　　一方、起訴状に記載する公訴事実については、訴因を明示して記載しなければならない（刑訴法256条3項）が、訴因が明示されておらず、訴因として特定されていない場合には、「公訴提起の手続がその規定に違反したため無効であるとき」（刑訴法338条4号）として公訴棄却の判決となる。
2　本件では、第1次起訴の訴因が特定されていないため公訴棄却の判決がなされたが、その後の第2次起訴が、第1次起訴によって公訴時効の進行の停止が存しない限り、公訴時効が成立していた関係にあるため、訴因不特定の第1次起訴に公訴時効の進行を停止させる効力があるかがまず争われた。
3　判旨1、2は、第1次起訴が、いかなる事実について、検察官として公訴を提起したのかという事実問題であり、起訴状記載の事実の具体的内容からの判断であって、判旨1が一般論、2が具体的な当てはめである。
4　問題は、第1次起訴に対する公訴棄却判決（形式判決）が確定したことにより、その確定判決の拘束力が、第2次起訴に対して、どこまで及ぶのかという、形式裁判の内容的確定力の点である。
　　有罪、無罪といった実体裁判の内容的確定力については、既判力あるいは一事不再理の原則との関係で理解しやすいが、形式裁判の内容的確定力については、最高裁としては初めて本決定が、訴因の不特定という結論部分についてのみこれを認め、その理由については、拘束力がないとした。

形式裁判については、事情の変更があった場合、どの程度確定力が維持されるかの問題が別にあり、例えば、被告人の偽装死亡によってなされた公訴棄却決定が、後訴を拘束するかといった問題が論じられている。

第3編 上　訴

第1章　上訴の通則

85　公訴棄却決定に対する上訴

> 最決昭53.10.31第一小法廷　刑集32・7・1793
> 公訴棄却決定に対する即時抗告棄却決定に対する特別抗告事件

● 決定要旨 ●

公訴棄却の決定に対しては、被告人・弁護人からその違法・不当を主張して上訴することはできない。
（反対意見がある。）

決定理由　公訴棄却の決定に対しては、被告人・弁護人からその違法・不当を主張して上訴することはできないものと解すべきであるから、原決定に所論のような違法はない。

解　説

1　被告人が死亡した場合、決定で公訴が棄却される（刑訴法339条4号）。公訴棄却の決定、判決（刑訴法338条）、管轄違いの判決（刑訴法329条）、免訴の判決（刑訴法337条）のような形式裁判ないし実体関係的形式裁判（免訴）のような形式裁判に対して、被告人には上訴の利益がないため上訴権がないとするのが従来の通説判例である（免訴につき、最判昭23.5.26大法廷　刑集2・6・529、管轄違につき大判明37.6.27　刑録10・1416）。

2　本決定は、公訴棄却決定について、新しい判示をしたものであるが、上訴の利益との関係では、従来の判例の延長線上にあり、目新しいものではない。
　被告人にとって、死亡の場合はともかく、無罪判決を取ることこそ、青天白日の身となるのであって、形式裁判によって、被告人の身分から解放されても、いわば灰色のままであるから、刑事補償その他でも有利な無罪判決を

求めて上訴する利益があるという考えがあるが、本決定を始め、上訴の利益を重視する判例の立場は、これを否定しており、訴訟経済を考えてのことと思われる。

86 検察官の上訴と二重の危険

(最判昭25.9.27大法廷 刑集4・9・1805
昭和22年勅令第1号違反並びに衆議院議員選挙法違反被告事件)

●判決要旨●

下級審の無罪又は有罪判決に対し、検察官が上訴をなし、有罪又はより重い刑の判決を求めることは、憲法第39条に違反しない。
（理由に関し少数意見がある）

判決理由 元来一事不再理の原則は、何人も同じ犯行について、二度以上罪の有無に関する裁判を受ける危険に曝さるべきものではないという、根本思想に基くことは言うをまたぬ。そして、その危険とは、同一の事件においては、訴訟手続の開始から終末に至るまでの一つの継続的状態と見るを相当とする。されば、一審の手続も控訴審の手続もまた、上告審のそれも同じ事件においては、継続せる一つの危険の各部分たるにすぎないのである。従って同じ事件においては、いかなる段階においても唯一の危険があるのみであって、そこには二重危険（ダブル、ジェパーディ）ないし二度危険（トワイス、ジェパーディ）というものは存在しない。それ故に、下級審における無罪又は有罪判決に対し、検察官が上訴をなし有罪又はより重き刑の判決を求めることは、被告人を二重の危険に曝すものでもなく、従ってまた憲法39条に違反して重ねて刑事上の責任を問うものでもないと言わなければならぬ。従って論旨は、採用することを得ない。

解　説

1　憲法39条後段は、「同一の犯罪について、重ねて刑事上の責任を問はれな

い。」と規定する。いわゆる二重処罰の禁止であるが、この規定が、下級審の無罪判決に対して、国（検察官）が上訴して、その結果、上訴審が有罪とする場合に適用されるのではないかという弁護人の主張を排斥したのが本判決である。

2　我が国では、旧刑訴法以来、無罪判決（有罪判決でも）に対し、検察官が上訴し得るとされてきたため、一事不再理の原則は、同一事件に対する検察官の上訴を妨げないという点では、特に問題とされないが、英米法系の国のように、陪審裁判をとる国では、陪審の無罪の評決の結果の無罪裁判に対し、多くの場合、国側からの上訴が認められておらず、その理由が二重の危険（Double Jeopardy）である関係から、我が国でも、憲法がアメリカ法の強い影響により制定されたという歴史的背景を根拠にして、かかる主張がなされるわけである。

3　もとより、我が国は我が国で独自の法解釈をなすべきものであって、外国法は、たとえそれが母法であっても、解釈上の参考とされることはともかく、解釈を決定するものでないことは言うまでもない。

87　不利益変更の禁止

(最決昭55.12.4 第二小法廷 刑集34・7・499)
(窃盗、有印私文書偽造、同行使、詐欺、住居侵入、窃盗未遂被告事件)

―● 決定要旨 ●―

要旨1
　刑訴法402条における刑の軽重の比較にあたっては、刑の執行猶予の言渡の有無をも考慮すべきである。

要旨2
　第一審が被告人に対し懲役1年の刑を言い渡したのを、第二審が懲役1年6月、3年間執行猶予、保護観察付の刑に変更しても、刑訴法402条に違反しない。

第 1 章　上訴の通則　**233**

決定理由　所論引用の当審判例（昭和24年(れ)第2437号同25年 3 月 3 日第二小法廷判決・刑集 4 巻 3 号305頁）は、第一審が懲役10月の判決を言い渡したのに対し、第二審が懲役 1 年、4 年間執行猶予の判決を言い渡した事案について、第二審において第一審の懲役刑よりも長い懲役刑に処したときは、たとえ右刑の執行を猶予する旨の言渡をした場合でも、原判決の刑より重い刑を言い渡したことに該当する旨判示している。

【要旨 1 】　しかしながら、当裁判所昭和25年(あ)第2567号同26年 8 月 1 日大法廷判決（刑集 5 巻 9 号1715頁）は、第一審、第二審各判決の刑の軽重を判断するにあたっては、各判決の具体的な刑を総体的に比較して実質的に考察すべきであり、その際、刑の執行猶予の言渡の有無も当然に考慮すべきであるとし、その理由として、刑の執行を猶予する旨の言渡は、刑そのものの言渡ではなく、単に刑の執行に関する形態の言渡であるとはいえ、それが取り消されない限りは現実に刑の執行を受ける必要がなく、しかも、その猶予の期間を経過したときには、刑の言渡そのものが効力を失うのであり、実質的には執行猶予のもつ法律的社会的価値判断は実際において高く評価されており又さるべきものであるからである旨判示している。右判旨に照らすと、所論引用の判例は、刑の執行猶予の言渡の有無を考慮していない点において、右大法廷判例の趣旨に反することが明らかであり、すでに右判例によって変更されたものと認めるのが相当である（当裁判所昭和29年(あ)第2649号同30年 4 月 5 日第三小法廷判決・刑集 9 巻 4 号652頁、同34年(あ)第2182号同37年 6 月18日第二小法廷決定・刑集16巻 7 号1265頁、同38年(あ)第1657号同39年 5 月 7 日第一小法廷決定・刑集18巻 4 号136頁、同39年(あ)第2370号同40年 2 月26日第二小法廷決定・刑集19巻 1 号59頁、同43年(あ)第921号同年11月14日第一小法廷決定・刑集22巻12号1343頁等参照）。

そうしてみると、所論引用の判例は、刑訴法405条 2 号の判例とはいえないから、所論判例違反の主張は、前提を欠き、適法な上告理由にあたらない。

（その余の主張について）

所論は、刑訴法402条違反をいう単なる法令違反の主張であって、適法な上告理由にあたらない。

【要旨 2 】　なお、記録によれば、被告人に対する本件被告事件について、第一審は、懲役 1 年、未決勾留日数中70日算入（及び没収、被害者還付）の判決を言い渡したのに対し、原審は、被告人側からの量刑不当の控訴趣意を容れ、第

一審判決を破棄し、懲役1年6月、第一審未決勾留日数中70日算入、3年間執行猶予、保護観察付（及び第一審判決と同じ没収、被害者還付）の判決を言い渡したものであることが明らかであり、原判決の言い渡した刑は、第一審判決の言い渡した刑に比較し、主刑の刑期が6か月長くされているが、保護観察付ながら執行猶予が付されており、主文を全体として総合的に観察するならば、実質上被告人に不利益であるとはいえ、原判決は、刑訴法402条にいう第一審判決の刑より重い刑を言い渡したことにはならないと解するのが相当である。

解説

1　刑訴法402条は、「被告人が控訴をし、又は被告人のため控訴をした事件については、原判決の刑より重い刑を言い渡すことはできない。」と規定し、いわゆる不利益変更の禁止の原則をとっていて、上告審でも、これが準用されている（刑訴法414条）。再審でも同じである（刑訴法452条）。

　　この不利益変更の禁止の原則は、憲法39条の一事不再理の原則から来るものではないが、その精神においては共通するものがあろう。

2　刑のいずれが重いかは、刑の軽重に関する刑法10条の規定が定めるところであるが、執行猶予が付された場合には、いずれが重いか、必ずしも容易に決し難い。

　　一つの考え方は、執行猶予を無視して、刑の重さだけを比較するものであるが、すでに本決定が判示するように否定されていると言える。

3　結局、本決定の判示するとおり、総体的に比較して実質的に考察することになるが、抽象的にはそう言えても、いずれが重いかを俄かに決し得ないのが実情であろう。

　　その意味で、懲役1年の実刑より、懲役1年6月、3年間執行猶予、保護観察付の刑がより軽いとした判断は、一つの解釈の手掛りとはなるが、1年が2年の場合はどうかというと、判例の集積を待つ以外にないようである。

第2章 控　　訴

88　控訴審の審理の範囲

（最決昭46.3.24大法廷　刑集25・2・293
住居侵入、暴力行為等処罰に関する法律違反、傷害被告事件）

●決定要旨●

　牽連犯または包括一罪として起訴された事実につき、その一部を有罪とし、その余については理由中で無罪の判断を示した第一審判決に対し、被告人だけが控訴を申し立てた場合、控訴審が、職権調査によって、原判決に事実誤認ありとし、これを破棄自判して、起訴事実の全部につき有罪とすることは、職権の発動として許される限度をこえるものであって、違法である。

（意見がある。）

決定理由　所論は、原審のした右職権調査ならびに破棄自判の措置を不当と主張するので、按ずるに、第一審判決がその理由中において無罪の判断を示した点は、牽連犯ないし包括一罪として起訴された事実の一部なのであるから、右第一審判決に対する控訴提起の効力は、それが被告人からだけの控訴であっても、公訴事実の全部に及び、右の無罪部分を含めたそのすべてが控訴審に移審係属すると解すべきである。そうとすれば、控訴裁判所は右起訴事実の全部の範囲にわたって職権調査を加えることが可能であるとみられないでもない。しかしながら、控訴審が第一審判決について職権調査をするにあたり、いかなる限度においてその職権を行使すべきかについては、さらに慎重な検討を要するところである。いうまでもなく、現行刑訴法においては、いわゆる当事者主義が基本原則とされ、職権主義はその補充的、後見的なものとされているのである。当事者主義の現われとして、現行法は訴因制度を

とり、検察官が公訴を提起するには、公訴事実を記載した起訴状を裁判所に提出しなければならず、公訴事実は訴因を明示してこれを記載しなければならないこととし、この訴因につき、当事者の攻撃防禦をなさしめるものとしている。裁判所は、右の訴因が実体にそぐわないとみられる場合であっても、原則としては訴因変更を促がし或いはこれを命ずべき義務を負うものではなく（当裁判所昭和30年(あ)第3376号同33年5月20日第三小法廷判決・刑集12巻7号1416頁参照）、反面、検察官が訴因変更を請求した場合には、従来の訴因について有罪の言渡をなし得る場合であっても、その訴因変更を許さなければならず（昭和42年(あ)第191号同年8月31日第一小法廷判決・刑集21巻7号879頁参照）、また、訴因変更を要する場合にこれを変更しないで訴因と異なる事実を認定し有罪とすることはできないのである。このように、審判の対象設定を原則として当事者の手に委ね、被告人に対する不意打を防止し、当事者の公正な訴訟活動を期待した第一審の訴訟構造のうえに立って、刑訴法はさらに控訴審の性格を原則として事後審たるべきものとしている。すなわち、控訴審は、第一審と同じ立場で事件そのものを審理するのではなく、前記のような当事者の訴訟活動を基礎として形成された第一審判決を対象とし、これに事後的な審査を加えるべきものなのである。そして、その事後審査も当事者の申し立てた控訴趣意を中心としてこれをなすのが建前であって、職権調査はあくまで補充的なものとして理解されなければならない。けだし、前記の第一審における当事者主義と職権主義との関係は、控訴審においても同様に考えられるべきだからである。

　これを本件についてみるに、本件公訴事実中第一審判決において有罪とされた部分と無罪とされた部分とは牽連犯ないし包括一罪を構成するものであるにしても、その各部分は、それぞれ1個の犯罪構成要件を充足し得るものであり、訴因としても独立し得たものなのである。そして、右のうち無罪とされた部分については、被告人から不服を申し立てる利益がなく、検察官からの控訴申立もないのであるから、当事者間においては攻防の対象からはずされたものとみることができる。このような部分について、それが理論上は控訴審に移審係属しているからといって、事後審たる控訴審が職権により調査を加え有罪の自判をすることは、被告人控訴だけの場合刑訴法402条により第一審判決の刑より重い刑を言い渡されないことが被告人に保障されているとはいっても、被告人に対し不意打を与えることであるから、前記のような現行刑事訴訟の基本構造、

ことに現行控訴審の性格にかんがみるときは、職権の発動として許される限度をこえたものであって、違法なものといわなければならない。

　以上説示したところによれば、原判決には法令違反のかどがあり、その違法は判決に影響を及ぼすことが明らかである。しかしながら、原判決が被告人らの控訴を理由がないものとしている点にはなんら違法がなく、さらに進んで職権調査を加え破棄自判をした点だけが違法と考えられるのであるから、原審がすべきであった裁判は控訴棄却であったといえる。そうすると、その結果は第一審判決が維持されるべきであったということになるが、第一審判決が被告人らに言い渡した刑と原判決が被告人らに言い渡した刑とは全く同一である。この点を考えれば、原判決の違法は、未だもってこれを破棄しなければ著しく正義に反するものとは認められない。

解　説

1　控訴裁判所は、控訴趣意書に包含されていない事項であっても、刑訴法377条ないし382条（控訴理由）及び383条（再審事由のある場合の控訴理由）に規定する事由に関しては、職権で調査をすることができることとされている（刑訴法392条2項）。

　　裁判所の職権主義の一つの表われである。

2　牽連犯のような科刑上一罪や何回も続けて同じ犯罪を犯して、全体として考察した場合一罪として扱うべきであるとされている包括一罪について、その一部を無罪とした判決に、被告人だけが控訴をして争った場合に、控訴裁判所は、前記条文を根拠にして、職権調査をした結果、無罪は事実誤認であるから原判決を破棄して、起訴事実の全部を有罪とし得るかという、**職権調査の範囲の問題**が生ずる（破棄自判しても、刑は、不利益変更禁止の原則との関係― 87 の「解説」参照―から、重くはし得ないので、直接の問題は生じない。）。

3　この無罪部分は、一審で確定して、控訴審には移審しないとする考え、移審はするが拘束力があるので、控訴裁判所は審理し得ないとする考え等があるが、本決定は、当事者主義の原則に重きを置いて、職権主義は補足的なものという原則を貫き、検察官からの控訴がない以上、当事者間の攻撃防禦の対象から外れたものとみて、それに対する職権調査を違法とした。

　　不利益変更禁止の原則があっても、それは刑にしか及ばないから、有罪部

分が職権調査の結果増加することもあり得るという考えもできようが、本決定の趣旨から、当事者主義に相反し不利益変更禁止の原則の精神にも反することになろう。

4 　本件のようないわば複数の事件を単一の犯罪とする場合と異なり、単一の事実について、本位的訴因と予備的訴因とがある場合には、控訴審における攻撃防禦の対象は、全部に及ぶとされている（最決平元.5.1第一小法廷刑集43・5・323）。

【参考判例】
　　最決平元.5.1第一小法廷　刑集43・5・323

89　控訴審の破棄自判と事実の取調べ

（最判昭44.10.15大法廷　刑集23・10・1239
猥褻文書販売、同所持被告事件）

●判決要旨●

　第一審裁判所が法律判断の対象となる事実を認定し、法律判断だけで無罪を言い渡した場合には、控訴裁判所は、改めて事実の取調をすることなく、刑訴法400条但書によって、みずから有罪の判決をすることができる。

判決理由　右昭和33年2月11日の第三小法廷判決は、法律判断の対象となる事実そのものの存在については争いがなく、それが認定されている事案について、第一審判決が被告人の犯罪事実の存在を確定せず無罪を言い渡した場合に、控訴裁判所がみずからなんら事実の取調をすることなく、第一審判決を破棄し、訴訟記録および第一審裁判所において取り調べた証拠のみによって、ただちに被告事件について犯罪事実の存在を確定し有罪の判決をすることは、刑訴法400条但書の許さないところである旨判示しているのであるから、前記原判決の判断は、右判例に相反するものというべきである。しかし、法律判断の対象となる事実そのものの存在について争いがあり、それが認定されていない場合には、その事実の存否について当事者に争う機会を与

え、事実の取調をして、判決をすることが直接審理主義、口頭弁論主義の原則に適合するものであることはいうまでもないが、法律判断の対象となる事実が認定されており、裁判所の法律判断だけが残されている場合には、事実について当事者に争わせ、事実の取調をする意義を認めることができないから、このような場合には、改めて事実の取調をするまでもなく、刑訴法400条但書によって、控訴裁判所がみずから有罪の判決をすることができるものと解するのが相当である。そこで、同法410条2項により、右判例を変更し、原判決を維持することとする。

したがって、右判例違反の論旨は理由がなく、原判決に訴訟手続上の違反があるものとは認められないから、その違反があることを前提とする右違憲の論旨も、その前提を欠き、理由がないものといわなければならない。

解　説

1　本件は、いわゆる「悪徳の栄え」事件についての上告審判決であり、その猥褻性についての法律判断の違いから一審の無罪判決を、特段の事実取調べをすることなく破棄して、自判し、有罪とした控訴審判決の効力が問題とされたものである。

2　刑訴法400条但書は、「控訴裁判所は、訴訟記録並びに原裁判所及び控訴裁判所において取り調べた証拠によつて、直ちに判決をすることができるものと認めるときは、被告事件について更に判決をすることができる。」と規定している。いわゆる破棄自判の規定である。

　この規定を素直に読む限り、控訴裁判所の取り調べた証拠が破棄自判のために必要と言えよう。しかし、事実については全く争いがなく、その事実の法律的評価を異にするだけの場合に、事実の取調べなしに無罪を有罪に、逆に有罪を無罪にし得るものかどうか問題がある。

3　本判決以前に最判昭33．2．11第三小法廷（刑集12・2・187）が、前記条文どおりに解釈して、控訴審が事実の取調べをしない限り、無罪判決を破棄して有罪の自判をすることはできないとしていたが、本判決は、大法廷で前記判決を変更し、法律判断だけが残されている場合には、事実の取調べをしないで有罪判決ができるとした。

4　無罪を有罪にするについて、法律的評価以外に争いがない場合に事実の取

調べを不要とする以上、有罪を破棄して無罪とする場合にも事実の取調べは不要であろう。しかし、事実認定を変更する場合には、単に形式的に事実を取り調べるだけでは足りない。有罪の証拠とした証人を再度取り調べるようなことをせずに事実認定にさして関係もない証拠を取り調べただけで、それで無罪とするには問題がある。有罪とした裁判所の自由心証を無視することになるからである。もっとも、控訴審が現実に一審と同じ証人数名を尋問し、検察官に反対尋問権行使の機会を与えた上で無罪とする場合に、一審で取り調べた証拠だけを判決に挙示しても違法ではあるまい（無罪を有罪とした場合であるが、同旨最判昭33.2.20第一小法廷 刑集12・2・269）。

90 新たな証拠の取調べ

（最決昭59.9.20第一小法廷 刑集38・9・2810）
道路交通法違反被告事件

● 決定要旨 ●

控訴裁判所は、第一審判決以前に存在した事実に関する限り、第一審で取調ないし取調請求されていない新たな証拠につき、刑訴法393条1項但書の要件を欠く場合であっても、第一審判決の当否を判断するため必要と認めるときは、同項本文に基づき、裁量によってその取調をすることができる。

（補足意見がある。）

決定理由 　所論にかんがみ、職権をもって判断すると、記録によれば、第一審判決が被告人を罰金刑に処し、その刑の執行を猶予したため、検察官が量刑不当を理由に控訴したこと、原審において、検察官が、刑訴法382条の2第1項にいう「やむを得ない事由」があると主張して、第一審では取調請求していない被告人の前科調書、交通事件原票謄本4通及び交通違反経歴等に関する照会回答書の取調を請求し、原審がこれらを取り調べたことが明らかであるが、原審が右前科調書等につき、右「やむを得ない事由」の

疎明があったものと判断したのか否かは必ずしも明らかではない。しかしながら、右「やむを得ない事由」の疎明の有無は、控訴裁判所が同法393条1項但書により新たな証拠の取調を義務づけられるか否かにかかわる問題であり、同項本文は、第一審判決以前に存在した事実に関する限り、第一審で取調ないし取調請求されていない新たな証拠につき、右「やむを得ない事由」の疎明がないなど同項但書の要件を欠く場合であっても、控訴裁判所が第一審判決の当否を判断するにつき必要と認めるときは裁量によってその取調をすることができる旨定めていると解すべきであるから（最高裁昭和26年㋐第92号同27年1月17日第一小法廷決定・刑集6巻1号101頁、同昭和42年㋐第127号同年8月31日第一小法廷決定・裁判集刑事164号77頁参照）、原審が前記前科調書等を取り調べたからといって、所論のようにこれを違法ということはできない。

解説

1 　第一審判決以前に客観的に存在していた証拠は、原則として控訴審においては取り調べることができない。しかし、量刑不当（刑訴法381条）や事実誤認（刑訴法382条）の控訴理由があると信ずるに足りる事実を証明するような証拠であれば、これまで調べられていなくても、実体的真実発見のために、これを取り調べることを許す方が正義の観念に一致する。

　　刑訴法382条の2は、その第1項で、第一審の弁論終結前に「やむを得ない事由によって」取調べを請求できなかった証拠につき、第2項は、弁論終結後判決前に生じた事実であって、同時に「控訴申立の理由があることを信ずるに足りるもの」につき、それぞれ控訴趣意書に援用することができると規定し、第3項は、控訴趣意書にその事実を疎明する資料の添付等を義務づけている。

2 　一方、刑訴法392条1項は、「控訴裁判所は、控訴趣意書に包含された事項は、これを調査しなければならない。」と調査義務を課し、次の393条1項は、「控訴裁判所は、前条の調査をするについて必要があるときは、検察官、被告人若しくは弁護人の請求により又は職権で事実の取調をすることができる。但し、第382条の2の疎明があつたものについては、刑の量定の不当又は判決に影響を及ぼすべき事実の誤認を証明するために欠くことのできない場合に限り、これを取り調べなければならない。」としている。

3　本件は、検察官が一審の執行猶予付罰金判決に対して量刑不当で控訴をし、刑訴法382条1項によって第一審でやむをえない事由により、取調請求をしていない被告人の前科調書等の取調請求をし、控訴裁判所がこれを取り調べ、執行猶予のない同額の罰金刑を科した事案である。

　最高裁は、やむをえない事由の疎明があったと控訴裁判所が判断したか否か必ずしも明らかでないとしながらも、この疎明の有無は、刑訴法393条1項但書の取調べ義務があるかどうかの問題であり、同項本文によって、第一審判決以前に存在した事実を取り調べることができるとした。

　もとより、第一審判決後に生じた事実に関する証拠については、このような制限なしに控訴裁判所は、取り調べることができる。

第3章　上　　告

91　上告審の職権調査

最判昭47.3.9第一小法廷　刑集26・2・102
関税法違反、外国為替及び外国貿易管理法違反被告事件

● 判決要旨 ●

　当初の無許可輸出罪の訴因につき第一審で無罪とされ、検察官が控訴したが、控訴審でも罪とならないとされ、ただ、外国為替及び外国貿易管理法の無承認輸出罪の成立する余地があるとして破棄差し戻した判決に対し被告人のみが上告した場合には、上告審が職権調査により右訴因を有罪とすべきものとして破棄差し戻し、または、みずから有罪の裁判をすることは許されない。

（反対意見がある。）

判決理由▶
　よって按ずるに、関税法111条1項所定の無許可輸出罪と同法113条の2〔筆者注：現113条の3〕所定の虚偽申告罪とは

併合罪の関係にあるものと解すべきであり、本件起訴状には、被告人黄に対する公訴事実中前記のように、税関吏に対し実際に輸出しようとする薬品の輸出申告をしないで他の薬品の輸出申告をした旨が記載されてはいるが、罪名は単に関税法違反と記載され、罰条としては、第一審判決別表㈣26ないし31に相当する事実につき関税法111条1項のみが示されているにすぎないのであって、このような場合虚偽申告の点は起訴されなかったものとみるのが相当である（最高裁判所昭和25年㈍第104号同年6月8日第一小法廷決定・刑集4巻6号972頁参照）。してみれば、検察官が右別表㈣26ないし31に相当する事実につき虚偽申告罪として追起訴しないかぎり、裁判所は同罪の成否につき審判することができないのであるから、原判決が、右事実につき訴因変更すれば虚偽申告罪として同被告人を有罪にしうるとの見解のもとに、第一審の訴訟手続に審理不尽の違法があるとしたのは、法令の解釈を誤ったものといわなければならない。

　また、裁判所は、起訴状記載の訴因が実体にそぐわないとみられる場合であっても、原則として検察官に訴因変更を促すべき義務を負うものではないから、たとい第一審が右別表㈣1、2、5ないし19、21ないし31の各事実につき、無免許または無許可輸出罪は成立しないが、外国為替及び外国貿易管理法上の無承認輸出罪は成立する余地があるとみたとしても、検察官に釈明を促し同罪に訴因を変更するか否かを確かめるべき義務はないものといわなければならず（最高裁判所昭和41年㈍第2101号同46年3月24日大法廷決定・刑集25巻2号293頁参照）、したがって、そのような義務があることを前提として、原判決が第一審の訴訟手続に審理不尽の違法があるとしたのは、これまた法令の解釈を誤ったものといわなければならない。そして、原判決の以上の違法はいずれも判決に影響を及ぼすことが明らかであり、これを破棄しなければいちじるしく正義に反するものと認められる。

　すなわち、被告人黄重信に対する公訴事実中、まず、第一審判決が同被告人に対し有罪を言い渡した部分については、同部分に対する弁護人の控訴趣意に対し、原審は、論旨は理由がない旨判示しており、同被告人に対し無罪を言い渡した部分に対する検察官の控訴趣意に対しても、原審は、前記のとおり論旨は理由がない旨判示しているのであるから、原審としては、同被告人に関しては、同被告人の控訴も、検察官の控訴も、ともに棄却すべきであったのである。

　ただ、同被告人に対し無罪を言い渡した事実については、元来輸出の免許ま

たは許可の効力は、輸出申告書に記載された貨物と同一か、少なくともこれと同一性の認められる貨物に及ぶだけであって、それ以外の貨物には及ばないものと解すべきである（最高裁判所昭和41年(あ)第809号同45年10月21日大法廷判決・刑集24巻11号1480頁参照）から、第一審判決および原判決が、前記のように、輸出の免許または許可は申告書記載の品目に対してなされるものでなく、具体的に税関に呈示された貨物に対しなされるものと解すべきで、その際他の貨物と誤認させるに足りるような偽装が施されていない場合には無免許または無許可輸出罪が成立しないとの解釈のもとに、同被告人に対する公訴事実中第一審判決別表㈣1、2、5ないし19、21ないし31の各事実につき無免許または無許可輸出罪の成立を否定したのは、いずれも法令の解釈を誤ったものというべきであるが、右無免許または無許可輸出罪の訴因については、第一審判決において無罪とされ、検察官が控訴したが、原判決においても同じく犯罪は成立しないとされたので、原判決に対しては同被告人からこの点について不服を申し立てる利益がなく、検察官からの上告申立もなかったのであり、ただ原判決が前示のように右各事実は無承認輸出罪を構成する余地があるとして第一審判決を破棄し差し戻したことを違法として同被告人だけから上告申立のあった現段階においては、現行刑訴法の基本的構造にかんがみ、もはや無免許または無許可輸出罪の成否の点は当事者間において攻防の対象からはずされたものとみるのが相当であり、当審が職権により調査を加え、これを有罪とすべきものとして破棄差し戻し、もしくはみずから有罪の裁判をすることは許されないものといわなければならない（前記昭和46年3月24日大法廷決定参照）。してみれば、当審としては、前記各訴因につき同被告人を無罪とした第一審判決を維持するほかないのである。

　よって、刑訴法411条1号により原判決中被告人黄重信に関する部分を破棄し、同法413条但書、396条により被告人黄重信に対する検察官の控訴および被告人黄重信の控訴を棄却し、同法414条、396条により被告人大信実業株式会社、同奥村治郎の本件各上告は、いずれもこれを棄却することとして、主文のとおり判決する。

【解　説】

1　控訴審の審理の範囲については、88の判例でふれたところであるが、本判

決も、前記88判例の延長線上にあるもので、上告審が職権調査をし得る範囲を明らかにするものである。

2 　関税法111条1項違反の無許可輸出罪と同法113条の2〔筆者注：現113条の3〕違反の虚偽申告罪とは併合罪であるのに、検察官の起訴状は、虚偽申告を記載しながら、罰条は関税法111条1項としかしていなかった関係から、一審では一部無罪とされた。無罪部分につき検察官、有罪部分につき被告人が控訴したが、控訴裁判所は、被告人の控訴は理由がないとしたうえ、検察官の控訴につき無罪部分のうちの一部について、関税法113条の2〔筆者注：現113条の3〕の虚偽申告罪が、その余の一部について、外国為替及び外国貿易管理法70条29号〔筆者注：現外国為替及び外国貿易法70条31号〕の無承認輸出罪が成立する余地があるとして、第一審が、検察官に釈明を促し、訴因を変更すべき義務があったのにそれをしなかった審理不尽があるとして、一審判決を破棄して差し戻した。これに対して、被告人のみが上告して争った。

　最高裁は、無許可輸出と虚偽申告は併合罪であるから訴因変更を可能と解した控訴審判決は、法令の解釈を誤っているとし、無承認輸出については、検察官に訴因変更をするか否か確かめる義務はないとして法令の解釈を誤った結果判決に影響を及ぼすことが明らかで破棄しなければ著しく正義に反するとした。

　最高裁の結論としては、控訴審は、検察官、被告人の控訴をともに棄却すべきであったとするわけである。

3 　一方、最高裁は、無罪部分について、無許可輸出罪が成立しないとした一、二審の判断は誤りで、本来、犯罪が成立するとしたものの、二審は、無罪部分につき、犯罪は成立しないが、他の犯罪の成立する余地があるとしたのに、検察官からは上告しなかった関係から、被告人が上告をしていても、無罪そのものについては不服申立の利益がない関係から、控訴審の段階で、本来有罪となるべきこの無罪部分は、当事者が争わない以上、攻撃防禦の対象から外れていると判示し、最高裁が、職権調査をすることができないとした。

4 　上告審は、上告趣意書に記載されていないことであっても、職権で調査して、刑訴法411条により原判決を破棄することができるが、このような職権主義も、現行刑訴法の基本構造である当事者主義からの制約を受けざるをえない。

その意味で、当事者が、攻撃防禦の対象から外した事実について、たとえそれが誤りであっても介入できないわけである。

ただ、本件のように事実が異なったり、公訴事実が同一でも、法律構成が異なるような訴因変更の場合とは違い、事実は同一、法律構成も同一で、過失内容に差がある程度の本位的訴因と予備的訴因との関係では、予備的訴因によった認定を第一審がして、被告人のみ控訴した場合にも、本位的訴因は、攻防の対象から外れないとするのが、その後の最高裁の判例である（最決平元.5.1刑集43・5・323）。

92 事実誤認の疑い

（最判平元10.26第一小法廷 判時1331・145）
（強制わいせつ被告事件）

● 判決要旨 ●

小学4年生の少女に対する強制わいせつ事件につき被告人が犯人であるとする右少女の供述等の信用性を肯定した原審の有罪判決が破棄され第一審の無罪判決が維持された事例

判決理由

三　原判決の検討

原判決は、捜査段階以来のA子及びBの各供述はいずれも大筋において信用するに足り、第一審判決が同人らによる犯人と被告人との同一性識別の正確性を疑うべき根拠として説示するところの大半は、これを支持することができず、かえって同人らによる右同一性識別の正確性には疑問を容れる余地がないと認められ、他方、被告人の捜査段階における自白も、第一審判決が指摘するように不完全なものであるとはいえ、その信用性はさほど低いとはいえず、犯罪の証明は十分であるとしている。

しかしながら、以下のとおり、原判決の右各証拠の評価には、少なからぬ疑問がある。

1　A子の供述について

㈠　A子は、第一、二審を通じて、本件被害状況、その途中でBに出会った際の状況、犯人の容貌・話し振り・服装・所持品等につき、詳細かつ具体的に供述している。しかも、原判決が指摘するように、A子は、約30分間にもわたって犯人と行動を共にしているのであるから、犯人と被告人との同一性を判断するに当たっては、A子の供述が最も重視されるべきである。しかし、他方、人物の同一性識別供述については、成人についてもその正確性が問題とされる場合が少なくないところ、特にA子のような小学4年生程度の年少者の場合は被暗示性が強いから、A子の供述の信用性についても、慎重に吟味する必要がある。そこで、これを検討すると、その供述には、次のような疑問点がある。

㈡　まず、原判決は、犯人がA子にとって既知の人物であったこと、約30分間にもわたって犯人と行動を共にし、被害者として犯人を注視していたこと、被告人が純粋な白人とも異なる特徴的な容貌の持ち主であること、A子には過去に白人系の外国人と交際した経験もあること、A子が被害から3日後の板橋警察署における面通しの際に躊躇なく被告人を犯人と指摘したことなどに徴すると、犯人は被告人であるとするA子の供述の信用性は高いと判示している。しかしながら、犯人がA子にとって既知の人物であると言う点は、A子の供述によれば、以前に2、3回見掛けたことがあるという程度であり、言葉を交わしたこともないというのである。また、A子による面通しについてみると、前記二の2のとおり、担任教師及びA子の母に本件被害の事実が伝えられ、Bの申立があって、警察も被告人を容疑者として任意同行し、その後右面通しが行われるに至ったという経過をたどっているのであって、このように、右面通しまでに、かなり多くの人々が被告人を犯人として特定することに関与しており、A子もそのことを知ったうえで面通しに臨んだものと認められる。しかも、本件の面通しには、当時の状況からやむをえない面があったにせよ、暗示性が強いためできる限り避けるべきであるとされているいわゆる単独面通しの方法がとられている。このような事情に徴すると、A子が面通しにおいて被告人を犯人と指摘するに当たり、暗示を受けていた可能性を否定することができない。

㈢　次に、原判決は、被告人が本件の犯人であるとするA子の供述が、同級生との会話により犯人についての暗示を受けた結果によるものではないか

との点に関し、A子は、第一審において、犯人は初めて見る人物ではなく、以前に本件マンション1階のスーパーマーケット内やA号棟の前あたりで2、3回見掛けたことのある人物であり、被害当時既にそのことに気付いていたと供述し、原審においては、被害当時から犯人が本件マンションの住人ではないかとおもっていたと供述しているのであるから、被害のあった翌々日（7月15日）のC子らとの会話から、犯人が本件マンションの住人であると思い込み、そのゆえに、本件マンションの住人である被告人を本件の犯人であると認めるに至ったとみるのは、相当ではないと判示している。しかし、A子は、原審においては、原判示のように被害当時から犯人は本件マンションの住人であると思っていたと供述しているが、第一審においては、被害当時犯人が本件マンションの住人であるかどうかは分からず、C子との会話により本件マンションの住人であると思ったと供述していたのである。しかも、A子は、前記7月15日学校でC子やM子と話をした際、本件マンションA号棟14階に住むC子から、日本語が堪能な外人にマンションのエレベーターの中までついて来られたことがあり、そのときその外人はエレベーターの5階のボタンを押していた旨聞いたと第一審及び原審において供述し、M子からは、本件マンション近くの歩道橋の上で男から英語を教えてあげようかといって肩を摑まれた旨聞いたと原審において供述している。そうすると、A子は、被害当時は本件の犯人が本件マンションの住人であるかどうかはわからなかったのに、C子らとの会話を通じて、本件の犯人はC子やM子の話す男と同一の人物で、本件マンションの5階の住人であると思い込み、そこから本件マンションに住んでいる被告人を本件の犯人であると特定するようになったのではないかとの疑いを否定することができない。

(四) さらに、原判決は、犯人が胸に「ポパイ」というような英字の入ったTシャツを着ていたというA子の第一審における供述は、本件マンションに住む中学2年生のE子が、原審において、本件犯行があった昭和60年夏ころ、本件マンションの近くで被告人がそのようなTシャツを着ているのを見掛け、流行遅れのものを着ていると感じて印象的であったと供述していることによって、その信用性が補強されていると判示している。なるほど、E子は、原審において一見原判決の説示に沿うかのような証言をしている。

しかし、右証言をみると、E子は、被告人を見掛けたのは、昭和60年の夏で、小学校が夏休みに入った7月下旬以降のことであったとか、昭和61年中にも見掛けたと明確に供述しているのであり、他方、被告人は昭和60年7月16日に逮捕され、以後引き続き昭和61年12月11日第一審の無罪判決により釈放されるまで継続して勾留されていたのであるから、右E子の証言は、時期の点において疑問があり、被告人以外の人物を被告人と見誤っているのではないかという重大な疑いがある。また、後述のとおり、被告人は、捜査段階の自白においてすら、このようなTシャツを着ていたことは述べておらず、他に被告人がこのようなTシャツを所持していたことを裏付ける証拠もない。

(五) なお、犯人の特徴等を確認する尋問に対するA子の供述をみると、例えば、第一審において、背の高さは忘れた、自分の父親より高いかどうかも分からない、目の色、眉毛、髭がどのようなものであったかも分からないと供述しているのに、原審においては、目のあたりが窪んでいることと背の高さからみて被告人が本件の犯人であることに間違いないと供述するなど、第一審よりも原審の方が詳細であり、また、被告人をより強く本件の犯人であると断定する内容となっている。しかし、いうまでもなく、犯人識別供述の正確性は、一般的にも、むしろ犯行時により近い時点での供述内容が重要であり、被告人について見聞きした後に至っての詳細、強固となった供述をそのとおり信用することには、問題があるというべきである。

(六) 以上のとおり、本件の犯人と被告人の同一性識別に関するA子の供述の信用性については、疑問を挟む余地があり、原審が、これを前示のような理由によって信用性が高いとした判断は、たやすく是認することができない。

2 Bの供述について

(一) Bは、第一、二審公判において、7月13日夕刻本件マンションA号棟1、2階の間の階段踊り場で被告人とA子が一緒にいたのは間違いないと供述しており、原判決は、右のBの供述は本件犯人が被告人であるとするA子の供述の信用性を裏付けていると判示している。しかし、Bの供述には、次のとおり、その信用性を疑わせる幾多の重大な疑問がある。

(二) まず、B及びA子の供述によれば、犯人が、本件犯行の際通り掛かったBに対し、「Fさんという人の家を知りませんか。英語を教えに来たんで

すけど。」などと尋ね、Bが、「そういう人はいない。ここは英語をやるところじゃない。無断でそのようなことをすると館内放送をする。」などと答えた事実が認められる。

　ところで、原判決は、右の「館内放送をする。」というBの発言は、その放送の意義や実態等からみて、Bがその際犯人を本件マンションの住人ではなく、外部から立ち入って来た者と認識していた疑いがあるとしながらも、Bは、7月13日の夕刻には午後7時から開始予定の本件マンションの自治会役員会の準備に追われており、A子と一緒にいた犯人から、英語教授うんぬんの話を聞いて、とっさにその男を本件マンション外部の者と早合点して、前記のような対応をしたものであって、そのときはこの件を格別気にも留めていなかったが、その後同月16日に、G子から、A子の本件被害の模様や犯人の人相、特徴等を聞くに及んで、直ちに、同月13日の夕刻にA子と一緒にいた男と英語教授の件で話をしたことを思い出すとともに、そのときの会話の相手が被告人であることに気付くに至ったものと認められると判示している。しかし、そもそも、右の原判示のような経過による記憶の喚起ということ自体が不自然というべきで、にわかに首肯し難いばかりでなく、記録によると、Bは、右の点に関し、捜査段階から第一、二審公判を通じ、従前から被告人の顔をよく知っており、本件当日A子と一緒にいた男と前記のような会話をした時点ですでにその相手が被告人であると気付いていた旨を一貫して供述しているのであって、一度も原判示のような経過で記憶を喚起したとは供述していない。したがって、右の原判示には、疑問がある。

　加えて、右の会話をした時点で相手が被告人であることに気付いていたというBの供述には、明らかに外来者に対して向けられたものと解せられる「館内放送をする。」などというBの犯人に対する言動とは、合理的な説明がない限り矛盾するというほかはない。そのため、Bは、第一、二審公判において、繰り返し訴訟関係人からその点について説明を求められたのに、結局納得のいくような説明ができないまま尋問を終えているのであるから、右の供述についても、重大な疑問がある。

㈢　また、原判決は、右のBの記憶喚起の点について、Bは、被告人が本件マンションに入居する以前に2回ほどB方に同人の子供を訪ねて来たこと

があり、本件犯行当時、被告人の顔を知っていたと認められるものの、Ｂがいかに本件マンションの管理人であるとはいえ、被告人の顔を、他の多数のマンションの住人の顔からとっさの間に逐一識別して、思い出せるほどに熟知していたものとは到底考えられないから、７月13日の夕刻にＡ子と一緒にいた男すなわち犯人が被告人であったことを、前記のような経過で同月16日に至って思い出したとしても、あながち不自然であるとはいえないと判示している。しかし、Ｂの供述中、前記の従前から被告人の顔をよく知っていたと供述する部分については、Ｂの居室と被告人のそれとが同じ棟で近接していることや、被告人が純粋の白人とも異なる特徴的な容貌の持ち主であることなどに照らし、その信用性を疑うべき理由を見出せないから、Ｂが被告人の顔を他のものと識別できるほどに熟知していなかったとの原判示にも、疑問がある。また、仮に、Ｂの被告人に対する面識が原判示の程度のものに過ぎなかったとすれば、Ｂは犯人との会話をその後特に気にも留めていなかったというのであるから、３日後に犯人の顔などを思い浮かべて、それが被告人であったと確信を持って断定できるなどということは、これまた不自然というほかなく、容易に首肯できることではない。

㈣　さらに、記録によると、Ｂは、７月16日にＡ子の母Ｇ子から本件被害のことを聞いて初めて本件犯行があったことを知ったが、その際、Ｇ子に対し、本件犯行のあった時に被告人がＡ子と一緒にいたのを目撃した事実を告げておらず、その後自室を訪れた水越康雄巡査に対しても、右の事実を告げていないことが明らかである。原判決は、この点について、７月16日にＢがＧ子や水越巡査と話をした際の会話の主題が、本件犯行による被害の有無とか、そのときＢが本件犯行の際にＡ子や被告人を見掛けたことの有無などではなく、問題となっている人物が本件マンションの住人であるかどうかであったことなどに徴すると、その際にＢがＧ子や同巡査に前記目撃の事実を話さなかったからといって、直ちに、７月16日の時点においても、Ｂが右目撃した際の会話の相手が被告人であったことに十分な確信を持っていなかったものと断ずることはできないと判示している。しかしながら、Ｂは、Ｇ子や水越巡査と話をした際、Ａ子がいつどこでどのような犯人にいたずらされたと言っているのかは聞かされているのであり、犯

人を特定することがこの時点での最も重要な課題であったことは明らかである。そうすると、Bが13日の会話の相手が被告人であったことに十分な確信を持っていたのであれば、犯行の現場に出会わせた当人として、G子や水越巡査と話をした際前記目撃の事実に言及するのが自然であり、言及しなかったというのは容易に首肯できることではない。

また、記録によると、Bは、7月16日に本件犯行を警察に通報した直後、被告人方に電話を掛け、電話に出た被告人の祖父に被告人が英語を話すかどうかを確認していることが明らかである。原判決は、この点については、Bの供述によると、7月13日夕刻の前記会話の相手が英語の教授うんぬんを口にして、その教授を装っていたふしがあったので、既に被告人を犯人として派出所に通報していた手前もあり、念のため、果たして被告人が英語を話すかどうかを確認しておこうとの考えに出たものであることが明らかであるから、この点は、7月16日の時点でBが、右会話の相手が被告人であることを認識していた証左であるとはいえても、逆にBがそのことに確信を持っていなかった証左になるものではないと判示している。しかし、Bは、この被告人方への電話をする以前には、G子や水越巡査に対してはもちろん、誰に対しても自分が7月13日にA子と被告人が一緒にいるのを見掛けたとは告げていないのであるから、わざわざこのような電話をしたという事実は、むしろ、Bが、その時点においても、13日の会話の相手が被告人であったかどうかについて、必ずしも十分な確信を持っていなかったことを窺わせるものと考える方が自然である。

(五) このようにみると、Bの供述については、幾多の重大な疑問があり、その信用性はむしろ低いというべきである。その他原判決がBの供述の信用性を裏付ける事情として述べる点を考慮しても、前示のような理由によって、Bの供述はA子の供述の信用性を裏付けているとした原判断は、これを是認することができない。

3 被告人の自白について

(一) 捜査段階における被告人の自白については、第一審判決が、A子やBの供述と矛盾する点が含まれており、いわゆる秘密の暴露もないことなどから、その信用性はそれほど高くないとしているのに対し、原判決は、自白が第一審判決の指摘する欠陥を含み、不完全なものであることを認めつつ

も、被告人がそれまでの否認から自白に転じた動機に関する部分は、十分に首肯しうるものであるうえに、犯行の経緯及び状況自体に関する部分は、極めて詳細かつ具体的であって、Ａ子及びＢの供述にも概ね符合していること、一般的に、被疑者が種々の思惑から必ずしも犯行の全容を余さず供述するものとは限らないことを指摘し、被告人の自白の信用性は、原判決の認定に沿う限りにおいて認めることができるとしている。

㈡　しかし、具体的に、被告人の自白とＡ子及びＢの供述とを対比してみると、以下のとおり、たやすく看過し難い相違点がある。すなわち、①犯行時の犯人の服装に関し、Ａ子は、上半身が「ポパイ」というような英語の文字が書かれた暗い色のＴシャツ、下半身がグリーンがちょっと灰色っぽくなった色の長ズボンであったと供述しているが、自白調書では、上半身が白色半袖ポロシャツ、下半身が紺色ズボンとなっている（Ｂは何も覚えていない旨供述している。）。②犯行時の犯人の所持品に関し、Ａ子は、濡れていない黒の折り畳み傘、東京23区の地図、英単語とそれに対応する絵が書かれたカード数枚と供述しているが（原審供述では、これらに黒のポーチも加わっている。）、自白調書では、友人のＪに届けるために作ったおにぎり２個を入れた西武百貨店の紙袋を持っていたとあるだけで、Ａ子の供述にある物品については何らの記載もない。また、Ａ子は自白にあるような紙袋は見ていないと供述している（Ｂは右の所持品の点についても何も覚えていない旨供述している。）。③犯人がＡ子に接近した際の言葉などに関し、Ａ子は、犯人に後ろからまず右肩を、次に右腕を摑まれ、「このマンションで、Ｆさんという人はいませんか。Ｆさんという人に英語を教えに来たんですけど。」などと言われ、「知りません。」と答えたと供述しているが、自白調書では、僅かに、Ａ子には肩を右手でたたきながら「今日は。」と声を掛けたとなっているのみである。④階段踊り場での犯人とＢとの会話などに関し、Ａ子及びＢは、ＢがＡ子に「Ａちゃん。」と呼びかけたところ、犯人はＢに「Ｆさんという人の家を知りませんか。英語を教えに来たんですけど。」などと尋ねたのに対し、Ｂが「そういう人はいない。ここは英語をやるところじゃない。無断でそのようなことをすると館内放送をする。」などと答えたと供述しているが、自白調書には、僅かに「２階エレベーターの方から来た管理人さんに何か声を掛けられました。

私は一瞬ビックリしましたが、『今日は』と言ってその場をごまかしました。」と記載されているのみである。

(三)　さらに、右の相違点に関し、その余の証拠をみると、①の服装の点については、被告人の母及び前記Ｊが本件当日の被告人の服装として右自白に沿うような供述をしている一方、Ａ子の供述にある「ポパイ」のＴシャツと被告人の関係については、前記１の(四)で触れたＥ子証言のほかには、被告人が当時このようなシャツを所持していたことを裏付ける証拠はない。また、②の所持品の点については、自白にある紙袋等は、本件犯行前後の時間帯に付近の病院に入院していた前記Ｊを見舞いにいったという自白にも出ている被告人の行動と密接に結び付いており、これに符合するＪの供述もあるが、Ａ子の供述にある所持品特に英単語カードのようなものを被告人が所持していたことを裏付ける証拠はない。

　以上のとおり、被告人の自白とＡ子及びＢの供述とを対比してみると、容易に無視できない食い違いがある。しかも、そのことは捜査段階でも、捜査官が容易に知ることができ、かつ、捜査を尽くすことができたと思われるのに、本件においては、捜査官が、当時これらの食い違いに気付き、関心を持って被告人やＡ子を取り調べたり、Ａ子の供述にある犯人の着衣や所持品について被告人方を捜索するなどの捜査をしたような形跡もなく、問題点が解明されないまま起訴されるに至っている。

(四)　他方、被告人の自白中犯行状況に関する部分は、極めて詳細かつ具体的であり、特にわいせつ行為については各階段等の場所毎に分けてＡ子の供述とほぼ完全に一致している。しかし、被告人が自白する前に、Ａ子が捜査官に対し被害状況について詳細な供述をしていたことが明らかであるから、これらの供述は、犯人でなければなしえないものということはできない。また、自白調書には、被告人の犯行時の心理描写はあるが、自白調書全体を精査しても、本件の犯人でなければ述べえなかったであろうと思われる事実の記載は見当たらず、もとより、被告人の自白にいわゆる秘密の暴露がないことは、原判決も述べているとおりである。

(五)　このようにみてくると、被告人の自白の信用性については、疑いを容れる余地が多分にあるというべきであるから、原判決の認定に沿う限りにおいて信用できるとした原判断は、これを是認することができない。

四　結論

　以上のとおり、A子及びBの供述と被告人の捜査段階の自白は、その信用性に疑いを容れる余地があり、被告人を犯人と断定するについてはなお合理的な疑いが残るというべきである。そうすると、被告人を有罪とした原判決は、証拠の評価を誤り、判決に影響を及ぼすべき重大な事実誤認を犯したものといわざるをえず、これを破棄しなければ著しく正義に反するものと認められる。そして、本件については、既に第一、二審において、必要と思われる事実審理はつくされており、今後、A子及びBに対し更にその供述を求めても、事柄の性質上、その各供述に関する前記のような疑問点が解消することは期待できないと考えられるから、本件は、当審において自判するのが相当である。

解　説

1　最高裁は、いわゆる法律審であり、高等裁判所のした第一審（裁判所法16条4号）又は第二審の判決に対して、上告できるのは、①憲法の違反があるか又は憲法の解釈に誤りがあること、②最高裁の判例と相反する判断をしたこと、③最高裁の判例がない場合に、大審院の判例や高裁の判例に相反する判断をしたことの3つの場合だけとされている（刑訴法405条）。

　最高裁が憲法解釈の統一をもその使命としていること、判例により法令の解釈を統一することが必要なことや最高裁の事務の負担の軽減、迅速な裁判の実現のためには、やむを得ないところである。

2　しかし、高等裁判所の判決が、①法令の解釈を誤っておりそれが判決に影響を及ぼすことが明らかな場合、②刑の量定が著しく不当な場合、③判決に影響を及ぼすような重大な事実の誤認がある場合、④再審の請求事由がある場合、⑤判決後に刑の停止、変更又は大赦があった場合のように、そのまま維持したのでは、著しく正義に反すると認めるときにまで、原判決を守らなければならないのでは正義を実現すべき司法の責任を放棄することになりかねない。

　そこで、刑訴法は、前記の5つの場合について、「原判決を破棄しなければ著しく正義に反すると認めるときは、判決で原判決を破棄することができる。」（刑訴法411条）とした。

3 　本件は、一審が無罪、二審が有罪の事件であり、上告審である最高裁が、前記の刑訴法411条を発動して、高裁の事実判断には、事実誤認の疑いがあり、破棄しなければ、著しく正義に反するとして、二審の有罪判決を破棄し一審の無罪判決を維持した事案である。
　　事実問題であるが、裁判所の事実認定の具体的判断の手法がよく分かるものといえる。

【参考判例】
　　最判昭45．7．31第二小法廷　刑集24・8・597

第4章　抗　　告

93　裁定合議決定の取消決定に対する不服申立

（最決昭60．2．8第三小法廷　刑集39・1・15）
（裁定合議決定取消決定に対する特別抗告事件）

● 決定要旨 ●

　裁判所法26条2項1号の決定を取り消す決定は、訴訟法に準拠する不服申立の対象とならない。

決定理由　　本件申立の適否について判断するに、地方裁判所は、合議体で、裁判所法26条2項1号の決定を変更して事件を1人の裁判官で審理及び裁判をさせる旨の決定をすることができるが（最高裁昭和24年㈹第63号同26年3月29日第一小法廷判決・民集5巻5号177頁参照）、右変更決定は訴訟法上の決定ではないから、これに対し当事者は訴訟法に準拠する不服申立をすることは許されず、本件抗告の申立は不適法である。

解　　説

1　抗告は、裁判所のした判決以外の裁判（決定、命令）に対してする不服申

立の方法であるが、刑訴法「第3編　上訴」の「第4章　抗告」に細かく規定されている。

　これらの規定による抗告は、刑訴法に規定されている以上、訴訟手続に関する不服申立だけを念頭に置いていると言ってよい。

2　一方、裁判所法は、地方裁判所について原則として1人の裁判官で事件を扱う（裁判所法26条1項）としたうえ、左の事件は、裁判官の合議体で行うとし、その1号として「合議体で審理及び裁判をする旨の決定を合議体でした事件」と規定する（裁判所法26条2項、その他は、死刑又は無期若しくは短期1年以上の懲役若しくは禁錮にあたる罪等である。）。その合議体は3人とされている（裁判所法26条3項）。

3　この合議体で裁判する旨決定された事件（裁定合議事件）を、合議体で取り消して、単独裁判官の裁判に委すことは、規定はないが可能と解されており（最判昭26．3．29第一小法廷　民集5・5・177）、前記変更決定（裁定合議決定も同じであるが）に対しては、刑訴法の定める訴訟法上の決定ではないので、刑訴法の特別抗告（433条）によることはできないわけである。

4　刑訴法433条自体、「この法律により不服を申し立てることができない決定又は命令に対しては」と規定していることからも当然であろう。

94　刑訴法179条の押収請求を却下する裁判は「押収に関する裁判」か

最決昭55.11.18第二小法廷　刑集34・6・421
証拠保全の請求却下の裁判に対する準抗告棄却決定に対する特別抗告事件

●決定要旨●

　刑訴法179条に基づく押収の請求を却下する裁判は、同法429条1項2号にいう「押収に関する裁判」に含まれる。

決定理由　　本件抗告の趣意は、単なる法令違反の主張であって、刑訴法433条の抗告理由にあたらない。

　なお、同法179条に基づく押収の請求を却下する裁判は、同法429条1項2号

にいう「押収に関する裁判」に含まれると解するのが相当であるから、これと異り、右却下の裁判が「押収に関する裁判」に含まれないとした原決定は、同号の解釈を誤ったものというべきであるが、記録を検討しても、申立人が押収を求める物件については、その検証の必要性があるかどうかは別として、これを押収するのでなければ証拠保全の目的を達することができないとまでは認められないから、本件押収請求却下の裁判に対する準抗告を棄却した原決定は、その結論において正当である。

解説

1 刑訴法179条1項は、「被告人、被疑者又は弁護人は、あらかじめ証拠を保全しておかなければその証拠を使用することが困難な事情があるときは、第1回の公判期日前に限り、裁判官に押収、捜索、検証、証人の尋問又は鑑定の処分を請求することができる。」と規定する。捜査機関に比べて、証拠の収集、保全の能力に乏しい被疑者、被告人側のために定められた規定である。

2 一方、刑訴法429条1項本文は、「裁判官が左の裁判をした場合において、不服がある者は、簡易裁判所の裁判官がした裁判に対しては管轄地方裁判所に、その他の裁判官がした裁判に対してはその裁判官所属の裁判所にその裁判の取消又は変更を請求することができる。」と規定し、その2号で、「勾留、保釈、押収又は押収物の還付に関する裁判」と規定している。

いわゆる準抗告であり、刑訴法上ひんぱんに用いられている規定である。

3 この証拠保全のための被疑者側からの押収の請求に対して、これを認めて押収する裁判をすれば、明らかに前記429条1項2号に該当するが、請求を却下する裁判は、押収に関する裁判とは言えないと解することも可能であろう。押収を許さない裁判だからである。

しかし、本決定は、これも押収に関する裁判として準抗告の対象となるとした。

もっとも、押収をしなければ証拠保全の目的を達することができないとまでは認められないとして、結論において同一であるとして原決定を維持している。

95 起訴前の勾留の裁判に対する準抗告と起訴後におけるその利益

20の判例（56頁参照）

解説

1 20の判例と同一であり、その「解説」を参照のこと。
2 訴訟は流動しているから、不服申立の時点で存在していた申立の利益が、その後の訴訟の進行でなくなることは、この場合に限らず屡々存在する。

　例えば、勾留された被疑者が留置の必要がないとして処分保留のまま釈放された場合には、その勾留状の効力を争う利益がない（最決昭30.7.14第一小法廷 刑集9・9・1872、最決昭32.5.21第三小法廷 刑集11・5・1521）。

　また、訴訟が進行し、手続の主体が変わった後には、前の主体は、不服申立ができなくなる。そのような例としては、事件を検察官に送致（刑訴法246条）した後は、司法警察職員は、自分のした押収に関する処分を取り消し又は変更する裁判に対し、抗告できないとされた判例（45最決昭44.3.18第三小法廷 刑集23・3・153）がある。

96 証拠物の還付と準抗告

（最決平4.10.13第二小法廷 刑集46・7・611、判時1439・158
司法警察職員の押収物の還付に関する処分に対する準抗告棄却決定に対する特別抗告事件）

● 決定要旨 ●

差押処分が取り消されたため司法警察員が当該差押物を返還した行為に対して準抗告申立てはできない。

決定理由　　記録によれば、本件は、司法警察職員のした差押処分が違法として取り消されたため、司法警察員において当該差押物を被差押人に返還したところ、右物件の所有者からこれに対し刑訴法430条2項

の押収物の還付に関する処分として準抗告を申し立てたものである。しかし、同法222条1項の準用する同法123条1項にいう還付は、押収物について留置の必要がなくなった場合に押収を解いて原状を回復する処分であるのに対し、司法警察員の右行為は、差押処分の取消しにより押収の効果が消滅した後にその占有を移転するものにすぎないから、同法430条2項の準抗告の対象となる押収物の還付に関する処分には当たらないと解するのが相当である。したがって、本件準抗告の申立ては不適法であり、これが適法であることを前提とする本件抗告の申立ても不適法である。

解説

1 差し押さえた証拠物の還付については、一見さしたる問題がないようにみえるが、証拠物が現金や証券のような金銭的価値のある物である場合、だれに還付するか、だれが準抗告できるか等実務的にはかなり難しい問題を提起している。

　本決定は、本件の場合、差押え処分自体が違法として取り消されたため、その差押物件を返す行為は刑訴法123条、124条等の規定する還付ではないことを明らかにしたものである。捜査の際の差押えであるため、222条1項が準用していることを明示し、準抗告についても、司法警察員による処分として430条2項の「押収物の還付に関する処分」には当たらないとしたものである。

2 法的には、還付でない以上、還付に関する処分でないという本決定の結論は当然のことといえるが、では、本件のような場合、本来の所有者はどうすればよいのかという問題が残る。本件では、名刺1枚だが、これが金銭や有価証券、高価な宝物のような場合、返された人間が本来の所有者に渡さないということが想定される。還付の場合には、刑訴法123条2項で、所有者、所持者、保管者又は差出人に返すとされているが、差押え自体が違法無効ということになれば、これに準じて返す相手を決めることになろう。本件の場合、立会人に返しているが、立会人は、その物に関し本来何の権限もないのであるから、本来返すべき相手は所有者、所持者又は保管者ということになる。このだれに返すか、その所有権に紛争がある場合、その認定には慎重を期するべきであろう。

97 死刑確定者に対する信書の発信禁止

（最判平11．2．26第二小法廷 判タ1006・125、判時1682・12
発信不許可処分取消等請求事件）

● 判決要旨 ●

　東京拘置所に収容されている死刑確定者が新聞社にあてて投稿文を発送することの許可を求めたのに対し、東京拘置所長が、死刑確定者の心情の安定にも十分配慮して、死刑の執行に至るまでの間、社会から厳重に隔離してその身柄を確保するとともに、拘置所内の規律及び秩序が放置することができない程度に害されることがないようにするために、これを制限することが必要かつ合理的であるか否かを判断して不許可とした処分には、原判示の事実関係の下においては、裁量の範囲を逸脱した違法があるとはいえず、右処分は適法である。

判決理由　死刑確定者の拘禁の趣旨、目的、特質にかんがみれば、監獄法46条1項に基づく死刑確定者の信書の発送の許否は、死刑確定者の心情の安定にも十分配慮して、死刑の執行に至るまでの間、社会から厳重に隔離してその身柄を確保するとともに、拘置所内の規律及び秩序が放置することができない程度に害されることがないようにするために、これを制限することが必要かつ合理的であるか否かを判断して決定すべきものであり、具体的場合における右判断は拘置所長の裁量にゆだねられているものと解すべきである。原審の適法に確定したところによれば、被上告人東京拘置所長は東京拘置所の採用している準則に基づいて右裁量権を行使して本件発信不許可処分をしたというのであるが、同準則は許否の判断を行う上での一般的な取扱いを内部的な基準として定めたものであって、具体的な信書の発送の許否は、前記のとおり、監獄法46条1項の規定に基づき、その制限が必要かつ合理的であるか否かの判断によって決定されるものであり、本件においてもそのような判断がされたものと解される。そして、原審の適法に確定した事実関係の下においては、同被上告人のした判断に右裁量の範囲を逸脱した違法があるとはいえな

いから、本件発信不許可処分は適法なものというべきである。

解説

1 死刑確定者は、その執行に至るまで監獄に拘置される（刑法11条2項）が、その間の監獄（拘置所）内の処遇については、自由刑の執行を受けている者と異なり、刑事被告人、被疑者についての規定が準用されている（監獄法9条）。他方、在監者一般については信書の発受を許す（同法46条1項）としながら、受刑者等に対しては、親族以外には特に必要ありと認める場合を除いて信書の発受を禁止し（同条2項）、受刑者等に係る信書でも不適当と認めるものは発受信を許さないとしている（同法47条）。つまり、死刑囚に関しては、一般的に信書の発受信が可能であるが、これを制約する直接的規定はない。だが、死刑囚の心情の安定、他の受刑者、死刑囚に与える影響、拘置所の規律、秩序、逃走の防止等を図るべきことは、当然の前提として存在することは否定できない。そのため、実務においては、昭和38年3月15日付矯正甲第96号「死刑確定者の接見及び信書の発受について」法務省矯正局長通達に従って信書の発受の制限が行われており、原則として、親族、訴訟代理人、心情安定に資する者について許可し、裁判所等官公署あて、官公署からの文書、弁護士との文書についても、本人の権利保護のために必要かつやむを得ないと認められる場合に許可する取扱いになっている。

2 本件は、死刑囚が死刑の是非について新聞に投書をしようとしたのを拘置所長が前記通達に基づく東京拘置所の準則に従って不許可としたものであって、申立人は、監獄法9条、46条等を根拠として、不許可処分を違法と主張して、処分の取消しと慰謝料の支払いを国に求めたものである。

3 本判決は、具体的な信書の発送の許否は死刑囚の心情安定等前記のような諸事情を判断して拘置所長が判断するものとしてその裁量権を認め、具体的な許否は、監獄法46条1項の規定に基づき、制限が必要かつ合理的であるかの判断によって決定されるものであるとした。46条1項を直接の根拠規定としたのは、在監者の信書の発受を許可制としている点を考えてのことと思われる。

4 以上は、旧監獄法を前提としての判示及び解説であるが、平成19年6月1日に施行される「刑事収容施設及び被収容者等の処遇に関する法律」により、

死刑確定者を含め、受刑者について、大幅に処遇が変わってきている。もっとも、同法139条1項は、死刑確定者についてその心情の安定に資すると認められる信書については、信書の発受を許可するとしている（同項3号）関係から、心情の安定に資さない信書については、従来どおり、発受を許可しないことが可能である。

第4編

再　審

98 「疑わしきは被告人の利益に」の原則と再審

最決昭50.5.20第一小法廷 刑集29・5・177
再審請求棄却決定に対する異議申立棄却決定に対する特別抗告事件

● 決定要旨 ●

要旨1
　刑訴法435条6号にいう「無罪を言い渡すべき明らかな証拠」とは、確定判決における事実認定につき合理的な疑いをいだかせ、その認定を覆すに足りる蓋然性のある証拠をいう。

要旨2
　刑訴法435条6号にいう「無罪を言い渡すべき明らかな証拠」であるかどうかは、もし当の証拠が確定判決を下した裁判所の審理中に提出されていたとするならば、はたしてその確定判決においてされたような事実認定に到達したであろうかという観点から、当の証拠と他の全証拠とを総合的に評価して判断すべきである。

要旨3
　刑訴法435条6号にいう「無罪を言い渡すべき明らかな証拠」であるかどうかの判断に際しても、再審開始のためには確定判決における事実認定につき合理的な疑いを生ぜしめれば足りるという意味において、「疑わしいときは被告人の利益に」という刑事裁判における鉄則が適用される。

決定理由

【要旨1】　同法435条6号にいう「無罪を言い渡すべき明らかな証拠」とは、確定判決における事実認定につき合理的な疑いをいだかせ、その認定を覆すに足りる蓋然性のある証拠をいうものと解すべきであるが、

【要旨2】　右の明らかな証拠であるかどうかは、もし当の証拠が確定判決を下した裁判所の審理中に提出されていたとするならば、はたしてその確定判決においてなされたような事実認定に到達したであろうかどうかという観点から、

当の証拠と他の全証拠と総合的に評価して判断すべきであり、

【要旨3】　この判断に際しても、再審開始のためには確定判決における事実認定につき合理的な疑いを生ぜしめれば足りるという意味において、「疑わしいときは被告人の利益に」という刑事裁判における鉄則が適用されるものと解すべきである。

　この見地に立って本件をみると、原決定の説示中には措辞妥当を欠く部分もあるが、その真意が申立人に無罪の立証責任を負担させる趣旨のものでないことは、その説示全体に照らし明らかであって、申立人提出の所論証拠弾丸に関する証拠が前述の明らかな証拠にあたらないものとした原決定の判断は、その結論において正当として首肯することができる。

解　説

1　刑訴法435条本文は、「再審の請求は、左の場合において、有罪の言渡をした確定判決に対して、その言渡を受けた者の利益のために、これをすることができる。」とし、その6号において、「有罪の言渡を受けた者に対して無罪若しくは免訴を言い渡し、刑の言渡を受けた者に対して刑の免除を言い渡し、又は原判決において認めた罪より軽い罪を認めるべき明らかな証拠をあらたに発見したとき」と規定している。

2　再審請求を認めて、再審開始の決定（刑訴法448条1項）がなされるか否かは、この「明らかな証拠」を「あらたに発見した」か否かにかかっている。前者を証拠の明白性、後者を証拠の新規性と言う。

3　我が国の裁判制度は、職業裁判官による三審制をとっており（いわゆる裁判員法の導入により、第一審では職業裁判官のほか、一般市民も審理、判決に関与することになっているが、控訴審、上告審は職業裁判官によることは変わらない。）、その結果である確定判決については、高度の信頼が寄せられているが、それにもかかわらず、人間のする裁判である以上、誤りがないとは絶対的に保障できず、再審制度を設けて、誤判を救うこととしているわけである。

　刑訴法435条の掲げる場合は、7号に及ぶが、このうち6号が最も用いられることが多く、判例もこの点に集中している。

4　本決定それ自体は、再審請求を棄却した決定（刑訴法446条）に対する異

議申立を棄却した決定に対する特別抗告を棄却したものであるが、その理由とするところが、従来の「疑わしきは確定判決に有利に」という通説的考えをとらず、通常の審判と同様に「疑わしきは被告人の利益に」の原則を、再審事件に持ち込んだもので、本決定を契機にして、多くの再審無罪事件がその後続出することとなる。

5 　本決定は、証拠の明白性についてのみ判示するもので、証拠の新規性については判示していない。ところで、本決定は、証拠の明白性について、確定判決の事実認定に合理的な疑いをいだかせ、その認定を覆えすに足りる蓋然性のある証拠であればよいとする。つまり、蓋然性があれば、無罪を言い渡すべき明らかな証拠であるとするものであり、それ以前の最高裁の判例が、「明らかな証拠」とは、証拠能力もあり証明力も高度のものをいう（最決昭33．5．27第三小法廷 刑集12・8・1683）とし、証人が証言内容が虚偽である旨の書面を提出しても「明らかな証拠をあらたに発見したとき」に当たらない（最決昭35．3．29第三小法廷 刑集14・4・479）としていたのと基本的立場を異にするものであった。

6 　そして、本決定は、その蓋然性の判断基準として、確定判決に用いられた証拠と新証拠とを総合評価して、確定判決の事実認定に達するかどうかで判断すべきであるとした。これは、法文の上で、新証拠だけで、別の事実認定になることを要求しているようにみえる点を、別異に解したものである。

7 　このような総合評価説をとる以上、再審開始のためには、確定判決の事実認定について、新証拠が、合理的な疑いを生ぜしめれば足りるということになり、「疑わしきは被告人の利益に」の原則が、再審請求裁判においても、通用することとなる。

8 　本決定は、証拠の新規性について直接ふれるものではないが、明白性について大幅に被告人に有利に解釈している関係から、新規性についても、比較的ゆるやかな解釈がとられる可能性がある。

　なお、ことさら証拠を提出しないような場合が「あらたに発見したとき」に当たらないことは当然である（99最決昭29．10．19第三小法廷 刑集8・10・1610）。

99 証拠の新規性

(最決昭29.10.19第三小法廷 刑集8・10・1610
再審請求棄却決定に対しなされた即時抗告棄却決定に対する特別抗告事件)

● 決定要旨 ●

要旨1
　本案の審理において、ことさら、その証拠があることを知りながらこれを提出しないで、有罪判決確定後その証拠を援用して再審の請求をする場合は、刑訴法435条6号にいわゆる「証拠をあらたに発見したとき」にあたらない。

要旨2
　再審請求において、原確定判決が認定した犯罪事実と、その法定刑を同じくする他の犯罪事実を主張する場合には、その犯罪事実は同号にいわゆる「原判決において認めた罪より軽い罪」にあたらない。

決定理由　　本件特別抗告申立の趣旨は、原審裁判所は大塚義家、小林兵寿及び大塚武の作成した各書面があったとしても刑訴435条6号にいわゆる「無罪を言い渡すべき明らかな証拠をあらたに発見した」とは云えないとして抗告人の再審請求を棄却した宇都宮地方裁判所の決定を維持して即時抗告を棄却したのであるが、原審裁判所の決定は大審院判例（大正13年（つ）4号同年9月6日第4刑事部決定）と相反する判断をしたものであるから取消さるべきものであるというに帰する。

　よって、右大審院決定を調べてみると、その案件は第一審判決に服罪したために有罪に確定した再審請求人が、控訴をして無罪を言渡された共犯者に対する控訴審における証人尋問調書等を援用した場合であって、本件の場合とは事案を異にするので判例として適切でなく、原裁判所の決定は所論大審院決定に反するところはない。（刑訴435条6号の「明らかな証拠」であるかどうかは各事案によって異なるのであるから所論判例における証拠が再審請求の要件に当ると判断されたからといって、本件における再審請求書添附の証拠が右の要件に

当ると即断し得ないことはいうまでもない。そして、本件再審請求書添付の各書面はその内容自体必ずしも明白ではないので「明らかな証拠」といえないばかりでなく、

【要旨1】 原審の確定した事実によれば、抗告人はその援用にかかる証拠があることを知りながら且つこれを提出することができたのに、他人の罪を背負うためことさらこれを提出しないで判決確定後再審の請求をするに際し始めてこれを主張し提出したのであるから、本件の場合は「証拠をあらたに発見したとき」に該当するものでないこと原決定の説明するとおりである。そればかりでなく、本件犯行当時の食糧管理法によれば、買受、売渡、運搬の行為はいずれも同法9条1項の規定による命令に違反する行為として法定刑を同じくする同法31条の罰則の適用を受けるものであるから、仮りに所論の証拠が「あらたに発見」されたるものに当るとしても、確定判決の第2犯罪事実たる抗告人が玄小麦を運搬した事実が確定しており、

【要旨2】 本件再審請求書によれば、抗告人は確定判決の第1犯罪事実たる抗告人が玄小麦を買受けた事実及び同第3犯罪事実たる抗告人が玄小麦を売渡した事実については、その買受、売渡の事実を否認し、真実は単に運搬したにすぎないのであると主張するのであるから、仮りに右の主張事実を認めても、前記法条の適用を受けることを免れない以上、本件の場合が刑訴435条6号の「原判決において認めた罪より軽い罪を認めるべき」等の場合に当らないこと明白である。)

解　説

1　再審請求について、証拠の明白性と新規性が要求されることは、98の「解説」で述べたとおりである。

　このうち、証拠の明白性については、98の判例が、従来の判例の考え方より被告人に有利な考え方を判示し、それが再審無罪事件の続発する理由となったが、証拠の新規性については、心情的に関連はしていても、直接判示するところでなかったので、従来の判例の考え方がそのまま生きていると言える。

2　本決定は、有罪判決確定後にその証拠を援用するために、本案の審理中ことさらその証拠を提出しなかった場合に、「証拠をあらたに発見したとき」に当たらないとしたもので、かかる不公正な手段を否定した点で当然の判示

と思われる。また、法文上も、このような場合が、あらたに発見したときに当たらないことは明らかである。

　このような場合でなく、いったん証拠申請をしたが、証拠調べをされなかった証拠のような場合、裁判所としては、その存在を知ってはいても、内容を知らない点で、証拠の新規性があるのではないかという考えがある。証拠の明白性と密接にからむ問題であるが、一般には新規性がないであろう。

3　判例の中には、本案の裁判で事実上上告審に提出されていた証拠について、上告審がその内容を了知して結論を出しているとみなされる場合には、証拠の新規性がないとするもの（東京高決昭55．2．5　高刑集33・1・1）があるが、当然であろう。

4　本決定が刑訴法435条6号にいう「原判決において認めた罪より軽い罪」が、法定刑を同じくする他の罪を包含しないとした点は、当然の結論であろう。

　文字どおり、法定刑が軽くならなければならないのであって、単に情状が軽くなる程度の場合には、これに該当しないことは、確定判決の重みからも当然である。

判 例 索 引

【最高裁判所】

昭25. 9.27大法廷判決 ………… *231*
昭28. 3. 5第一小法廷決定 ………… *2*
昭29. 8.20第二小法廷判決 ………… *3*
昭29. 9.24第二小法廷判決 ………… *3*
昭29.10.19第三小法廷決定 ………… *269*
昭29.11. 5第二小法廷判決 ………… *3*
昭30. 5.17第三小法廷決定 ………… *25*
昭30.10.14第二小法廷判決 ………… *27*
昭30.12.14大法廷判決 ………… *134*
昭30.12.16第二小法廷判決 ………… *128*
昭31. 1.24第三小法廷判決 ………… *56*
昭32. 1.22第三小法廷判決 ………… *210*
昭33. 2.13第一小法廷判決 ………… *3*
昭33. 2.17大法廷決定 ………… *181*
昭33. 5.24第一小法廷判決 ………… *26*
昭33. 7.29大法廷決定 ………… *148*
昭33.10.24第二小法廷判決 ………… *157*
昭35.12.16第二小法廷判決 ………… *52*
昭36. 2.23第一小法廷判決 ………… *27*
昭36. 6. 7大法廷判決 ………… *136,150*
昭36. 6.14第一小法廷決定 ………… *26*
昭36.11.21第三小法廷決定 ………… *101*
昭37.11.28大法廷判決 ………… *166*
昭40. 7.20第三小法廷決定 ………… *36*
昭41. 7. 1第二小法廷判決 ………… *204*
昭42. 7. 5大法廷判決 ………… *221*
昭42. 9.13第三小法廷決定 ………… *128*

昭42.12.21第一小法廷判決 ………… *206*
昭43. 2. 8第一小法廷決定 ………… *201*
昭43. 4.18第一小法廷判決 ………… *34*
昭44. 3.18第三小法廷決定 ………… *138*
昭44. 4.25第二小法廷決定 ………… *182*
昭44. 6.11第一小法廷判決 ………… *38*
昭44. 7.14第三小法廷判決 ………… *62*
昭44.10.15大法廷判決 ………… *238*
昭44.11.26大法廷決定 ………… *65*
昭44.12.24大法廷判決 ………… *87*
昭45. 7.31第二小法廷判決 ………… *256*
昭46. 3.24大法廷決定 ………… *235*
昭47. 3. 9第一小法廷判決 ………… *242*
昭47.12.20大法廷判決 ………… *6*
昭48. 2.16第二小法廷判決 ………… *55*
昭48. 7.20第二小法廷判決 ………… *12*
昭48.10. 8第一小法廷決定 ………… *29*
昭49. 4. 1第二小法廷決定 ………… *169*
昭49. 5.31第二小法廷判決 ………… *12*
昭50. 4. 3第一小法廷判決 ………… *121*
昭50. 5.20第一小法廷決定 ………… *266*
昭50. 5.30第三小法廷決定 ………… *173*
昭50. 8. 6第一小法廷判決 ………… *12*
昭51. 3.16第三小法廷判決 ………… *74*
昭51.10.28第一小法廷判決 ………… *209*
昭52. 8. 9第二小法廷決定 ………… *105*
昭53. 3. 6第一小法廷決定 ………… *167*

昭53. 6.20第三小法廷判決……………82	昭63. 7. 8第二小法廷判決 …………173
昭53. 7.10第一小法廷判決……………50	昭63. 9.16第二小法廷決定 …………185
昭53. 9. 4第二小法廷決定……………12	昭63.10.25第三小法廷決定 …………166
昭53. 9. 7第一小法廷判決 ……15,87	平元. 1.30第二小法廷決定……………69
昭53.10.20第二小法廷判決……………15	平元. 3. 8大法廷判決 …………………173
昭53.10.31第一小法廷決定 …………230	平元. 5. 1第一小法廷決定……………238
昭54. 7.24第三小法廷判決……………40	平元. 6.22第一小法廷判決 …………210
昭55. 3. 4第三小法廷決定 …………166	平元. 7. 4第三小法廷決定……………96
昭55. 4.28第一小法廷決定……………51	平元.10.26第一小法廷判決 …………246
昭55.10.23第一小法廷決定 …………130	平 2. 6.27第二小法廷決定 …………136
昭55.11.18第二小法廷決定 …………257	平 2. 7. 9第二小法廷決定……………69
昭55.12. 4第二小法廷決定 …………232	平 3. 5.10第三小法廷判決……………45
昭55.12.17第一小法廷決定……………12	平 3. 5.31第二小法廷決定……………50
昭56. 4.25第一小法廷決定 …………164	平 3. 7.16第二小法廷決定 …………134
昭56. 7.14第三小法廷決定 …………224	平 4.10.13第二小法廷決定 …………259
昭58. 5. 6第二小法廷決定 …………220	平 5.10.19第三小法廷決定 ……………38
昭58. 7.12第三小法廷判決……………58	平 6. 9.16第三小法廷決定 …………144
昭58.10.13第一小法廷判決……………22	平 7. 2.22大法廷判決 …………………189
昭58.12.19第一小法廷決定 …………184	平 7. 5.30第三小法廷決定 …………142
昭59. 2.13第二小法廷決定……………78	平 8. 1.29第三小法廷決定 …………124
昭59. 2.29第二小法廷決定……………90	平 8. 3. 8第二小法廷判決 …………155
昭59. 9.20第一小法廷決定 …………240	平 8.10.29第三小法廷決定 …………146
昭59.11.20第一小法廷決定……………56	平10. 5. 1第一小法廷決定 …………153
昭59.11.30第二小法廷判決……………25	平10. 9. 7第二小法廷決定 …………103
昭59.12.10第二小法廷決定……………60	平11. 2.26第二小法廷判決 …………261
昭59.12.21第二小法廷決定 …………213	平11. 3.24大法廷判決…………………32
昭60. 2. 8第三小法廷決定 …………256	平12. 7.17第一小法廷決定 …………199
昭60.11.29第三小法廷決定 …………171	平12.10.31第二小法廷決定 …………197
昭61. 2.14第二小法廷判決……………90	平14.10. 4第一小法廷決定……………63
昭62. 3. 3第一小法廷決定 …………203	平17. 7.19第一小法廷決定 …………215
昭63. 2.29第三小法廷決定 …………160	平17. 9.27第二小法廷決定 …………217

【高等裁判所】

昭26. 3. 3名古屋判決 ……………… *128*
昭42. 3.24福岡決定 ………………… *115*
昭45.10.21東京判決 ………………… *70*
昭54. 8.14東京判決 ………………… *110*

昭60. 2.13福岡判決 ………………… *140*
平10. 5.12札幌判決 ………………… *200*
平10. 6.25東京判決 ………………… *69*

【地方裁判所】

平元.11.13浦和判決 ………………… *115*

著者略歴

東京大学法学部卒。
1958年 検事任官。札幌地検、旭川地検を経て東京地検の時ハーバード大学へ留学。ロースクール修士課程修了（L.L.M）。
1976年 東京地検特捜検事としてロッキード事件の捜査にあたる。
1983年 東京地検特捜部長。1986年 最高検検事。
1987年 法務省矯正局長を経て1989年最高検公判部長に就任。
1991年 退官。
弁護士。駿河台大学名誉教授。日本テレビ客員解説員。

改訂版
刑事訴訟法基本判例解説

平成 4 年 4 月30日　初　版　発　行
平成17年 4 月 1 日　改 訂 版 発 行
平成19年 6 月25日　改訂版 3 刷発行

　　　著　者　　河　上　和　雄
　　　発行者　　星　沢　哲　也
　　　発行所　　東京法令出版株式会社

112－0002	東京都文京区小石川 5 丁目17番 3 号	03(5803)3304
534－0024	大阪市都島区東野田町 1 丁目17番12号	06(6355)5226
060－0009	札幌市中央区北九条西18丁目36番83号	011(640)5182
980－0012	仙台市青葉区錦町 1 丁目 1 番10号	022(216)5871
462－0053	名古屋市北区光音寺町野方1918番地	052(914)2251
730－0005	広 島 市 中 区 西白島町 11 番 9 号	082(516)1230
810－0011	福岡市中央区高砂 2 丁目13番22号	092(533)1588
380－8688	長 野 市 南 千 歳 町 1005 番 地	

〔営業〕ＴＥＬ 026(224)5411　ＦＡＸ 026(224)5419
〔編集〕ＴＥＬ 026(224)5412　ＦＡＸ 026(224)5439
http://www.tokyo-horei.co.jp/

©KAZUO KAWAKAMI　Printed in Japan, 1992
本書の全部又は一部の複写、複製及び磁気又は光記録媒体への入力等は、著作権法上での例外を除き禁じられています。これらの許諾については、当社までご照会ください。
落丁本・乱丁本はお取替えいたします。
ISBN978-4-8090-1108-5